高职高专"十二五"规划教材

# 美学基础

## 第二版

孟唐琳 窦俊霞 主编
吴鸿昌 葛轩辕 副主编

化学工业出版社

·北京·

《美学基础》主要介绍美学的由来与发展，美学研究的对象和范围，美学研究的任务与方法，美的生成机制，审美活动的本质和特征及中西方美学等，内容全面、系统、合理、科学。

本书可以用作高等院校文学、哲学、艺术学等专业基础课程教材，也可用作其他专业的通识课程或文化素质课程教材，还可供其他美学与艺术理论爱好者参考。

本书有配套的电子教案，可登录 www.cipedu.com.cn 免费下载。

### 图书在版编目（CIP）数据

美学基础/孟唐琳，窦俊霞主编 . —2版 . —北京：化学工业出版社，2015.9（2021.7重印）
ISBN 978-7-122-24675-2

Ⅰ.①美… Ⅱ.①孟… ②窦… Ⅲ.①美学-高等学校-教材 Ⅳ.①B83

中国版本图书馆CIP数据核字（2015）第165728号

---

责任编辑：蔡洪伟　　　　　　　　　　　装帧设计：刘丽华
责任校对：边　涛

---

出版发行：化学工业出版社（北京市东城区青年湖南街13号　邮政编码100011）
印　　刷：北京京华铭诚工贸有限公司
装　　订：三河市振勇印装有限公司
787mm×1092mm　1/16　印张12　彩插6　字数289千字　2021年7月北京第2版第6次印刷

购书咨询：010-64518888　　　　　　　　售后服务：010-64518899
网　　址：http://www.cip.com.cn
凡购买本书，如有缺损质量问题，本社销售中心负责调换。

---

定　价：29.80元　　　　　　　　　　　　　　　　　　　版权所有　违者必究

# 前 言

本书是为全国各类高职高专院校的大学生学习美学所编写的一本普及性的基础理论教材，是一本立足当代视野、以全新体例编撰的高校美学基础课程教材。考虑到阅读对象的特点，本书在阐明美学的基本原理后，重点放在审美实践的运用上。因此，与学员审美活动关系密切的话题，如怎样欣赏自然美、人体美，怎样营造生活美，怎样提高对艺术美的鉴赏能力等方面，尽量多讲些，并增添了较多实例和图片，力求将深奥枯燥的理论深入浅出，阐述得具体生动、易于接受。而对于美学界争论不休的理论难点，则采取比较客观的介绍，以供学员独立思考研究。

全书观点新颖，论述细致，个案分析具体，表述流畅。书中附有关于重要美学家、美学现象、美学流派或者一些前沿问题的讨论等插文，这是专为学生更加真切地进入审美活动的诗性天地而特别设计的。这些"插文"具有采光的效果，让学员获得一种通透和开阔的视野。

为照顾到理工科学员及同等文化学历者自学的方便，本书在理论阐释、行文用语时，力求清晰通畅、通俗易懂。

本书由平顶山工业职业技术学院的孟唐琳、窦俊霞主编。本书的绪论、第一章和第二章由平顶山学院的吴鸿昌编写；第三章到第十章由华北水利水电大学的葛轩辕和平顶山工业职业技术学院的孟唐琳、李学军、窦俊霞参与编写。全书由孟唐琳统稿，李学军协助统稿工作。

本书在编写过程中，化学工业出版社和有关院校的领导给予了很多的关心和支持，在此谨表示我们的敬意和感谢。

由于编者水平有限和时间限制，书中疏漏和不足之处在所难免，恳请有关专家、同行和广大读者给予批评和指正。

编者<br>2015 年 6 月

# CONTENTS 目 录

**绪论　美丽的美学** ... 1
 一、美学产生的历史回顾 ... 2
 二、美学的界说 ... 3
 三、美学在当代的历史使命 ... 5
 四、美丽的美学之美的定义 ... 7

**第一章　永恒之谜的探寻** ... 10
 第一节　西方美学史对美的认识 ... 10
  一、毕达哥拉斯学派谈美 ... 10
  二、苏格拉底谈美 ... 11
  三、柏拉图谈美 ... 11
  四、亚里士多德谈美 ... 12
  五、其他美学家说美 ... 12
 第二节　中国古代美学 ... 13
  一、儒家美学思想 ... 13
  二、道家美学 ... 14
  三、禅宗美学 ... 14
 第三节　当代中国的研究 ... 15
  一、美在典型说 ... 15
  二、美的客观性和社会性统一说 ... 16
  三、美的主客观统一说 ... 16
 第四节　中国美学研究的创新与发展 ... 17
  一、中国美学研究的创新 ... 17
  二、中国美学的自我深化 ... 19
  三、中国美学的发展 ... 19

**第二章　人的美感** ... 23
 第一节　美感的形成与发展 ... 23
  一、美感的起源与人类的社会实践紧密相连 ... 24
  二、美感随着人类社会的演变而不断丰富 ... 24
  三、美感的差异性和共同性 ... 25

第二节　美感的心理因素 ·············································· 25
　　　　一、感觉和知觉 ················································· 26
　　　　二、联想和想象 ················································· 26
　　　　三、情绪和心境 ················································· 27
　　　　四、理解 ······················································· 28
　　第三节　美感的特征 ·················································· 28
　　　　一、直觉性 ····················································· 29
　　　　二、愉悦性 ····················································· 29
　　　　三、超越性 ····················································· 30
　　第四节　美感形成的心理过程 ·········································· 30
　　　　一、人的一般心理活动 ··········································· 30
　　　　二、审美心理活动的基本过程 ····································· 31
　　第五节　美感的心理学理论 ············································ 34
　　　　一、移情说 ····················································· 34
　　　　二、距离说 ····················································· 36
　　　　三、格式塔同形同构说 ··········································· 38

## 第三章　优美和崇高 ···················································· 42
　　第一节　优美 ························································ 42
　　　　一、美学史上对优美的认识 ······································· 42
　　　　二、优美的美学特征 ············································· 43
　　　　三、优美的具体表现 ············································· 43
　　第二节　崇高 ························································ 44
　　　　一、美学史上对崇高的认识 ······································· 44
　　　　二、崇高的美学特征 ············································· 46
　　第三节　优美与崇高的比较 ············································ 48

## 第四章　悲剧性和喜剧性 ················································ 52
　　第一节　悲剧性 ······················································ 52
　　　　一、美学史上的悲剧 ············································· 52
　　　　二、悲剧的本质 ················································· 54
　　　　三、悲剧的类型 ················································· 55
　　第二节　喜剧性 ······················································ 57
　　　　一、喜剧的本质 ················································· 57
　　　　二、喜剧性美感的特征及功用 ····································· 58
　　　　三、喜剧性美感的类型 ··········································· 59

## 第五章　自然美 ························································ 62
　　第一节　自然美的形成与发展 ·········································· 62
　　　　一、自然美的形成 ··············································· 62
　　　　二、自然美的发展 ··············································· 64

## 第二节　自然美的类型及其构成 ... 65
 一、风光美的类型 ... 65
 二、风光美的构成 ... 66

## 第三节　自然美的鉴赏 ... 67
 一、自然美的特征 ... 67
 二、自然美的鉴赏 ... 69

## 第四节　自然审美的意义 ... 70
 一、强化人珍惜生命的意识 ... 70
 二、培养人热爱自然的情感 ... 71
 三、陶冶人的高雅情操 ... 71
 四、提高人的审美能力 ... 72

# 第六章　社会美 ... 75

## 第一节　社会美的形成、发展及特征 ... 75
 一、社会美的形成与发展 ... 75
 二、社会美的特征 ... 76

## 第二节　人的美 ... 76
 一、人的外在美 ... 77
 二、人的内在美 ... 80

## 第三节　社会生活美 ... 81
 一、生产劳动美 ... 81
 二、社会变革美 ... 81
 三、日常生活美 ... 82

# 第七章　艺术美 ... 95

## 第一节　艺术美的性质 ... 95
 一、艺术美是自然美、社会美的升华与转型 ... 96
 二、艺术美是心理情感的结晶与迹化 ... 96
 三、艺术美是内容与形式完美统一 ... 97

## 第二节　艺术美的特征 ... 98
 一、独特性 ... 98
 二、形象性 ... 98
 三、情感性 ... 99
 四、典型性 ... 100
 五、理想性 ... 100

## 第三节　艺术美的审美功能 ... 101
 一、娱乐功能 ... 107
 二、认识功能 ... 107
 三、教育功能 ... 108
 四、调节补偿功能 ... 108

第四节　艺术美的分析 ············································································ 109
　　　　一、美是一种价值 ············································································ 109
　　　　二、美不能以物理手段观测出来 ························································· 109
　　　　三、美的基础是感知 ········································································ 109
　　　　四、美的愉悦感来自人类的文化意识 ················································· 110
　　　　五、美的价值具有超越性 ·································································· 111
　　　　六、人类文化对其审美对象具有选择性 ·············································· 111
　　　　七、审美价值涵括三个层面 ······························································ 112
　　　　八、性选择是人体美的起点和终点 ···················································· 112
　　　　九、人体装饰标志着艺术美的起源 ···················································· 113
　　　　十、面相表情可以表现人的性格 ························································ 114

## 第八章　门类艺术美学 ················································································ 118
　第一节　表演艺术的美 ················································································ 118
　　　　一、表演艺术的含义 ········································································ 118
　　　　二、表演艺术的审美特征 ·································································· 119
　　　　三、表演艺术的审美功能 ·································································· 124
　第二节　造型艺术的美 ················································································ 126
　　　　一、造型艺术的含义 ········································································ 126
　　　　二、造型艺术的审美特征 ·································································· 130
　　　　三、造型艺术的审美功能 ·································································· 134
　第三节　语言艺术的美 ················································································ 136
　　　　一、语言艺术的含义 ········································································ 136
　　　　二、语言艺术的审美特征 ·································································· 138
　　　　三、语言艺术的审美功能 ·································································· 141
　第四节　综合艺术的美 ················································································ 145
　　　　一、综合艺术的含义 ········································································ 145
　　　　二、戏剧艺术的审美特征及审美功能 ················································· 145
　　　　三、影视艺术的审美特征及审美功能 ················································· 150

## 第九章　美的培育 ······················································································· 159
　第一节　美育的由来 ···················································································· 159
　　　　一、中国美育思想 ············································································ 159
　　　　二、西方美育思想 ············································································ 161
　第二节　美育的内涵与功能 ········································································· 161
　　　　一、陶冶情性、塑造心灵 ·································································· 162
　　　　二、开启智力 ·················································································· 162
　　　　三、培养意志 ·················································································· 163
　　　　四、增进健美 ·················································································· 163
　第三节　当代社会实施美育的意义 ································································ 164

一、美育对重建当代人的人生价值观的启迪 165
　　二、美育对人格境界的提升 165
　　三、美育可以推动人与自然的和谐共生 166
　第四节　美育的实施 167
　　一、家庭美育 167
　　二、学校美育 168
　　三、社会美育 169

# 第十章　人生的境界 172

　第一节　诗意的人生 172
　　一、人生的支点 172
　　二、体味生命的意蕴 173
　　三、人诗意地栖居 175
　第二节　创造的人生 175
　　一、美的创造性表现在对对象世界的精神再造 176
　　二、美的创造性表现在对人生的创造 176
　　三、美的创造性表现在社会实践和艺术创造活动中 177

# 参考文献 181

# 绪论　美丽的美学

人，除了物质的要求之外，还要有一种精神的要求。人作为一种感性的个体存在，从空间上和时间上来说是有限的，但人的精神要超越这种个体存在。西汉《淮南子》中的一段话："凡人之所以生者，衣与食也，今囚之冥室之中，虽养之以刍豢，衣之以绮绣，不能乐也。"其大意是：人之物质生存是第一种需要，我们的生活离不开吃饭和穿衣，但是如果把一个人关到一间黑屋子里，即使吃得很好，穿得也很好，他也不能感到快乐，即"不得乐也"。为什么？因为他看不见，也听不见。眼睛和耳朵是我们的主要感觉器官，也是主要的审美器官。若看不见听不见，就不知道自己和别人的区别，也就不能超越自己。这时，他在墙上打一个洞，就能喘口气，身心就舒展了很多；再开扇窗，阳光进来了，就会感到很高兴；若再把他放出这间黑屋子，出了门，看到外面人来人往的热闹场景，他就会感到更加高兴；再进一步说，如果他登上泰山之巅，看到日月星辰、壮丽的山河，岂不大哉？岂不乐哉？从开窗走出房门到登上泰山，就是一个不断超越的过程，这就是一种精神。

人需要一种精神上的需求，人就是为了美妙的事物而存在，也是为了欣赏美妙的事物而超越于万物。人是有着美的感觉的动物，没有了美的感觉、没有了美的事物，人就失去了自身的意义，而变得木然与万物一体了。我们也许会为了某一刻美妙怡人的感觉而独自心醉神迷，也许会为了某一次的慷慨悲歌而痛哭流涕；也许是早晨的一滴露珠，发现了人生的短暂而可畏，也许是夏夜长空中满天无尽的星光，照彻寒潭般的心源，一切是如此的晶莹而美丽。生命就是如此，在偶然中充满着滋润，在滋润中孕育着生机。美妙的事物就在人的心里生长着，而且生发出无穷的意义。

是非也许在人生中是不关紧要的，最要紧的也许只有那颗能时刻感受美的心灵。

我们的忙碌为了什么呢？也许就是为了那庄严的、柔和的、艳丽的、平淡的、活泼的、沉静的美的存在而存在罢了。这，也是我们的美学存在的基础。审美就是一种超越活动，美学对于一个人的人性的完善，人生修养的丰富，是不可缺少的。

对于一个对美学满怀认知期待而没有涉足这一学科的人来讲，所理解的美学大概就是这种充满诗情画意的感性世界吧！但是，有必要指出的是，常规的美学并不像这些美丽的自然现象，或一首诗、一幅风景画那样富有魅力，因为美学作为一种理论学科，它的任务不是让人仅仅停留在对美的具体现象的欣赏上，而是要让人知道这些自然、艺术现象为什么美，美在何处，并揭示出人们审美的一般规律和特性。也就是说，美学的任务不但是让人知其然，同时更要让人知其所以然。这种更深层面的追求明显意味着，美学研究离不开枯燥的理论，离不开对活生生的美的现象进行抽象的概括。这样，美学就不可能像我们想象的那样富有诗情画意，而是时常显示出让人难以容忍的灰色性。

这就是我们常常谈到的"美学不美"这个问题。那么，美学会让每一个涉足这一领域的人最终感到大上其当吗？回答是否定的。因为打破一切对美学的幼稚的幻想，也许正是新的美学诞生的开端。德国诗人歌德说过："理论是灰色的，而生命之树常青。"当我们放弃了一切关于美学的不切实际的心理期待，试着在灰色的理论和诗化的审美体验之间走一条中间道路时，这不美的美学也许最终才会撩开它美丽而神秘的面纱。

## 一、美学产生的历史回顾

人类对美的探讨可谓源远流长，自从人类通过劳动摆脱了动物的状态逐渐有了意识，人类就不再局限于动物本能的需求，而能够有意识地进行生产劳动，人类在此时也就开始了有意识的原始审美活动。随着审美活动的展开，人类的审美观念和最初的美学思想也就在这时候产生了。因此它几乎和人类的历史一样古老。至于美学这门学科的渊源，至少可以追溯到两千多年以前的奴隶社会。

我们来分别看，首先看我国古代美学思想的产生与发展。在我国先秦时期，儒家、道家、名家、法家、墨家等诸子百家写下了大量的著作，另外还有许许多多的历史著作，在这些著作中就已经出现了对美的讨论。《国语》中曾有这样的记载，说楚国有一个臣子叫吴举，吴举对美就有所论述，吴举说"夫美也者，上下，内外，大小，远近皆无害焉，故曰美。"什么意思呢？他强调美的根源就在于从上下，内外，大小，远近等方方面面来看，都无害，或者说没有什么害处，没有什么不好，这个时候就有了美。他阐述了美和善的密切关系，这可能是我国历史上关于美的最早论述。孔子提出了尽善尽美这样一个审美标准；孟子提出充实为美，提出这样的论断；老子和庄子，对于美与丑的辩证关系，以及审美态度等问题，作过系统的论述。他们对我国历代美学思想有过深刻的启示。先秦的《乐论》则可以称得上是我国美学的专门著作。其中关于人类审美心理活动以及关于客观事物的审美特性的论述，极为精辟，此后，尤其是魏晋南北朝以后，出现了大批的诗论、画论和书论等文艺理论著作，无不蕴藏着丰富的美学思想。不过，在中国古代文化传统中，美学并没有建立起独立规范的学科。

在西方，公元前6世纪的古希腊时期，毕达哥拉斯学派在探求宇宙本源时最早谈到美的问题，提出了"美是和谐与比例"。苏格拉底论述美和善的关系，为了解美的本质提供了许多有益的启示。其后的柏拉图和亚里士多德是西方美学的奠基人。柏拉图明确区分"美的事物"和"美本体"，开创了西方对美和艺术进行哲学思辨的传统。其弟子亚里士多德的《诗学》则首先从文艺实践的角度提出了一整套的美学理论。他们提出了以后美学思想中的一些基本问题，如美的本质、艺术的本质和美育等，可以说，柏拉图与亚里士多德的美学思想影响了整个西方美学的发展。

但是，在科学没有充分发展和严格分科的情况下，许多对于美的真知灼见往往同哲学、宗教、政治、伦理和文艺观点混杂在一起，在相当长的一段时间里没有严格意义上的美学专著，也没有明确划分美学研究的特殊对象。在漫长的中世纪，美学思想沦为宗教神学的附庸，即使在文艺复兴时期，高扬人文主义为美学思想的发展带来了巨大的生机和活力，但系统的美学理论依然没有出现。

直到18世纪以后，随着欧洲工业革命的发展，自然科学、哲学、伦理学、心理学和文艺学等近代学科进入了逐步形成和发展的时期。尤其是与美学密切相关的哲学，自近代以来发生了认识论转向，为美学学科的建立提供了必要的历史条件。1750年，德国哲学家鲍姆嘉通根据希腊词语"埃斯特惕卡"（ASthetic）命名他的《美学》一书。"美学"这个术语从此流行开来。鲍姆嘉通依据另一个德国哲学家莱布尼兹的学说，把人的精神世界分为知、情、意三部分。逻辑学研究知，它引导人们达到真；伦理学研究意（意志），引导人们达到善；但还没有一门科学来研究情（情感），于是他建议由美学来研究它。他认为，美学可以引导人们达到美。对鲍姆嘉通来说美学的学科，感性，也称感觉，指人的感觉、情感、想象和幻想等活动。美学虽然是作为感性学被提出来的，但它同时也是研究美和艺术的科学。鲍姆嘉通的《美学》的出版标志着美学作为一门独立学科正式诞生，而他本人也因此被公认为美学学科的创始人或"美学之父"。

从美学学科诞生至今，已有250多年的历史，许多西方伟大的学者对美学的研究使美学的内容在发展过程中变得日益丰富厚重。在中国，虽然审美意识、审美观念、美学思想的发展史相当漫长，但美学作为一门学科被接受则是20世纪初的时期，著名学者王国维等人成为中国美学的发起人。美学在现代的中国取得了长久的发展，成为人们必不可少的美好生活的理论武器。

## 二、美学的界说

美学在今天是被当作一门独立学科来对待的。但这门学科究竟具有怎样的属性却往往不清楚，我们有必要对美学作出界说。

### 1. 美学的学科属性

要回答美学的属性问题，就需要思考美学与自然科学、人文科学的关系。

美学是科学吗？科学，又称自然科学，是关于自然的知识体系，包括数学、物理学、天文学、地理学、地质学、生物学和生理学等。美学和科学存在相通之处，美学与科学一样要研究人及其自然环境，美学有时也从科学吸取理论资源。但美学毕竟与科学不同，科学以分解方式分门别类地研究人的不同，美学对人的研究是综合的和整体的；与科学以精确的数据和实验方式研究人不同，美学对人的研究往往运用概念、判断和推理方式。这表明，美学不应被简单得归结为科学。

其实，美学常常不是与科学而是与人文社会科学具有密切联系。人文社会科学可以更具体地分为人文学科和社会科学。人文学科是关于人的生活与特性的知识体系，通常包括文学、哲学、历史学、伦理学和文化学等。"社会科学"是关于人类社会的知识体系，一般包括经济学、政治学、社会学、法学、人类学、心理学、管理学、新闻学和传播学等。人文学科往往更多地运用体验、思辨或演绎的方法，社会科学则较多地采用归纳、实验的方法。比较起来，美学与人文学科发生更密切的联系。美学先后与哲学、伦理学、语言学和文化学等人文学科发生更密切的联系，并且有时干脆被归属于这些学科。同时，美学有时也与社会科学中的心理学、人类学、传播学等结成密切的亲缘关系。这是因为，美学与它们一样要运用概念、判断和推理的方式研究人的生活。所以，美学一般是一门人文学科，是关于人的生活的知识体系。

然而，作为一门人文学科，美学具有与其他人文学科不同的特殊属性。第一，与其他人文学科从概念角度考察人不同，美学虽然也运用概念，但更注重把握形象。第二，与其他人文学科难免对人作抽象研究不同，美学的研究常常是抽象和具体结合着的，并在这种结合中更突出具体。抽象是指从具体形象中抽取出概念的研究方式，而具体则是指始终不离形象的研究方式。第三，与其他认为学科注重对人做逻辑分析不同，美学在对人做逻辑分析的同时更突出个人体验的重要性。这就是说，作为人文学科，美学研究当然要求运用概念、抽象和分析方式，但相比而言，比其他人文学科更突出形象、具体和体验的作用。

这样，从属性看，美学不是科学而是人文学科；同时，即便是作为一门人文学科，美学除了遵循人文学科的共同方式外，还更突出形象、具体和体验方式的作用。可以说，美学的属性在于，它是一门突出形象、具体、体验方式的人文学科。

当然，美学作为一门人文学科，也会时时注意吸收自然科学和社会科学的研究成果，正像自然科学和社会科学并不简单地排斥美学成果一样。

### 2. 美学的研究对象

美学作为一门独立的学科，当然有自己的独特的研究对象。然而从中外美学史上看，各个时代的美学家们对于美学研究范围的看法是并不一致的，而且直至目前，关于美学的对象问题，国内外学术界都仍在讨论中。有人感慨道："在我所熟悉的任何学科中，还没有一门学科的论述像美学这样，如此难于被阐述得恰如其分。"综合诸多观点中，更具有代表性和合理性的看法有以下几种。

第一种，美学的研究对象就是美本身。这种看法认为美学要讨论的问题不是具体的美的事物，而是所有美的事物所共同具有的那个美本身，那个使一切美的事物之所以美的根本原因。

第二种，美学的研究对象是艺术，美学就是艺术的哲学。这个观点在西方美学史上得到了相当一批美学家的认同。

第三种，美学的研究对象是审美经验和审美心理。这种意见是随着19世纪心理学的兴起，主张用心理学的观点和方法来解释和研究一切审美现象，把审美心理和审美经验置于美学研究的中心。

以上是美学研究对象比较典型的三种观点，当然还有其他观点。近年来，在美的研究对象的问题上，还有一些新的见解值得采纳。比如，有人把美学的研究对象界定为人类的审美活动，尤其是艺术活动，这就更加具体明确。还有人把美学的对象分成不同的层次，其中基础理论部分面向美、美感和美的形态等，重在哲学探讨；具体理论部分面向艺术美、审美接受和审美教育，以此充实、印证和完善基础理论的研究；延伸部分则面向纷繁的审美现象，这是部分美学的广阔天地，它随着人类审美实践的拓展而日益丰富。

美学的研究对象观点的多样性一方面反映了不同派别的美学家在美学基本观点上的分歧，另一方面也反映出美学这门科学还在形成和不断发展中；它所研究的各种问题的内在联系，它与其他科学的联系和区别还没有充分揭示出来。

### 3. 美学的研究方法

方法是科学研究的工具或途径。方法上的突破与创新，往往会带来整个科学研究的革命。在美学研究中采取科学的、适宜的方法，是从事美学研究的保障。

美学的研究方法可以分为以下两个层次。

首先，是方法论原则。美学的核心内容，是对美和审美的一般规律和本质特征的探讨，这就需要我们在哲学的高度上思考美和艺术，思考人类的审美活动和审美经验。在这点上，具有严密科学性的辩证唯物主义和历史唯物主义的世界观和方法论，依然是我们从事美学研究的根本方法。作为美学研究的方法论，它以实践的、历史的观点看待审美对象，把认识置于实践的基础上，把逻辑思考置于历史发展的根基之上，才找到了美的存在的深刻社会历史根源，并且以科学的逻辑体系再现出审美现象的历史过程。同时，辨证的眼光指导我们在研究过程中，始终对审美现象的复杂性、多样性保持清醒的意识，从而全面把握审美活动中主体与客体、个体与社会、一般与特殊之间的关系。方法论原则从总体上指导着美学研究的全局，贯穿于美学的各个部分。只有坚持哲学高度上的方法论原则，才能使美学成为一个科学的、统一的体现。

其次，是具体方法。美学的研究对象非常复杂广阔，它和许多学科诸如哲学、艺术学、心理学、社会学、伦理学等都有联系。因此它需要通过不同的途径，借鉴其他科学的方法。并且，现代美学研究的日趋多元和多样，必然要求方法的多元和多样性。美学的研究方法有很多，我们应该认识到的是：方法的多元和多样不能淹没方法论原则的主导，也不能改变美学的学科性质。学习研究美学要以主导的观点统辖各种方法，在适当的场合、适当的限度内利用它们，寻找适合于美学本身的认识道路。

### 三、美学在当代的历史使命

20 世纪是美学繁盛的时代。在这一时期，它所涉及的学科领域似乎比任何一门人文学科都更广泛。比如，在现代西方，几乎每一个有自己一套理论体系的哲学家、心理学家，都写出过大部头的美学著作。一大批著名的文学艺术家，也忘不了在创造之余，信笔谈谈美学问题。另外，许多著名的自然科学家，也总喜欢在自己的著作中大谈美学理论，这种现象表明，在 20 世纪，美学成了人文科学和自然科学界知识分子共同关心的话题。美学作为一种具有鲜明实践功能的学科，它更是浸入到了我们日常生活的每个角落。似乎每一门学科，都以和美结缘作为自己的荣耀。在这种背景下，有人将 20 世纪称为"泛美"时代，是有道理的。

任何一门学科的繁荣都不会是无缘无故的，都必然产生于时代强烈的需要。下面，我们将谈一谈当代人为什么对美学寄予厚望，美学在当代的使命到底是什么。

首先，美学在当代所肩负的最重要的使命是精神层面的。在一个情感匮乏，感觉迟钝的工业时代，美学的任务就是要陶冶人的性情，使人成为一个完整意义上的人。也即美学可以使人培养出丰富的感情和对自然的敏锐感觉，让人重新学会用诗意的眼光去观察世界。

美学在当代之所以要肩负起这样的使命，是和当代社会面临的种种问题密切相关的。20 世纪以来，科学技术和工业文明的发展取得了巨大成就，但同时也带来了一系列的负面问题。例如，自然资源被浪费，生态平衡遭到破坏，环境污染问题，追求物质享受，精神生活空虚。在高度自动化的环境中，人的本质受到摧残。

德国诗人、美学家席勒曾经在《美育书简》中说过："科学的界限越扩张，诗的领域越狭小。"确实，在现实中，科学走到哪里，诗往往也就会在哪里消失。自从美国宇宙飞船于 1967 年到达月球之后，嫦娥奔月，吴刚伐桂等美丽神话也失去了存在的意义。科学给我们提供了一个真实的宇宙，但却是一个枯燥乏味的，我们在感情上难以接受的宇宙。今天的中国人，有谁还能写出李白式的关于月亮的诗篇？因为对于一个寒冷的荒凉的球体，我们已无法调动起李白那种遥望月中女神的真诚和激情。在西方 18 世纪初，英国的诗人们曾经就"牛顿的彩虹"和"诗人的彩虹"展开过一场大讨论。就像中国古代诗人爱写月亮诗一样，英国历代诗人也总爱将彩虹作为吟咏的对象，因为在他们心目中，彩虹是一个叫做莱米娅的身姿窈窕的美丽仙女。但物理学家牛顿用他发明的三棱镜一分析，却发现彩虹只不过是一种由赤、橙、黄、绿、青、蓝、紫组成的七色光弧，所谓的仙女只不过是诗人一厢情愿的杜撰。可以说，牛顿将彩虹还原为一个七色光弧，一方面给了我们一个真实的彩虹，但另一方面也彻底败坏了诗人们抒情的胃口。这正如当时英国诗人托马斯·坎贝尔所言：

> 当科学把魔法的面纱
> 从造物的脸上揭去
> 原本是多么可爱的幻想
> 现在却受缚于冷漠的物质定律

总之，科学以它冰冷的真实嘲弄了诗人，嘲弄了人的丰富的想象力和温柔的情感，也嘲弄了我们的文艺美学。但是，这个过于真实的科学的世界未免真实得冰冷可怕。人作为一个理性与情感相融的存在，他除了需要以世界的真实性来求得自我确证之外，总还需要艺术的美的温柔，总需要非真实的幻想境界来开启心扉，来抚慰心灵。可以说，越是在一个过于真实的世界，美丽的梦幻对于人越具有无上的意义和价值，因为人在真实的挤压之下，毕竟需要一个自由畅想的空间为自己提供一个喘息之地。也正是在这个意义上，美学在现代为人们提供了一个充满魅力的新世界。

另外，人们日常生活中精神的贫乏也需要美来救助。现代社会，机械化操作的工作方式，使工作越来越缺少趣味，我们再也无法体验陶渊明"采菊东篱下，悠然见南山"的闲适与优雅。人们越来越以理性为工具来改造世界、控制自然，以求得自身的生存发展。世界被程序化，符号化，失去了审美意义。人的生活异常的贫乏，单调和枯燥，而且更使人与人之间，人与世界之间，人与物之间日益疏远，日益隔膜起来，人变得越来越孤独。

其次，美学在当代人文学科中的重要价值。如果说人文学科的历史就是人类追求文明和进步的历史，那么，美学的使命就是为这种追求提供一种具有前卫性的自由的指向。具体而言，以美育代宗教，确立审美理想，是美学能为人类历史作出的贡献。

在现实社会中，每个人都有崇高的理想和关于未来社会的信念，都希望在未来的理想社会中实现更大程度的自我解放。我们知道，在西方黑暗的中世纪和我国的封建社会，虽然分别受着基督教和儒家思想的钳制，但当时的人都是有着狂热的信念的，这正是我们将那一时代称为"信仰的时代"的原因。可以认为，正是美好的彼岸世界为人类提供了一个终极的归宿，我们的现实生活才少了几多不安和惶惑，才不必为自己的来处和去处问题而忧心忡忡。关于这种有关上帝的信仰对人的重要性，法国哲学家伏尔泰曾经说过：即使上帝死了，我们也要重新创造一个上帝，因为没有信仰人就失去了存在的理由。但是，文明社会的发展进步证明，当时西方宗教性的信仰是建立在谎言和欺骗的基础上的，而其部分宗教伦理对人性的压制和摧残更是展示了人类文明史上最黑暗的图景。在这种背景下，既要抛开宗教信仰的欺骗性，将人从一种精神专制之中解放出来，又要在人类解放的道路上确立一种新型的理想坐标，就成为现代人文学科必须面对的重大课题。

19世纪末，西方基督教价值体系崩溃、人们陷入信仰危机的寓言。几乎与此同时，中国的五四新文化运动也开始了对传统文化价值体系的全面反省。值得注意的是作为这种信仰危机的结果，在东西方都引起了人们对美学的狂热。比如在西方，20世纪初是现代美学最富有创意的时期，像以后影响了整整一个世纪的新古典主义美学、形式主义美学、结构主义美学、符号学美学、表现主义美学等，都是从这时踏上了对传统美学的变革之路；在中国，对美学的迷恋也成为五四运动的时代精神，在这一时期，蔡元培先生提出了著名的"以美育代宗教说"，梁启超则试图建构美文的美学……所有这些，形成了中国现代美学史上第一波美学热潮。

德国美学家席勒为美学设定的一种重要定位——美行于自由而行。真正的美学总是促使人向自由的终极境界发展，是人走向自由解放的强大动力，因为美学作为一种感性学，对禁锢人精神的事物抱有天然的敌意，对美的追求也就成了追求自由理想的同义词，美的实现过程也就是自由理想的实现过程。

第三，提高人的鉴赏能力，美化生活，应是美学在当代社会所承担的第三重使命。现实中，任何审美欲求的满足都有一个起码的前提，即审美者必须具有对美的鉴赏和感悟能力。否则，学过美学之后，如果对于一件艺术作品仍停留在只知其然而不知所以然的层面，如果不能以美学原则指导自己的生活，那么所学的美学理论也就成了空中楼阁，沙上之塔，成了无用的东西。

审美鉴赏是美学的一个重要组成部分，它不但能使我们成为具有艺术情趣的人，而且能引导人按照美的规律美化自己的生活。宋代散文家、诗人苏轼，同时也是一位鉴赏大师。有一次一位刚学写诗的人作了一首自以为得意的诗送给苏轼评论。苏轼看完之后沉吟不语。此人急切地问他：这首诗可得多少分？苏轼回答：十分。来人容光焕发。没想到接着苏轼来了一句：三分诗，七分读。苏轼的话意思是否定那首诗，但他无意中道出了审美鉴赏的重要意义。我们可以据此推演开来，将"诗"涉及一切审美现象，将"读"推及到一切审美活动，这句话同样有它充足的理由。可以说艺术作品的最终完成是在观众的鉴赏过程。

孔子说：仁者乐山，智者乐水。山与水本是无生命无情趣的自然物，但人对山水发生鉴赏，就会将它们比拟为有生命、有情趣的自然物，这是审美的一种常见的现象。李白的诗："相看两不厌，唯有敬亭山"。辛弃疾也有这样的词句："我见青山多妩媚，料青山见我应如是。"单单是艺术家才有这份痴情？其实，人只进入审美，就会发生这种"移情"现象。

美的鉴赏使鉴赏者得到极大的愉悦。这种高级的精神愉悦绝不同于生物快感，我们经历一番饥饿，然后吃饱喝足，也可以感到极大的愉快，但这种愉快是物质性的，是任何生物都可以感觉得到的，而审美愉悦则是专属于人的精神快感。苏轼写道："宁可食无肉，不可居无竹。"竹是一种高雅的审美的对象，是古代文人高洁品性的象征，对竹的鉴赏的快感是吃肉的美味无法替代、无法比较，所以苏轼作出了这种选择。德国哲学家尼采在观看了比才的歌剧《卡门》之后曾说："我近来患病，听了这音乐之后病就痊愈了。我十分感谢它。"这显然不是夸张。美是对立统一规律的感性显现，具有和谐的节律特征。人一产生疾病，心理就会失去平衡，走向一团乱麻的无序状态，这时，经和谐的美与艺术一调节，可以重新走向平衡、有序。

自然、社会、艺术当中，"美"不胜收。诸多美的信息，靠我们去解读。阿尔卑斯山美丽的山谷中有一个标语牌，上写："慢慢走，欣赏啊！"我们在生活当中理应如此。让我们在审美中美化自身。

美学的学习，可以使我们达到一种审美的人生诗意的人生，创造的人生。只要人还需要全面发展，社会还需要走向更高文明，至真、至善、至美的理想追求就永不停歇，美学就将永远生存和发展，并将以特有的方式为人类社会的美好前景做出它的贡献。

## 四、美丽的美学之美的定义

我们可以把美比着女儿、情人、女神与天使等，实际上我们还可以把美比着一种矿藏，古今中外，许许多多的人从各自所在的位置、沿着各自的路线向着这个矿藏的埋藏地进发，以寻找美的真谛。在这一过程中，许多人成就了他们的思想与理论、成就了他们在人类思想史、哲学史与美学史中的荣誉与地位。

美丽的美学是从什么地方出发来进行美的探究工作的呢？这就是美的种类。这个出发点虽然重要但却不那么引人注目，就像长江与黄河的源头虽然重要但却不那么引人注目一样。

仔细考察一下在现代汉语中人们对美这个词的用法，我们不难发现，美这个词在现代汉语中主要有两种用法，即一、美被用作名词，二、美被用作形容词。由于名词通常表示一种事物，而形容词则通常表示一种性质或状态，因此美丽的美学认为，人们一直在努力寻找的美其实有两个基本的种类，其中一种是指一种事物，而另一种则是指事物的一种性质。又由于事物与事物的性质是不能互相等同的，一个事物可以有多方面的性质，一种性质也可以为多种或多个事物所共有，因此这两种美应是不可互相替代的，要为美下定义，我们就要分别为这两种美下定义。当然，如有可能的话，我们是可以同时给出这两种美的定义的。

在确定了美的种类之后，美丽的美学准备采用归纳法——归纳美的事物的共性的方法——来归纳美的定义，其理由是人类已经发现了无数的美的事物，人类也积累了无数的关于美的研究资料。

通过对美的事物的共性的探寻，美丽的美学发现所有美的事物都有三个方面的共性，这就是一、美的事物都有结构，二、美的事物都能使人愉快，三、美的事物都能激发人对某种事物的积极的情感。值得注意的是，情绪与情感是有区别的，其中之一就是，情感是有对象的，而情绪则没有，前者如爱、喜欢、兴趣、向往、敬佩、恨等，后者如快乐、悲伤等。

有了美的事物的共性，我们还不能立即为美下定义，因为我们可以发现，美的事物的第一个共性是属于审美对象或审美客体的，而在第二、三两个共性中，事物所激发的情绪与情感则是属于审美主体或审美的人的，然而我们知道，审美主体与审美客体永远都是互相独立、互相分离的，那么审美客体是怎样通过其结构激发出审美主体的情绪与情感的呢？这就涉及"应构"与"情-物联系"这两个中介概念了。

所谓应构就是结构对应之意，当一个事物对另一个事物发生某种作用时，事物之间就会发生应构，不仅自然事物之间的作用是一个应构过程，任何一个事物对人发生的作用实际上也都首先是一个应构过程，如人由一个事物产生理解、想象或联想等实际上也都是应构。

由于事物的结构总是储存着各种信息的，因此应构的过程也就是信息的传输过程。在人对外界事物进行应构的过程中，人也就从外界事物获得了诸多信息，其中包括事物本身的信息及人们有意与无意储存在人造结构中的意义信息。

由于并不是所有的应构都能激发人的情绪与情感，因此这就涉及情-物联系概念了。所谓情-物联系是指人的情绪与情感跟某种事物之间所存在着的一种相对稳定的联系。情-物联系绝不是完全抽象与超验的，相反，它是有客观物质基础的，这个物质基础就是人体内的神经联系。这个概念也是能得到其他理论证明的，这些理论为情绪记忆与情结的理论等。由于人体内的情-物联系是以人体内的神经联系为基础的，因此情-物联系也就具有了客观性、隐蔽性、社会实践性、无限多样性等，有些情-物联系则还具有个体差异性与超越性等。

有了应构与情-物联系这两个概念，我们就可以解释为什么人们在审美与艺术欣赏中会产生情绪与情感了，这就是，当一个事物通过其结构作用于人的感觉器官时，人体内的神经系统就发生了一系列的应构过程，其中一方面，事物的结构与结构元素本身在一系列应构过程之后会通过情-物联系激发出人的一部分情绪与情感-这就是所谓的形式的作用，另一方面，事物的结构所储存的信息也会由于应构而传达给了人，而这些信息也会通过情-物联系激发出人的情绪与情感-这就是所谓的内容的作用。

到此，我们可以给美下定义了，这就是：美有两个不可互相替代的种类——名词美与形容词美，它们分别是指一种结构与一种性质。在事物通过其某一结构与人体内的情-物联系应构出人的愉快情绪与对某种事物的积极情感之后，事物的这一结构就被人称为美（名词美）与美的（形容词美）。

上述美的定义被称为美的种类与定义原理，它也是美丽美学的第一个基本原理。康德曾经把美分为自由的美与依附的美，并认为这样区分可以解决美学中的许多纷争，与此类似，我相信，美的种类与定义原理可以解决与解释美学中的许多难解难分的问题与现象。

# 第一章　永恒之谜的探寻

一谈到美，人们很自然就想起大自然中高耸的山峰、辽阔的大海、鲜艳的花朵、飞奔的鸟兽……人类社会中雄伟的建筑、堂皇的装饰、奇异的服饰、各色的商品……文艺作品中诗的意境、各具性格的人物、优美的旋律、玄妙的舞姿……可以说，在人们的生活中，美是无处不在的，无时不在的，只要热爱生活的人，无不时时享受到美的快乐。然而，当人们试图用一个抽象的定义去对"美是什么"作出完满的解答时，发现几乎是不可能的。德国诗人歌德说："我对那些美学家不免要笑，笑他们自讨苦吃，想通过一些抽象名词，把我们叫做美的那种不可言说的东西化成一种概念。"但是，在美学研究中，如果没有对美的本质的认识，也就使美学家失去了从美的角度对世界万物的整体把握，使美学理论失去了立足点。那么就让我们沿着两千五百多年来美学家对美的探索，去发现美的踪迹。

## 第一节　西方美学史对美的认识

我们且从西方美学的源头——希腊美学出发，看一下古代哲人是怎样寻觅美的奥秘的。

### 一、毕达哥拉斯学派谈美

毕达哥拉斯（见彩图1）学派活动于公元前六世纪的古希腊，这个学派成员大多数是数学家、天文家和物理学家。由于他们都是科学家，又把"数"看作宇宙的本源，因此他们也从数的关系探讨美的事物和现象为什么会美。他们得出一个结论：美是数的关系的和谐。如认为"一切立体图形中最美的是球体，一切平面图形中最美的是圆形"。他们还发现了一种美的比例，这便是著名的黄金分割率。黄金分割率的比例公式就是：设全线段的部分为1，则大部分与小部分之比是1∶0.62。而大部分与小部分之比又恰好等于整体与大部分之比，即1.62∶1。按此比例构成的长方形是最美的平面图形。此比例用作人体的尺度衡量的方法有两种，一种是从腰部为划分，腰部以上为小部分，腰部之下为大部分。另一种方法是将两手垂直紧贴大腿外侧，从中指尖触到的地方划分，中指尖以下为小部分，中指尖以上为身体大部分。如大部分与小部分之比是1∶0.62的近似值，而人体的整体高度与大部分之比又恰是1.62∶1的近似值，那么，这个人体被认为是和谐，因此是美的。他们还将美是和谐这种观念用于人与人的关系，于是认为"友谊乃是一种和谐"。毕达哥拉斯学派的这种从数的关系出发形成的美学观念，只偏重于形式方面，有很大的片面性，而且他们把数从事物中抽象出来，置事物的质量于不顾，这就把物与数割裂开来，将内容与形式分离开来，因此，这种"美在数的和谐"的观念必然导致唯心主义和神秘主义。然而，他们对美的定义，是至今为止发现的最早涉及美的定义，他们的美在和谐的观念，在欧洲发生了十分长远的影响。

## 二、苏格拉底谈美

苏格拉底（公元前469—公元前399年）（见彩图2）是古希腊第一个从另一个角度谈美的人。他是一个别树一帜的哲学家，为了反对与他同时代的德谟克利特的唯物主义"决定论"，而提出了唯心主义的"目的论"。他认为任何事物的存在，都是神的一种有目的的安排。他就是从这种目的论出发谈美的。他说："美不能离开目的性，即不能离开事物对现实人愿望它要达到的目的适应性"，"每一件东西对于它的目的服务得很好，就是善的和美的，服务得不好，则是恶的和丑的。"他曾以谈论矛和盾美不美为例："盾从防御看是美的，矛则从射盾的敏捷和力量看是美的"。因此，他认为同一物从不同效用目的看，其美与否，就有不同的判断。这当然是唯心主义的，但他将美的考察与对人的价值联系起来，不能不说是在美的研究史上开辟了另一途径，对丰富人们的思想，无疑有着重要的意义。

## 三、柏拉图谈美

柏拉图（公元前427—公元前347年）（见彩图3）的《大希庇阿斯》篇是西方第一篇有系统地讨论美的著作，在《大希庇阿斯篇》中，记载了他的老师苏格拉底与诡辩派代表人物希庇阿斯关于美是什么的有趣的争论。

希庇阿斯：美就是一位漂亮的小姐。

苏格拉底：[如此]，被神称赞过的一匹马美不美？竖琴美不美？打磨得很光、样子灵巧、有花纹的汤罐美不美？

希庇阿斯：美就是黄金，一件东西纵然是丑的，只要镀上黄金得到一种点缀，使它显得美了。

苏格拉底：那么著名的雕刻家菲狄阿斯的雅典娜女神为什么不用黄金，而是用象牙？甚至身子是用石头雕刻，但仍然是美的呢？

希庇阿斯：美是恰当。所谓恰当，是使一个事物在外表上说是美的。

苏格拉底：如果雕像的眼睛不是象牙，而是漂亮的云石怎么样？

希庇阿斯：当然是美的，因为象牙配云石十分恰当嘛！

苏格拉底：那么要煮蔬菜，是用木汤勺恰当，还是用金汤勺恰当？显然用木汤勺恰当，那么，难道金汤勺就不美吗？可见，美并不是恰当。

这次辩论，虽然苏格拉底获胜，但美到底是什么？苏格拉底自己也说不清。他自己提出一个又一个定义：美是有用的；美是有益的；美是视觉、听觉所生的快感……但又被他一一否定，最后，博学多才的苏格拉底无奈叹云：美是难的。发出了关于"美是难的"的喟叹。尽管柏拉图在书中提出了"美是什么"的诘问，但并不等于说他对美没有自己的看法。柏拉图把美本身说成是理式，理式就成为柏拉图美学的核心概念，柏拉图认为，每一种物都和任何一种其他物有所区别，因此，它具有一系列本质特征，而物的所有这些本质特征的总和就是物的理式。比如，桌子是某种物质材料制成的东西，这是一；桌子适用于不同的用途，用来吃饭、看书、写字、放置物品等，这是二。桌子所有这些本质属性的总和就是桌子的理式。如果我们不懂得桌子的结构和用途，那么，我们就没有桌子的理式，也就根本不能把桌子同椅子、沙发、床等区别开来，这样，物的存在就要求它是某种理式的载体。他也曾说到一个著名的关于"三张床"的事例。世界上存在着三张床。第一张是"理式"的床，这张床是人类未有之前就已经存在的。柏拉图称之为"床的真实性"，这是关于床的最高真理。第二张床是木匠按照"理式的床"做出来的现实的床。这张床是对理式的模仿，和真的实体的床已经隔着两层（柏拉图连同理式的床也算一层）。第三张床是画家模仿木匠的床创造的艺术的床。这是一种模仿的模仿，它和真实体隔着三层。在柏拉图看来，在这三张床中，只有第一张床，即"理式"的床是真实，最完善，因而最美，是床的美本身。由此可见，柏拉图从他的客观唯心主义哲学出发，把"理式"确定为美本身，实质上提出了"美是理式"的主张。

### 四、亚里士多德谈美

"我爱我师，我尤爱真理"，这是柏拉图的弟子亚里士多德（公元前384—公元前322年）（见彩图4）在批判柏拉图理式论时说的一句名言，亚里士多德否定理式的孤立存在，承认现实世界的真实性，他在事物本身中寻找美的根源。他认为：美的主要形式在"秩序匀称与明确"。而且这个形式应是在人能感知的范围之内。他曾说："一个美的事物——一个活东西或由某些部分组成之物——不但他的各部分应有一定的安排，而且它的体积也应有一定的大小；因为美要依靠体积来安排；一个非常小的活东西不能称之为美，因为我们的观察处于不可感知的时间内，以致模糊不清；一个非常大的活东西，例如一个一千里长的活东西，也不能称之为美，因为不能一览而尽，看不出它的整一性"。亚里士多德能从感知上辨别美丑，是个很大的进步，对后世的影响很大。

希腊美学离我们已经十分遥远了，然而它仍然值得我们认真研究，因为后来美学上许多重要思想都起源于此。

### 五、其他美学家说美

在美学的发展史上，还形成了几种具有代表性的观点，对美学的发展影响很大。

#### 1. 美是理念的感性显现

德国古典美学集大成者的黑格尔，则明确提出："美是理念的感性显现。"黑格尔的"理念"与柏拉图的"理式"之间是既有联系，又有区别的。在柏拉图那里"理式"是先于人类，先于整个感性世界而存在的永恒的一切事物的模式，只有它最真实。感性世界的存在反而是它的幻影。黑格尔的"理念"世界则是要依存于感性形式才能真实地存在。"美是理念的感性显现"就是指理念的内容必须通过具体可感的活生生的形象，才能得以显现。因此，黑格尔这个关于美的定义，实际上只适用于艺术美。黑格尔美学体系的主要对象也只限定在艺术范畴之内。由于黑格尔的"理念"是一个不断发展的概念，因而显现形式也不断发展变化，而且根据二者之间的关系，从历史发展的角度，黑格尔把艺术划分为象征型艺术、古典型艺术、浪漫型艺术。黑格尔对美的解释，是客观唯心主义的，但同时又是历史的，而且是辩证的。从他对美的定义中，清楚地显现了他的深刻的辩证法思想。

#### 2. 美是关系说

美是关系说主要代表人物是法国的狄德罗。他认为宇宙是一个有机的整体，万物之间有着必然的联系和微妙的关系，这"联系"与"关系"就构成了美的条件。他说："我把凡是本身含有某种因素，能够在我的悟性中唤起'关系'这概念的，叫作外在于我的美；凡是唤起这个概念的一切，我称之为关系到我的美。"前者指"实在的美"，即事物间存在的客观关系，比如比例、对称、秩序等；后者指事物的关系作用于主体所产生的美感。

狄德罗的观点强调了美的客观性，说明了美感是人的意识对客观美的反映，具有一定的辩证观点。但他的思想方法是形而上学的，认识到了二者区别，却认识不到二者的统一。

### 3. 美在生活说

美在生活说的主要代表人物是 19 世纪俄国革命民主主义者车尔尼雪夫斯基。他在《艺术对现时的关系》一书中指出："美是生活"，"任何事物，凡是我们在那里面看得见，依照我们的理解应当如此的生活，那就是美的；凡是显示出生活或使我们想起生活的，那就是美的。"

这种美是生活的观点，在探索美的本质问题上达到了前人所未达到的成就，主要体现在：①肯定了美的客观存在性。②肯定了美的社会性。③他所说的"美是生活"，是指人们所喜欢的"应当如此的生活"，这就肯定了人生理想、要求改革现实的愿望，排斥了社会中的丑恶现象。追求美，也就是追求理想生活。

但是，车尔尼雪夫斯基的这种观点带有很大的片面性，主要表现在：①从人本主义哲学出发解释美及生活的本质，认为人是自然界的一种生物，这就导致了他以生物学的观点来看待生活，有时把"生活"解释成"自然生命"，美也便成了自然生命、生命力的体现。比如他把生活与疾病、死亡相比较，认为活着就是美的，而疾病、死亡就是丑的，结论是"活着总比不活好"。②缺少辩证法，不能用历史、阶级的观点看待生活，所以他的理想生活是抽象的、模糊的。

## 第二节　中国古代美学

在中国古代，关于对美的本质的探讨，有几个特点。一是不明确的，是自觉的意向，也就是我们所说的不思辨；二是没有唯心和唯物之分，唯心和唯物的区分是真真正正的舶来品；三是这些探讨基本上都从属于伦理学范畴。虽然中国在其漫长的历史时期出现了众多的思想潮流，并具有复杂的演变，但一般认为，其基本主干是儒、道、禅三家。它们主宰了中国思想的历史，并影响了一些非主流的思想。因此关于美的本质的探讨，我们就对儒家、道家和禅宗三大思潮的美学观点加以考察。

### 一、儒家美学思想

儒家美学是以孔子（见彩图 5）为奠基人，经过孟子、荀子等得到不断继承和发展的美学思想。它以儒家的政治哲学思想为基础，又较多地继承了先秦早期的美学思想，是中国古代美学中占主导地位的美学思想。

儒家美学同儒家积极的入世精神相联系的。积极入世，使他们肯定存在于现实的人间。作为儒家核心思想的孔子学说是仁学，它是对于先秦礼乐文化的创造性的改造，亦即用仁来解释礼乐文化。礼乐来源于中华先民的图腾和禁忌传统，具有巫术文化的特性。一般认为礼别异，乐和同。礼不仅规定了人与人的关系，同时也规定了人与鬼神的关系，亦即在天地君亲师的整体结构中的等级序列和差异。乐则是人与人的沟通，人与鬼神的交会。但孔子所处的时代是礼崩乐坏的时代，因此他要重新恢复礼乐传统，不过他借助于使礼乐仁化。所谓的仁就是爱，于是仁者爱人。这种爱来源于亲子之爱，但是要实现它的扩大化和普遍化。在孔子那里，一方面是用仁来规定礼乐，另一方面是用礼乐来规定仁，它们相互阐释。儒家美学认为美在于礼乐，在于仁。合于礼乐的是美的，不合于礼乐的是丑的。它强调的是美与道德之间的关系。正是在这样的意义上，尽善尽美不仅意味着事物的完满，而且也意味着美善合一，亦即美的必须是善的。

儒家美学的美感是中庸。儒家美学非常注重情感在人的心灵结构中的重要性，但又强调它必须保持一个度。这个度就是中庸。人们一般会认为中庸是平庸，是折中，是对于对立立场的逃避。但儒家所主张的中庸是事物自身的度以及人们对于度的把握。正是在度内，一个事物才能成为其自身，也正是人们对于度的把握，才能理解事物本身。在感情的中庸方面，儒家美学认为乐和哀等情感形态都要保持自身的度，而不要越过边界。因此它主张乐而不淫，哀而不伤。这意味着乐是乐，哀是哀，否则它就会走向其极端，变成了非自身的形态。儒家所追求的美感就是平静的、和谐的。情感的中庸之所以可能，是因为它被理所规定，而理则是由礼所制定的。

## 二、道家美学

道家美学是以老子为奠基人，经庄子发扬光大并在后来得到不断继承和发展。道家的核心思想是道自身，或者是作为自然的道。《道德经》说"人法地，地法天，天法道，道法自然。"在"人-地-天-道-自然"这一序列中，人为天地所规定，道则规定天地。自然并不是作为自然界外在于道，而是作为本性就是道自身。因此所谓的道法自然就是：道遵守自身的本性。作为自然的道不是万物，而是一。但一既不等于一个，也不等于一切，因此它是无。无不仅是对于它物的否定，而且也是对于自身的否定。但无能生有，由此一生二，二生三，三生万物。

道家美学认为美在于道，或者更明确地表达为：美在于自然。虽然人们一般认为道具有双重意义，道路和言说，但在中国传统思想中特别是道家思想中形成主题的并不是言说，而是道路。在这样的意义上，道不是语言之道，而是自然之道。于是当我们说美在道的时候，就是说美在自然。当然美在自然具有两重意义。一方面它指自然界，是自然的天地、山水和草木。如所谓"天地有大美而不言"。另一方面它指自然而然的本性。自然界之所以美，是因为它合于自然的本性。同理，在社会和精神领域，一切合于自然的事物也是美的。

道家所说的美感是对于道的经验，它也是对于无的经验。要达到对于道或者无的经验，人必须通过心灵的否定才能完成。否定就是去蔽，去掉心灵的蒙蔽。这种活动可以描述为心斋、坐忘等。由此心灵处于虚静境界。这样它才能静观和玄览，与道为一。这种美感经验由于是对于无的经验，所以它自身都被无所规定，于是至乐无乐，至味无味。

## 三、禅宗美学

禅宗美学是以禅宗思想为基础形成的中国古代美学思想。

禅宗是一种中国式佛教，是以道家思想对佛教进行改造的产物。禅有别于一般的佛教，它是中国智慧的独特产物。与印度佛教的基本教义相比，禅宗去掉了其神秘性和思辨性，成为一种生活的智慧。禅的核心思想是心灵的觉悟，因此根本问题不是外在的，而是内在的，即对于人自身的佛性也就是自性的发现。《坛经》说："世人性净，犹如青天，慧如日，智如月，智慧常明。于外著境，妄念浮云覆盖，自性不能明。故遇善知识开法，吹却迷妄，内外明彻"。它描述了这样一个过程：首先人的本性是清净的，其次妄念遮蔽了人的本性，最后通过去蔽顿悟成佛。从美学的角度来讲，禅宗认为美在意境。意指心灵，境指视界。意境则指心灵构造的世界，一个觉悟的世界，这包括了对于自然的看法，使它与儒家和道家的观念不同。儒家把自然看成道德的象征，如岁寒三友；道家把自然看成自然本身，而要法天贵真；禅宗的自然则是心灵的构造，体现了心灵的觉悟。

禅宗美学将美感规定为妙悟。妙悟是非理性、非逻辑和非概念的，它不同于一般的思想行为中的判断和推理。正是如此，它正切中了审美心理活动的独特本性。妙悟表现为顿悟和直觉，这也就是说，它能在瞬间看到永恒，在现象看到本体。妙悟所看到的就是美本身，是活生生的生命本身。

儒、道、禅三家构成了中国思想和美学的主体。儒家的核心是社会，道家的主题是自然，而禅宗的根本是心灵。这三者所思考的自然、社会和心灵刚好是存在者整体的三个方面。正是如此，才可能有所谓的儒、道互补，有所谓的儒、道、禅合一。

## 第三节　当代中国的研究

20世纪中国美学就其学术追求来讲，可以以1949年为界划为前后两个时期，前期的美学研究主要是对西方美学理论的译介以及用西方美学理论解决中国古典美学的问题，后期则是在马克思主义美学的基础上，试图建构有中国特色的当代美学体系。对美学之美的解答主要是由后期的当代美学家完成的。

20世纪50年代中期到60年代初期，我国美学界围绕美的本质问题展开了广泛的讨论。其重要意义不可低估。这场讨论在理论上达到了一定的深度，培养了一批美学人才，提高了社会各界对美学的兴趣，扩大了美学这门学科在中国的影响。在这场讨论中，主要形成了三种观点：以蔡依为代表的典型说，以李泽厚为代表的客观性和社会性的统一说以及以朱光潜为代表的主客观统一说。

### 一、美在典型说

蔡依认为美的东西就是典型的东西，美的本质就是事物的典型性。所谓典型，就是个别之中显现着一般的东西，就是个别事物表现了同类事物的一般性和普遍性。如一棵树木显现着同类树木的一般性，它就是美的；一座山峰显现着同类山峰的一般性，它就是美的。

为了论证美是典型，而典型是事物的常态，蔡依又引宋玉《登徒子好色赋》来论证自己的观点——"天下之佳人莫若楚国，楚国之丽者莫若臣里，臣里之美者莫若臣东家之子。东家之子，增之一分则太长，减之一分则太短；着粉则太白，施朱则太赤。"

在蔡依看来，这位"东家之子"的姿色容貌，概括了臣里、楚国、天下美女所具有的最一般、最普遍的东西，在她身上体现了天下美人最普遍的特征。也就是说，她的美就在于她是典型的，最充分地体现了女人的常态，所以是最美的。

典型说有两个要点：一是主张在客观事物本身中寻找美，而不是在先前的理式和人心中寻找美。现实事物的美是美感的根源，也是艺术美的根源，研究美学的正确途径是从现实事物去考察美，去把握美的本质。二是典型是在个别之中显现着一般，其中一般性是根本的、决定性的、个别性是次要的、从属的。

## 二、美的客观性和社会性统一说

李泽厚主张美是客观存在的,但是它不在于事物的自然属性,而在于事物的社会属性。这就是李泽厚的客观性和社会性统一说。蔡依也强调了美的客观存在,然而否认了美依存于人类社会的根本性质。李泽厚和蔡依的分歧就在美的社会性问题上。

什么是事物的社会性呢?就是它的社会职能,它在人类生活中所占的地位、作用和关系。这种社会性是客观存在的,它依存于人类社会,却不依存于人的主观意识,它属于社会存在的范畴,而不属于社会意识的范畴。古松、梅花与老鼠、苍蝇为什么有美有不美呢?这是有它们的社会性、由它们和人类生活的关系所决定的。李泽厚还举过国旗美的例子。他认为国旗的美在于它的社会性,即它代表了中国这个伟大的国家,至于一块红布,几颗黄星本身并没有什么美的。这个例子遭到了很多人的批评,因为国旗的美也体现在红布、黄星的形式美上,即国旗的自然属性上。

## 三、美的主客观统一说

朱光潜是这种学说的代表人物。他认为,唯心主义强调主观,把主观绝对化,机械化。唯物主义强调客观,把客观绝对化,而主观与客观是不可分割的,正确的答案应该是客观与主观的统一。他经常举这样一个例子,一朵红花,只要是视力正常的人,都会说花是红的,时代、民族、文化修养的差别不能影响一个人对"花是红的"的认识。但是,对于花的美,不同的人会有不同的看法,就是同一个人,今天认为这朵花美,明天可能就认为它不美。为什么会出现这种情况呢?因为"花是红的"是科学的认识,"花是美的"是审美的认识,这两者之间有本质的区别。科学认识的对象是自然物,"红"只是自然物的一个属性,完全是客观的,审美认识的对象已经不纯粹是自然物,而是夹着人的主观成分的物。

为了表明科学认识的对象和审美创造的对象的区别,朱光潜把它们称作物甲和物乙。物甲就是物本身,它是客观存在的,不以人的意志为转移。物乙是自然物的客观条件加上人的主观条件的影响而产生的,它是物的形象。物甲和物乙的区别就是"物"和"物的形象"的区别。物甲具有某些条件产生物的形象(物乙)。然而,物乙之所以产生,却不单靠物甲的客观条件,还须加上人的主观条件的影响,所以是主观和客观的统一。同一物甲在不同人的主观条件之下可以产生不同的物乙。俗语说:"情人眼里出西施。"被情人称作为西施的这位女子是物甲,她要成为物的形象(物乙),除了自身的客观条件外,还要有欣赏者的主观条件(情人眼睛)。而在其他人的眼中,她未必是西施。朱光潜的结论是:物、物甲是自然形态的,只是美的条件;物乙、物的形象是意识形态的,才是美。他引用宋朝诗人苏轼的《琴诗》来说明自己的观点:

若言琴上有琴声　琴在匣中何不鸣。
若言声在指头上　何不于君指上听。

说琴声就在指头上的是主观唯心主义,说琴声就在琴上的是机械唯物主义。说要有琴声,就既要有琴(客观条件),又要有弹琴的指头(主观条件),总之,要主观与客观的统一。

我们从古人和今人对美的本质问题的探索,这些探索有助于加深我们对美的理解。不过,我们寻到了美了吗?美就在我们身边,而它无限的内容却不断地有待于我们去发现,对美的寻求是一个永无终结的过程。然而,我们寻求美,欣赏美不必从抽象的概念出发,而要从鲜活的现实生活出发,去追寻美的真谛。

## 第四节　中国美学研究的创新与发展

中国现代美学是在西方美学思想影响下产生和发展的。从更广阔的视野看，它是中国本土文化与西方外来文化交流、碰撞与融合的产物。中西文化的碰撞、融合既是中国现代美学产生、发展的文化背景，又是中国现代美学理论建构的思想资源。中国现代美学的特征及其价值、意义，不仅要从社会的政治经济里寻找原因和根据，也要从文化那里寻求答案。文化兼有客观与主观二重性，它的外形式是客观的物质存在，而其内形式却是主观心理（文化心理结构），它的本质是精神性的，因而它的作用只有通过个体的心理活动才能发挥出来。文化与一切学术活动、艺术活动、审美活动的关系最为直接、密切。

中国现代美学已有百年历史，先贤们对美学学科建设和美学理论建构做了多方面的尝试和探讨，留下了丰富遗产。但是，由于对西方文化和中国传统文化两者的特征、价值取向、生命活力及长处、短处缺乏真正的认识，因此在中西文化交流中常常陷于盲目状态。长期以来，人们普遍认为，西方国家的科学技术走在我们前面，因而其文学艺术也先进于我们。正是出于这种认识，五四"文学革命"诸君用西方文学艺术的悲剧精神和写实主义方法为标准，批判、否定中国文学、戏剧、小说、绘画及其大团圆精神。这种认识在20世纪30年代之后才逐渐有所改变，但50年代以后又出现照搬前苏联美学和文艺理论的状况。进入90年代，人们一方面反省由于搬用前苏联的弊端，另一方面却又搬用西方后现代主义的东西，以代替自己的思考与创造，并且仍以否定传统为代价。这是值得深思的。中西文学艺术分属于两种很不相同的文化体系，各有自己的民族特点，不能从西方科学技术先进的事实中推断出西方文学艺术也同样先进的结论。

模仿、照搬外来的文化模式、观念、方法，而不与自己的传统文化结合、融化而创新，是没有生命力的。中国从20世纪初开始传播西方美学，至20年代开始在高等学校开设美学课，并陆续出版了各种美学原理或美学概论，发表了各种各样的美学文章，但在质上却又是照搬西方（包括前苏联）模式，范畴、命题、体系都是西方的或模仿西方的，我们祖先所创造的范畴、命题和重要思想观点却长期搁置、无人问津。这是"欧洲文化中心主义"影响的必然结果。当然，西方的美学理论我们必须借鉴，它会给我们很多启示，会给我们提供丰富的思想营养。但西方的美学理论不能代替我们自己的美学理论建构，因为西方的美学理论是西方文化的结晶，并不是全世界普遍适用的。我们也不要企图建构全世界公用的美学理论，那也是不可能的。因为文化是多元存在的，各有自己的民族特征，不可能有完全相同的规律。同时，美学不是揭示自然的客观规律，而是揭示人的精神和情感世界，属于人文之学。文化不同，人文精神如思维方式、生活方式、价值取向、审美心理、审美风尚、终极关怀等是很不一样的。正因为如此，建构中国特色的美学理论必须扎根于自己的文化土壤之中，并从西方美学乃至其他民族美学中汲取异质因素，与我们固有的优良传统融合、碰撞、消化，从而才能创新。

### 一、中国美学研究的创新

完全按照西方模式来衡量中国美学史的实际，用西方的审美标准取舍中国的思想资料，有削足适履之嫌。例如，有人撰写孔孟老庄的美学思想时，大谈他们对美的本质的认识。其实，孔孟老庄乃至整个中国美学思想史上的重要人物，对十分抽象的美的本质并不感兴趣，很少直接谈论这种问题。他们所感兴趣的是美的境界、美的形上精神。他们追求这种精神境界，不像柏拉图那样进行抽象的思辨和逻辑推导，而是进行鉴赏、体验、感悟、洞观，因此在形式上也不见逻辑体系。所以，大谈孔孟老庄如何论述美的本质，无疑是无的放矢。当然，中西美学和中西文学艺术有许多相同之处，求同、相互印证、相得益彰是可能的和必要的。但更重要的是，它们还有不同甚至相互反对之处，这尤其不能忽视。由于中西文化不同，才使中西美学各有自己的论说形式，中西艺术才各有自己的民族风格。西方艺术以自然科学为其理论基础，侧重于写实和客观描写，结果落实到认识论；中国艺术以道德哲学为其理论基础，侧重于写意和主观表现，结果落实到育人的教育实践；二者的思维方式、表现方法、价值取向很不相同，各有长短。可以说，中西艺术没有完全相同的范畴、命题和论说形式。正因如此，中西对话交流、取长补短、融合出新才是必要的，才能有发展、创造。

鉴于以往的经验，中西美学比较研究应当做到：一是中西美学融化出新，对于我们来说必须建立在中国传统文化的基础上，不能割断历史，否则未来美学的发展便会失去根基，没有了生长发展的条件。也就是说，中国未来美学的发展既要吸收西方美学的异质因素并加以消化，同时又必须扎根传统文化土壤之中，才能具有自己的独创性与民族特点。这样的中西比较既反对"全盘西化"，又反对"抱残守缺"。二是中西美学比较研究要求研究者采取平等对话的方式。要做到这一点，关键在于对中西文化各自的优越性、局限性和生命活力必须有清醒的认识，才能清除"欧洲文化中心主义"的影响，才能正确掌握比较的标准。三是中西美学比较要求研究者对中西文化有基本的了解、体验，对自己所比较的范围要有系统深入地研究，才能达到一定的深度，做出独到的建树。

现代意义的中国美学研究从王国维开始，他用西方近代学术方法和观念审视中国古典审美传统，发现了在传统学术视野下很难发现的东西。此后，以宗白华、朱光潜为代表的新一代学人在深入认识中华审美精神个性方面，得出许多精到的认识。但整体而言，20世纪前期是一个集中输入西方美学理论、尝试基础理论建构的时期，中国美学研究处于零星讨论、尚不系统的阶段。

20世纪80年代始，中国美学研究进入全面系统研究的新阶段，出现了一批有影响的中国美学史著作，断代史和专题性研究著作也层出不穷，发表的单篇论文则更多。从此，中国美学与美学理论、西方美学鼎足而三，被视为美学研究必不可少的分支，初步建立起中国美学这一美学分支学科，系统梳理了中华民族审美观念发展的大致轮廓。这打破了20世纪前期以西方美学为美学的局面，充分注意到人类审美意识中的民族文化个性，使美学学科内部的生态结构更趋丰富、合理，对美学在中国的深化与健康发展具有重要意义。现在，中国美学研究已成为成果丰硕的一个领域。

当然，20世纪后期的中国美学研究也有其局限。最主要者有二：一曰基础薄弱。依理，一门学科的建立当从具体、微观的专题实证研究开始，只有专题研究量的积累达到一定程度，才会出现通史式的宏观总结成果。但20世纪后期中国美学研究正好相反，一开始便是通史式研究占主导的宏观研究阶段。著者积数年之功来言说数千年审美传统，其粗疏程度可想而知。即使是单篇学术论文，也以大话题居多，缺乏扎实的专题实证研究，有先天不足之症。二曰观念研究。现行中国美学研究大多停留在审美观念梳理阶段，观念只是人类审美活动的最后阶段、最抽象形态，审美研究若只停留于审美观念，没有更质朴、丰富的审美实践材料来支撑，将始终是无根之苗。这一点，现在已开始为美学界所认识。

## 二、中国美学的自我深化

中国美学研究正处于自我深化的新阶段，其具体途径如下。

### 1. 化宏观为微观

中国美学研究走出通史情结，重新回到具体、实证的专题研究，重新做断代史、专题史的研究工作，补先贤之未足，为中国美学的健康发展奠定一个较为扎实的基础。现在，我们对中华审美意识发展的具体情形尚知之甚少，诸如中国自然审美史、工艺审美史、生活审美史这些极具意义的专题，尚待进行深入系统的研究。也只有这些较为具体而又有普遍启示意义的专题研究成果出来之后，我们对中华审美意识发展才会有更符合实际、更新、更高的认识。

### 2. 化观念为活动

中国美学研究化观念为活动，走出理论文本，回到生动、丰富的大众审美实践，回到更质朴、具体的审美活动的器物、文字材料中，重新做系统的分类整理工作。美学史首先当是现实的审美活动史，观念的梳理当是终结而非起始环节。美学是人类感性精神现象学，从丰富复杂的现实生命活动中分析审美要素，从浩如烟海的器物与文献中爬梳审美的蛛丝马迹，确是一桩苦役，但不下如此功夫，中国美学研究便无以深化，永远只能处于前科学阶段。这实际上是以实证专题研究补课的方式来超越20世纪后期的观念研究。

### 3. 以中华审美的特殊性材料来解决人类美学的普遍性问题

长期以来，我们一直将充分展示中华民族独特审美精神视为中国美学研究的唯一目标，其实这只是中国美学研究的初步。若仅以审美民族文化个性呈现为职责，中西美学将永远各自言说而无法形成人类共享性美学知识体系，中国美学研究也就失去了普遍性学术价值。中国美学研究若没有超越民族文化本位的普遍性学术视野，没有美学基础理论指导，实证研究也将很难深化、提升。因此，以中华审美独特性材料为基础，提出一些对研究人类审美意识发展史有普遍意义的问题，解决一些西方美学尚未提出，或虽已提出却还未能很好解决的问题，将中华传统审美智慧融入人类美学共享性知识体系，如此才能提升中国美学研究的学术价值，所谓美学的"失语"、无平等对话权、中西美学各自为政等问题，也才会逐步得到切实解决。

### 4. 坚持审美世俗本性，发扬中华审美传统

审美是人类精神生活的起点，当下感性立场决定了它永远是最世俗的精神生活。中国有深厚的以审美乐生的文化传统，自然审美、工艺审美、生活审美和艺术审美在中华古典文化中全面展开，成为中华民族精神生活的重要部分。这些正需要在当代社会发扬光大。较之西方那种以审美为真理、信仰的传统，中华以审美为乐生之情的传统更符合人类审美活动本性。中国美学在审美观念和审美实践两方面都有精彩的思想文化资源，因此，在促进当代美学基础理论建设和现实人文关怀方面，中国美学研究应该有极好的前景。

## 三、中国美学的发展

20世纪80年代以来，中国美学（包括美学原理及中国美学史）研究的每一步进展、每

一次突破，都主要以西方美学为参照系或借鉴对象。这是一个不争的事实。在21世纪，中国美学建设面临重大的突破发展和历史性机遇，而研究和借鉴西方美学的历史经验与当代新成果，对于中国美学理论的创新（包括中国古代美学研究视野的拓展）仍然是一种重要方式。而且，从一个较长的历史时期来看，我国的西方美学研究现在还只是起步阶段，研究的空间还很大。

首先，在21世纪，西方美学译介工作还需要大力拓展。20多年来，西方美学的译介在我国虽初具规模，但从整个西方美学研究需要来看还远远不够，不但有些重要时期如中世纪、文艺复兴时期涉及美学内容的译作太少，而且美学史上有些重要学派和代表人物的相关译著也不够完备，如美国经验派、德国理性派和浪漫派，以及除狄德罗、莱辛以外的欧洲启蒙主义美学家等；19世纪欧洲美学史上许多重要美学著作至今未见到完善的译本；20世纪美学译著虽已有一定的规模和数量，但许多重要代表人物的美学论著或相关论著还未曾译介过来，尤其近一二十年里大量新的重要论著（不限于纯美学论著，包括文化研究和文化批评方面的著作）还来不及介绍进来，有的甚至根本未进入我们的视野。而对于已经翻译介绍进来的大批各个时代的美学著作，我们的研究工作也还跟不上，许多重要著作至今没有被认真、系统地研究过，有的甚至从未引起注意。受到普遍关注的不外乎那么一些屈指可数的热门书。所以，这一方面的工作还大有可为。

其次，与译介工作密切相关，西方美学史的研究与写作也远非无事可作。断代史研究更是大有文章可做，上面所提到的缺少译介的时期和学派都值得专门研究并写出断代史或学派史。尤其是，当代特别是近二三十年的西方美学发生了巨大变化，现代的与后现代的美学共生共荣，它们都值得我们予以更多的关注和更及时、深入的研究。

再次，西方美学的范畴与范畴史研究需要大力发展。美学范畴作为各种审美现象的本质、关系的规律性表达和逻辑概括，是美学思想和观念的理论形态。在某种意义上，西方美学范畴史研究是对一般西方美学史研究在理论和逻辑上的提升，又是对西方美学史研究的推进和深化。我国对西方美学范畴的专题研究虽有一些论著，但还不够系统和深入，至于范畴史的研究更显得薄弱，需要我们花大力气加强这方面的研究。

第四，西方美学史的研究可以提升到审美意识和审美文化史层次来进行，即可以把特定时代以理论形态呈现的美学思想，与那个时代以具体审美意识、观念、趣味、风尚、艺术创作等体现的审美实践活动和原生态的审美文化生活紧密结合起来，使美学理论与审美实践紧密结合，相互阐发而相得益彰。

第五，对马克思主义创始人的美学思想还应进行更加深入的研究。在我国，对马克思《巴黎手稿》的研究固然已取得可喜成果，但是，马克思美学思想在西方美学史上有划时代的贡献，我们现有的研究还仅是初步的。马克思的美学思想不仅属于19世纪，还属于20世纪和21世纪，其中许多重要观点、见解、思想极富现代性和超前性，现代西方不少美学大家的思想都曾从马克思那里受益或得到启示。我们不应拘泥于对《巴黎手稿》进行逐字逐句的诠释或注经式的读解，而应以现代眼光从现代性和马克思的历史性超越入手，从德国古典美学向现代美学转型的历史脉络上，从马克思对20世纪西方马克思主义和其他美学流派的巨大影响中，进一步系统、深入地研究马克思的美学思想。这不仅对整个西方美学尤其是当代西方美学的研究大有裨益，也有助于当代中国美学的理论创新和建设。

## 思考题

1. 西方古代美学史上关于美的本质的主要理论及其代表人物有哪些？
2. 柏拉图是如何谈美的？
3. 亚里士多德是如何谈美的？
4. 西方现代美学从哪几个维度展开？主要理论及其代表人物有哪些？
5. 中国美学史上有哪几个主要的思想潮流？
6. 道家、儒家、禅宗美学的基本主题分别是什么？
7. 如何理解儒家的礼乐思想？
8. 中国当代美学的主流有哪几个重要派别？
9. 如何理解美的本质？

## 知识链接

### 1. 美的字源学

要问美是什么，首先得注意"美"这个字的含义是什么？中国汉代许慎的《说文解字》，宗旨就是"说其文，解其字也"，研究汉字结构，追溯造字根源及其本义。

一般认为，汉语"美"的原始语义是"羊大为美"。《说文解字》说："美，甘也，从羊从大。羊在六畜，主给膳也"。《说文解字》又说："甘，美也。从口含一"。"羊大为美"将美涉及一个具体的现象，肥的羊或羊的肥。显然这不是关于美的哲学思考，也不是为美作出一个定义，而是一个具体的描述或者例证。但"羊大为美"说出了许多能够引起思考的东西。一方面，美指羊的肥大。它相关于一感性的自然物，同时它还相关于人的生活世界，只要它是作为食物而存在。另一方面，美不仅指羊自身肥大健硕，而且指这种羊给人的味美感觉。美在这里和人身体的感觉特别是味觉建立了关系。味觉是品味，是区分和比较。它不仅是对于对象进行感觉，而且也是对于感觉进行感觉。

除了"羊大为美"一说之外，还有"羊人为美"一说。它主要指人戴着作为图腾的羊头跳舞，娱人娱神，达到人神相通。如果说"羊大为美"偏重于美的生理性和自然性意义的话，那么"羊人为美"则突显了美的宗教性和社会性意义。在此舞蹈自身所带来的身心快乐是重要的。但如此理解的美不仅要从人那里获得规定，而且要从神那里获得规定。

由此可见，美在古代汉语中至少就有两种不同的用法。一是关于感觉的，另一是关于精神的。

### 2. 中国现代美学起源三大家

中国现代美学起源三大家是王国维、梁启超、蔡元培。

大而言之，美学进入中国与存在于中国，与三位大家相关。

第一位是王国维（1877—1929），他确立了美学这门学科在体制内的地位。美学一词乃日本学人用汉字翻译 aesthetics。在清末的中国，存在多种译法，王国维一是使"美学"成为定译；二是以其《奏定经学科大学文学科大学章程书后》一文在理论上使美学成为中国新型的教育体制中诸多人文学科中的必修课程；三是以自己的一系列论著呈现出了美学是什么，显示了美学独特的学术品格，由此奠定了他在中国美学中的创始人地位。

第二位是梁启超（1873—1929），具有维新变法政治领袖和思想界斗士的身份，这帮助他在现代美学发生过程中起到了开风气者的特殊作用。他先后倡导"诗界革命"和"小说界革命",在现代率先突出了审美与艺术对于社会变革的特殊促进作用。他以《小说与群治的关系》等文章,在一种"革命"营造中,一方面使小说为艺术的最上乘而改变了中国传统文化中以诗文书画为主体的艺术结构,另一方面让艺术成为唤起民众、塑造现代性新民的有力武器,显示了美学巨大的政治社会功用。

第三位是蔡元培(1868—1940),在蔡元培于民国初年担任南京临时政府教育总长期间,将审美教育纳入现代教育方针及体系中,提出"以美育代宗教"的命题,相应的确立了美学及艺术在现代教育体系中不可缺少的地位,由此对美学的机构化作出了无可替代的重要贡献。

### 3. 当代美学建构

从历史的和现实的存在形态来看,中国当代美学建构的理论来源或根据大致有四个:第一,马克思主义哲学:如实践美学、客观美学等;第二,现代西方哲学思潮:如直觉美学、生命美学、超越美学、体验美学等;第三,现代西方心理学、艺术中心论:如心理美学、艺术美学、否定美学等;第四,中国传统哲学:如意象美学、伦理美学、和谐美学、和合美学等。当然,这种分类不是绝对的,实际上是相互渗透的,只是侧重点的不同。

# 第二章　人的美感

19世纪以来，随着自然科学，特别是心理学的发展，美学研究出现了新趋势：对美的本质的探求日益让位于美感经验的研究，美学作为美的哲学现在日益让位给审美心理学，美学从重点研究美转为重点研究美感。

什么叫做美感或美感经验呢？美感是人们对美的感受、体验、观照、欣赏的评价，以及由此而在内心生活中所引起的满足感、愉快感和幸福感，外物的形式契合了内心的结构所产生的和谐感，暂时摆脱了物质的束缚后精神上所得到的自由感。美感是特殊的瞬间性人生经历，代表着人生意义的瞬间生成。这看起来有点神秘，但其实在每个人都不陌生。读一首敲击心扉的小诗、看一方生养于斯的水土、见一巧笑倩兮的佳人、听一支美妙悠扬的乐曲，甚至漫步花园时为一阵袭来的芳香所陶醉，所有这些都是美感的真实存在。

如同美一样，美感在日常语言和理论语言中有非常复杂的意义，往往是模糊的和歧义的。人们一般将美感分成狭义的美感和广义的美感。狭义的美感是指具体的审美感受，即美感的心理结构及其运动方式，它表现为主体在欣赏美的对象时综合的心理反应。这是审美心理现象中的相关于感觉的个别环节。人们描述这种审美感觉时把它作为感觉的一般特性，同时也指出它作为审美感觉而不同于一般感觉的特性。广义的美感则是指人类的审美意识系统，它是人们在长期的社会实践尤其是审美实践中形成并不断发展起来的审美心理结构、心理功能、心理活动和观念形式的总和。具体包括审美能力、审美需要、审美趣味、审美理想、审美态度和审美感受等，因此它可以等同于整个审美心理。但现代审美心理的研究具有十分宽广的领域，除了实验心理学外，如精神分析理论、格式塔学说和人本主义心理学对于审美心理都提出了自己的思想。

认识美感，既要对美感的心理活动探幽烛微，又要把审美意识系统还原到人类社会实践的历史中，去研究美感的来龙去脉。只有这样，才能全面地了解美感，准确把握审美活动的特征。

## 第一节　美感的形成与发展

美感所特有的把握现实的感性方式，产生和发展于人类社会实践的漫长历史进程中。美感就其反映内容或感受形式来说，都不是某种动物的本能或天赋能力，而是社会实践的产物。

## 一、美感的起源与人类的社会实践紧密相连

人类劳动与动物生产的根本不同在于人类能制造和运用工具。当使用了工具的原始劳动比从前顺利、轻松，而且效率提高的时候，人类不仅得到了物质的满足，而且在心理上和精神上，也体会到了创造的快乐，这就是人类最初美感的胚胎。

人的生存，不仅是活着，而且是创造着；不仅是创造着，而且是欣赏着。工具的制造和使用，逐渐分清了人与自然，分清了主体与客体，从而产生出反映客观对象的主观心理活动。在劳动工具上以及在劳动成果上，人们通过思维肯定了自己的本质力量，通过感觉看到了自己的本质力量，从而获得了愉快喜悦，即审美享受。人类的审美意识这时就开始出现了。

人类从最初的、朦胧的审美意识，发展到对美感的自觉追求，经过了漫长的演化和过渡。随着社会实践的发展，人类制造工具的水平逐步提高，征服自然的能力日益强大，人类才逐渐从自然的压力和束缚中解放出来。一方面，人类对于客观对象的主观能动性大大增强，只有当人们把生命的创造力量和本质力量，自由地在客观对象上展现出来，才能不仅获得满足感和愉快感，而且获得和谐感和自由感，这才是真正的审美感受。另一方面，"劳动创造了人自身"，人类在改造世界的同时也改造了自身，发展审美器官，培养审美能力、积累审美经验、创造审美环境、酝酿审美态度，以至于最终形成一定的审美心理结构，这些因素的汇合，才完善了人类的审美意识系统。

## 二、美感随着人类社会的演变而不断丰富

既然美感是整个世界史的产物，那么，它必然随着人类社会历史的演进和社会生活的丰富而逐渐变得精细、复杂、丰富。

随着生产力水平的突飞猛进、人们眼界的扩大、人化自然领域的迅速扩展，人类的审美意识发生了显著的变化。首先表现在审美领域的扩大和审美观念的丰富。原来对人来说一些疏远的、可怕的自然现象，荒无人烟的大漠、波涛汹涌的海洋、冰峰雪盖的极地、惊心动魄的火山爆发，都可以成为审美的对象。人们不仅喜爱和谐优美的自然风光，也追求自然界的崇高与壮美。在艺术方面，人们除了继承古代人要求和谐、对称、平衡的审美理想之外，重视形式的新奇、怪异、个性、变化，甚至是粗犷、丑陋，实现了审美追求的复杂多样。其次，审美感受的细致和深入。对于自然美的欣赏，虽然"比德"的观念在其后的审美欣赏和艺术创造中还有广泛的影响，但是到了晋宋时期以后，对自然物"畅神"的审美观盛行起来，它注重欣赏自然物的内在特点和内在生气，注重审美主体与审美客体之间的有机交融，显示了美感走向了更深入的、更纯粹的境界。

20世纪，社会冲突剧烈频繁，现代科学技术日新月异，促使社会生活面貌和人们的生活习惯发生了很大的变化，由此而影响着人们的审美意识，在整个文化领域表现出鲜明的反传统倾向。"现代派"的艺术家们，往往独出心裁、标新立异，用夸张的、荒诞的、扭曲的、虚幻艺术形式表达自己的内心世界，关怀人类的生存困境。这些需要一定知识背景和文化素养才能理解的艺术，既刷新了人类审美趣味、审美感受，也从另一个角度提高了人们的审美能力。当代社会，人类对日常生活的审美追求日益显著，艺术样式不断出新，人们的美感素养也大有提高，美感活动更广泛、更紧密地和人类联系在一起。这些情况表明，人类的审美意识不会局限于、满足于已有的内容和形式，它必定随着人类社会实践的发展，出现更多、

更新、更丰富的内容和形态。

总之，美感的发展受到人类物质生产的社会实践的制约，经历了一个由不自觉到自觉、由实用到审美、由简单到复杂、由狭窄到广阔、由粗略肤浅到细致深入的过程。

### 三、美感的差异性和共同性

正是由于美感是整个社会历史发展的产物，与一定时代的社会生活发生较为直接的联系，受着社会政治、经济、文化等各种因素的影响，因此，它表现出与其他社会意识所共有的时代性、民族性和个体性，构成了美感的差异性。当然，美感也有共同性。

美感的时代性。不同时代的人们，在特定社会生活和社会思潮的影响下，审美欣赏和审美创作都带有时代的特点。这表现在各个方面。比如，对待人体美的标准上，在历史上就有"魏瘦唐肥"的说法。北魏佛像，清秀洒脱，具有超凡脱俗的气度和难以言说的智慧形象。到了唐代，肥硕丰满的体态，慈善祥和的表情成了佛像塑造的标准。对于美女的审美标准也是如此，如"燕瘦环肥"等。

美感也因民族的不同而有所不同。任何民族都有自己的独特的经济生活、文化传统、和世代相袭的民族心理和民族习惯，因此，审美情趣也存在着民族的差异性。中国人以梅、兰、竹、菊为四君子，艺术创作中经常以此为题材，而对于缺乏了解东方文化的西方人来说，就很难深刻理解它们的丰富意蕴。同样，不熟悉西方的基督教文化，对欣赏西方的宗教画等艺术作品中国人也会有困难。审美意识的民族差异，使得这个世界的审美活动丰富多彩。

美感还会因人而异，这就是美感的个体性。审美个性，是通过群体的审美意识的渗入和个体审美心理的形成而展现丰富的、多样的审美特征。由于人先天的生理素质、神经类型、气质和禀赋各不相同，后天的社会生活经历、文化修养、职业习惯、审美活动等形形色色，所以，各个人的审美感受、审美取向和审美情趣也会显示出明显的差异。比如一幅世界名画，对知道其创作背景或其创作背后的故事的人，更易于去理解和把握作者的感情，从而与作者产生共鸣，得到一种独特的美感；而对一个对美术知之甚少的人来说，这幅世界名画对他而言与普通的画或许并无太大区别，甚至在不知情的情况下把它当成废纸一张。这些都说明美感是因人而异的。

时代性、民族性、个体性等构成了美感的差异性。但同时还应该看到，美感也具有共同性。这是一个问题的两个方面，不能割裂地强调其中一方。审美意识共同性的主要原因在于：首先，人类的生理结构和机制以及心理活动的规律大致相同，特别是感受美的感官和神经系统是相同的。其次，从历时的角度看，人类在社会实践中，不断地积淀着历史的文明，建构了人类社会相对普遍的心理结构。最后，形式美感的共同性最有代表性。形式美感，诸如对对称、和谐、均衡的形式因素的美感要求，也可以包括对山水自然的审美欣赏，是在社会实践中高度抽象概括出来的，它较少受到时代、民族和地域的影响，因此往往是人们共同的审美趣味范畴。

我们在人类社会劳动实践的历史中，考察了美感的产生和发展，并了解了美感由此而具有的差异性和共同性。这是我们认识美感的第一步。

## 第二节　美感的心理因素

美感的心理因素，是美感心理过程的基本构成成分。可以说审美感受就是这些心理要素复杂交错的动力综合,是它们相互诱发、相互渗透、相互推动而产生的一种自由感受。在美感的心理活动中,包括的基本心理要素我们来做一概括,并简明介绍它们之间的关系。

## 一、感觉和知觉

感觉是人脑对直接作用于感觉器官的客观事物的个别属性的反映,也是生物有机体与环境建立心理联系的初级形式。知觉则是在感觉的基础上,对客观事物外在属性的完整的和综合的反应。感觉和知觉几乎同时进行,人们习惯将它们通称为感知。

审美感知首先是审美客体刺激审美主体的感官,引起主体的各种感觉,接着便是知觉综合各种感觉,形成对审美对象的完整把握。由于知觉活动的存在,主体的审美感知与客体的审美属性,就不是简单的反映和被反映的关系。这表现在如下方面。

首先,审美感知具有选择性。客观事物是无限丰富的,客观事物的属性也是多方面的。审美感知的选择性在艺术欣赏和创造中尤为突出。

其次,审美感知具有完整性。审美感知的选择性,不是对审美对象的肢解和割裂,而是以对审美对象的形象的整体性把握,即以感知的完整性和综合性为前提的。审美感知的整体性,为感知的对象提供了一个整体的背景,使它可以从别的事物中分离出来,成为一个审美对象。

最后,审美感知注重形式的表情性。审美感知注意的是事物外在形式结构的式样如何才能契合对应主体内在的心理结构,从而使情感得到表现。审美感知追求在事物的形式中表达情感。在审美感知中,外在形式结构与内在心理结构达到一致或统一,就产生了形式的表情性。

## 二、联想和想象

联想,是由当前感知的事物回忆起有关的一件事物,或由想起的一件事物又想起另一件事物。人类的联想有很多种,不同分类角度可以区分出不同的联想形态。在这里,我们集中讨论和美感活动关系最密切的相似联想、接近联想和对比联想。

相似联想,是在人的经验中对那些在性质上相近和相似的客观事物形成联系,而由一事物引起了对另一事物的回想。比如由月圆想到团圆,由蜡烛想到垂泪,由花木凋零想到红颜老去。贺铸《青玉案》:"若问闲愁都几许?一川烟草,满城风絮,梅子黄时雨。"借烟雨迷茫、飞絮满城,描写闲愁的绵绵无绝,正是基于相似联想,而达到了强烈、生动的艺术效果。

接近联想,是在人的经验中对在空间或时间上接近的客观事物形成联系,而由一事物引起对另一事物的回忆。提到天安门就容易想到人民英雄纪念碑,因为二者在空间上接近。"桃花流水鳜鱼肥"则是在时间上接近。如彩图6中,陆游的《沈园》:"城上斜阳画角哀,沈园非复旧亭台。伤心桥下春波绿,曾是惊鸿照影来。"诗人重游沈园,看到桥下春水碧波荡漾,回想起当年在此地遇见唐婉时,水中曾映照过她轻盈娇美的身影,油然而生出无限惆怅,这正是因空间的接近而产生的联想。

对比联想,是具有相反特点的事物之间形成联系,使一事物引起了对另一事物的回想。它的主要功能是强化对两种事物所具有的对立关系的理解和感受。如由黑暗想到光明,由草木萧索想到繁花似锦。

联想对于人的审美意识活动有着重要的意义。它可以使审美对象的特征更加具体、生动，使审美活动有了坚实的生活来源，从而美感也更加活跃、鲜明。审美联想是以表象的形式进行的，它的展开既能使美感不离开形象，又能推动美感由感性认识向理性认识升华。美感从审美联想开始，走向更为丰富的体验世界。

想象是在头脑中改造记忆中的表象而创造新形象的过程，也是过去经验中已经形成的那些暂时联系进行新的组合的过程。它与感知、联想都发生联系，但它是在知觉表象和联想基础上的新的形象创造。高尔基说过："艺术是靠想象存在的"。其实，不仅是艺术，在所有美感活动中都是如此。想象综合了人的许多心理功能，在审美活动中占有突出的位置。

人们一般把想象分为再造想象和创造想象。再造想象，是以现成的语言或其他手段的描绘（如文字解释、图示、符号和模型等）为基础，在知觉对象的激发下，调动各种心理因素，在人脑中生成新的形象。比如没有见过大海的人，听到录音机里澎湃的海浪声，可以想象到大海的波涛汹涌。再造想象在我们欣赏艺术美、尤其是文学作品时，作用很大。文学欣赏是以作品所创造的艺术形象作为审美对象的，欣赏者的想象活动是由作品所创造的艺术想象作为审美对象的，欣赏者的想象活动是由作品所描绘的形象引起的，而且是在作品的基础上进行的。再造想象是离不开知觉对象的，它是在知觉对象的激发下，通过情感等心理因素的作用，来调动过去的生活经验以幻化出新的形象。因此，有人也称它为知觉想象。

创造想象并不需要依据现成的描述，而是对原有的知觉和记忆中的表象进行较彻底的改造，创造出新的表象的心理过程。改造的手段或方法有很多，比如虚构、变形、浓缩和黏合等。创造想象是对再造想象的突破。人的艺术创造之所以鬼神精怪无所不能，天堂地狱无所不在，正是因为创造想象开拓了广阔无垠的精神空间和意象空间。

如果说感知作为审美出发点，情感作为审美的动力，理解作为审美的深化，那么，它们的载体和展现形式就是想象。艺术创造和审美欣赏是凭借和通过想象活动来进行和实现的，想象成为审美感受的枢纽。想象力在具体过程中，完成了情感对感知和理性的中介作用。它是审美活动积极地展开并实现了一种由表及里、由现象及本质的飞跃。

### 三、情绪和心境

情绪和心境，是情感的基本表现形态。美感本身就是人的一种情感活动。这里，我们来谈一谈审美主体在美感活动中的情感状态及其对审美感受的作用。

心理学的研究表明，人的情感状态具有两极性，存在着肯定的、惬意的、愉悦的情绪体验和否定的、不愉快的情绪体验。这主要是由主体的情感需要是否得到满足而引起的。情绪是一种较强烈的情感表现，带有较多的冲动性，如暴怒、痛哭、大笑、沮丧等，我们通常所说的情绪都是指向一定对象的，如亲人故去，立即会悲伤痛哭；好友重逢，会兴高采烈。但是，情绪也能以原来引起的对象弥漫到其他事物上，形成在某一段时间比较持久的情绪倾向。心境，就是这种人的情绪弥漫、持续的状态和趋向，是一种微弱的、平静的情绪，如闷闷不乐、心平气和等。

情绪和心境，能够影响人的行动表现，使人对客观事物的观察和体验，染上某种情绪和心境特有的情感色彩。"物以情观"，在审美活动中，审美主体因情绪和心境的作用，会对审美对象的形象外貌和形象性质进行某种改造。"鸟语花香"是人们常用来表达美好、优雅的词语，但是，杜甫感伤国土破碎、亲人离别的时候，"感时花溅泪，恨别鸟惊心"。花、鸟因人的悲伤情绪，也成了痛苦、凄凉的象征。可见，审美主体的情绪和心境直接影响着审美感受和美感的倾向。

#### 四、理解

理解，是主体在感觉、知觉、表象等感性认识的基础上，通过大脑的分析与综合，把握和解释出客体对象的本质联系。在美感活动中，理解因素是贯穿其中的。

所谓审美理解，是指在美感活动中，审美主体用某种感性的形式，对客体的意蕴和审美活动的意蕴的整体把握和领会。当代有学者将审美中的理解分为以下三个层次。

最基本的理解是对不同于"实用"状态和"虚幻"状态的理解。也就是要把现实生活中的事件、感情和审美态度或艺术中的事件、感情区分开。这主要表现在审美是一种心理距离的把握。第二层理解，是对审美对象的象征意义、题材、典故和技法等的理解。第三层理解，是对形式中融合的意味的直观性把握。

其中，对第三层的理解，也即是古人所说的"意会"，是审美理解的重要功能。它作为美感活动的理解，有其特殊性。

其一，是非概念性和非逻辑性。审美和艺术中的理解表现为超感性而又不离开感性，趋向概念而又无确定概念。它是理性积淀于感性之中，理解融化在感知、想象和情感之中。美的思想意味"处于情感状态"，人们也只能在情感态度中理解，才能既领会它们的精神内涵，又得到美的享受。

其二，是模糊多义，意味无穷。审美和艺术总是在有限的、具体的形象里，捕捉或展现生活、世界本质的无限、超越的内容。审美理解具有"意无穷性"，而非任何确定性的概念所能表达和穷尽的。当然，审美理解的多义性，也是有一定的限度的。

美感作为一个复杂的心理过程，除了以上四个主要的心理要素之外，还包含有其他很多成分，如期待、意象、记忆、通感等。总的来说，美感就是这些心理要素综合交错的矛盾统一体。它们既有自己独特的心理功能，又彼此依赖、相互渗透，密不可分，不能独立存在。如果感知没有理解和想象的参与，就失去了审美判断能力，那就成为生物性的快感。如果想象中没有情感和理解的参与，失去了动力和规范，那就成为一种反理性的胡思乱想；如果情感没有想象和理解的参与，失去了规范和载体，那就成为生物本能性的欲望发泄；如果理解没有想象和情感的参与，失去了感性的特征和活力，那就成为在抽象概念中游离的逻辑思维。审美感受是一种层层深入的心理过程，但同时各种心理要素又是相互推动、彼此渗透、往返流动的，不是直线和机械的运动。

审美感受中诸种心理因素的组合方式因审美主体个性和审美客体的种类、形态的不同而存在种种差异。欣赏不同领域的美，其美感有不同的综合方式。比如：社会美是一种与人的社会理想、伦理道德联系较为密切的美，因此，在这一类美的欣赏和感受中，理解因素占相当的优势。自然美以及一般的形式美则不同，它与人的社会功利性、道德行为联系较少，较侧重于外在的形式。因此，对它的欣赏中，感知、想象因素占有重要地位。艺术美则因各种艺术门类自身的特点，其美感的组合因素又各不同。以再现性为主的造型艺术，感知因素突出；以表现为主的表演艺术，想象、情感因素突出；以文字符号为主的语言艺术，想象因素则比较突出；以综合为主的综合性艺术，则想象、情感和理解因素均很活跃。

## 第三节　美感的特征

美感与人类的其他感受不同，有其特殊性，美感的特征如下。

## 一、直觉性

美感作为一种特殊的认识和把握方式，和其他认识一样，是以感性认识为基础的。在自然、社会、艺术中，凡是美的事物、现象，都有具体可感的形象。人们要认识对象的美，必须以直觉的方式去感知对象。这里所谓"直觉"，指的是一种"直觉能力"，即指一种不假思索而能即刻把握和领悟的能力。比如我们看到辽阔的大海、高耸的山峰、精湛的艺术品，都会瞬间被它们吸引，发出美的赞叹！这就是直觉性的审美能力。

美感的这种直觉性，主要来源于以下方面。

一是从客体看，凡是美的事物，都有形象性的特征，而审美感受又只有通过具体可感的方式才能实现。美的内容是通过外在形式表现出来，即由不同的色彩、形状、声音等组合起来加以表现，而这些构成形式的诸因素，会直接作用于人的感觉器官，从而引起头脑中已储存的审美信息，产生共鸣，引起愉悦的情绪反应，形成审美主体的直接性美感。

二是从审美主体看，美感的直觉性和审美主体的生理、心理结构有着密切的关系。这是因为，①人们将生产实践中积累的审美经验变为信息，储存在大脑里形成表象记忆。②人们还能通过教育、训练将人类的审美成果转化成主体的审美能力。③长期的审美习惯还会对审美对象形成条件反射。这样，人们在审美过程中，鲜明的审美对象就会通过感官反映到大脑，调动起大脑中储存的审美表象，再加上条件反射，很快形成共鸣，就直接表现为主体直觉性了。

那么，美感的直觉性是不是纯感性的东西呢？不是，它含有理性的内容。车尔尼雪夫斯基说："美感认识的根源无疑是在感性认识里面，但美感认识毕竟与感性认识有本质的区别。"这个本质的区别就在于在美感直觉性中含有理性的思维活动。值得注意的是，美感的直觉性中虽然含有理性思维的内容，但对事物的本质体会是不深的、不全面的，甚至有可能造成直觉上的错误。只有理性的思维，才能较深刻、较全面的认识事物的本质。比如对人的认识：人有外在美、内在美，外在美主要表现在语言、动作、表情等方面；内在美主要表现在心灵美、性格美、精神美等方面。在人们的交往中，如果只重视感性的表现形式，往往会做出错误的判断。只有在不断了解中，经过理性的分析判断，才会全面的了解一个人。

## 二、愉悦性

所谓愉悦性，是指在审美活动中，审美主体总是充满感情色彩，表达了对审美对象的一定审美态度。车尔尼雪夫斯基说："美感的主要特征是一种赏心悦目的快感。"这种表现为"快感"的愉悦性，是由审美的需要而引起的。当人们对美的事物全身心地去感受时，就会深深地被打动，从而感到愉快、喜悦、舒畅、满足，乃至于陶醉。这就是审美意识的愉悦性。审美意识的愉悦性是在感性直觉性中产生的，且渗透了理性的内容。它与生理上的快感有着本质上的区别。

生理快感也能使人感到舒适，但它只是由于物质上的满足、生理上的需要而引起的舒适、快乐，例如夏天炎热口渴，喝一杯清凉饮料，身上顿觉凉爽、舒服；天凉了，穿上棉衣，就觉得暖和、舒适；看到鲜艳的颜色，就感到畅快，如此等等。他们之所以是生理快感，就在于没有理性的内容，没有精神上的东西。这种生理快感所带给人们的不过是物质的声、色、吃、喝等欲望上的满足。

美感则不同，它不是生理需要的满足，而是精神上审美需要的满足。比如我们欣赏一幅画，一片自然风光，我们得到的不是物质上的满足，而是精神上的满足与享受。

美感虽与生理快感有着本质不同，但美感也有生理快感的因素，这是因为美感也需要生理条件，也需要依赖感官的活动、大脑的记忆及其他的意识活动。美感虽然包括生理快感，但不受生理快感的束缚与制约，它可以超过生理快感的局限，达到对美的本质的欣赏与享受。

另外，美感愉悦不是单一的快乐感。整个审美愉悦感是各种情感的复合体，它包含了非常复杂的人生内容和情感体验，不可能指向某种单一的情调，这其实正是美感的魅力所在。更高级的美感，常常是起伏跌宕，令人悲喜交加、回味无穷的情感。清代人王夫之说："以乐景写哀，以哀景写乐，一倍增其哀乐"，情感越是复杂曲折，越是能引起人的审美愉悦。

### 三、超越性

超越性不仅是美感活动的特征，而且是整个人类审美活动的最高境界。美感的超越性在于以下方面。

其一，超功利性。审美活动并不是无功利的，而是超越功利的。它不否定与人的认识、欲求和道德功利的关系，但它只是从更高的精神层面上表现人的生存和追求，而不是为着满足人们认识和实用功利方面的需要。用鲁迅的话说，审美是"不用之用"。

其二，美感的超越性在于它是走向自由理想的精神通道。如果说超功利性是审美主体对客体的超越，那么，美感引导人的精神，则是主体对自身的超越。

审美作为一种愉悦身心、陶冶情志和不涉及实际利害的精神活动，往往带给人最大的和谐感和自由感。

## 第四节 美感形成的心理过程

人类的审美活动是一个动态的心理过程。在这个过程中，各种心理要素并不是孤立的，而是彼此交融制约、协同综合地发生作用的。审美心理作为人的一种心理类型，其过程与人的一般心理过程有着密切联系。要了解审美心理过程，就不能不首先了解人的一般心理活动。

### 一、人的一般心理活动

人的一般心理活动的发生和发展，通常包含着认识过程、情感过程、意志过程三个方面。这就是说，认知、情感、意志活动都是人的一般心理活动。在三者之中，认识活动过程在传统心理学中被认为是人脑通过感觉、记忆、思维等形式反映并把握客观事物的特性、联系或关系的心理过程；在现代心理学中，则认为认识过程就是信息的接受、编码、贮存、提取和使用的过程，它由感知系统、记忆系统、控制系统和反应系统四种成分构成。不管是传统心理学还是现代心理学，就认识活动的过程而言，实际上指的是人与环境的一种沟通和适应，即在了解客观事物或接受信息的过程中，作出对事物或信息的反应，从而决定对事物或信息的情感态度和意志行为。因此，一般心理活动以认识过程为基础，情感过程和意志过程便是在此基础上产生又影响认识过程并包含认识成分的。在实际生活中，没有真假的辨识、没有善恶的辨识，没有美丑的辨识，情感过程、意志过程就会受到障碍或产生失误。我们平常说"不能感情用事"、"不能意气用事"，或者讲究"发乎情，止乎礼"，反对"唯意志论"

等，从人的一般心理活动来说，就是强调认识过程在心理活动中的基础性和认识过程、情感过程、意志过程三者渗透交融的整体性。正是这样的整体性，使人的心理活动能全面地发现和掌握客观事物正负两方面的价值从而有所是非，有所去从，有所取舍，有所爱憎，形成人生存和发展必不可少的心理能力。毛泽东在其《在延安文艺座谈会上的讲话》中以十分浅显的语言表述了这一似乎深奥的心理学问题，他说人"没有无缘无故的爱，也没有无缘无故的恨"，很显然，"有缘有故"便是有认识。其实早在先秦时期，孔子在讲"诗可以兴，可以观，可以群，可以怨"时，接着就要求"多识于鸟兽草木之名"，在一定意义上便睿智地看到了认识过程在心理活动中的基础性和心理活动的整体性。审美心理活动作为一种特殊的类型，虽有其自身特点，但必然受一般心理活动的影响和制约。

## 二、审美心理活动的基本过程

审美心理活动，不只是感受美、享受美并从中获得愉悦和快活的情感活动，也是发现美、表现美、创造美的认识活动，还是有着美丑的价值判断的意志活动。因此，审美心理的活动过程也是审美的认识过程、情感过程、意志过程的集合。只不过这一过程中，情感过程特别活跃，特别强烈，并且认识过程、意志过程包容于其中。中国古代的《诗言志》说有这样的论述："诗者，志之所之也，在心为志，发言为诗，情动于中而形于言。"（《毛诗序》）这里实际上论述了在作诗的心理中"情志一也"的情况。严羽在《沧浪诗话》中则有更精到的认识，他说："诗有别材，非关书也，诗有别趣，非关理也，然非多读书、多穷理，则不能极其至，所谓不涉理路、不落言筌者，上也。"如果我们把作诗的心理当作审美心理来看待，那么它思有别材，情有别趣，不在书理的思考之中。但若不明书理，则作不出好诗，达不出别情，书理即在情中而又不露痕迹（即"不涉理路、不落言筌"）。可见，在审美心理过程中，情感过程溶解了认识过程和意志过程，这就是现代人们常说的理性沉淀于感性。因此，从审美创作心理而论，它以感性形式表现理性内容，追求以情达理；从审美鉴赏心理而论，则通过感动而后领悟，讲究"各以其情而遇"，通情然后悟理。但是，无论是创作心理还是鉴赏心理，从审美心理的总的活动过程看，是有阶段性的，可以分为相关相联、相断相续的不同阶段。

一般来说，审美心理过程大致可分为三个阶段，即审美期待、审美展开、审美弥散。其中，审美展开阶段是审美心理过程最活跃、最紧张、最长也最能显示审美心理特点的实质性阶段。它既是审美期待的实现，又决定着审美弥散的效果和质量。

审美期待，具有前审美心理的性质，实质上处于"临美心理"状态。在这一阶段，关键是完成由日常心理向审美心理的转化。那么，审美期待，包含着一些什么心理因素呢？又怎样从日常心理转化为审美心理呢？

首先，期待本身是一种可变化的心理状态。在一般心理学中，认为"它是在人们对外界信息不断反应的经验基础上，或是在推动人们行为的内在力量需求基础上所产生的对自己或他人行为结果的某种预测性认知，因而它是一种认知变量，是信息价值的动机。"期待的这种心理品质，显示了它的三个重要特性：经验性、动机需求性和可变化性。因此，期待也可以认为是一种"态度"。按照瑞士著名心理学家荣格的说法："态度是遵循某一方向行动或反应的精神预备阶段。""具有某种态度就意味着对某一确定的事物做好了准备，即使这一确定的事物是无意识的也是如此，因为具有一种态度就等于有了一个朝向某一确定的事物的预期的方向，而不管这一方向是否能被意识到。"因此他断言："我认为态度是一种准备就绪的状态，它总是存在于某种主观的心理，某种确定的心理因素或心理内容的组合之中。"由期待和态度的关系及其心理学内涵，我们可以认为审美期待也就是一种审美态度，是指主体在审美经验和审美动机的基础上，对某一确定的审美对象的精神准备阶段或准备就绪的状态。在这一阶段或状态中，首先是一种审美经验的心理因素自觉或不自觉地遵循着审美方向朝某一确定的审美对象作准备，因为根据审美经验，他期望着审美的展开或符合其经验、验证其经验（不管是直接的经验还是间接的经验），或丰富其经验、获得新经验。从创作心理而言，在进入创造过程时，原有的审美经验帮助、引导他选择题材、提炼主题、确定表达方式、预期将来的对象形式及效果；从鉴赏心理而言，过三峡赏神女峰、去云南石林观阿诗玛，登庐山看瀑布，不仅有着在其他水光山色观赏的直接经验准备，而且也会有相关知识的间接经验。如关于神女峰的传说、阿诗玛的故事或如李白吟庐山瀑布诗"飞流直下三千尺，疑是银河落九天"等。总之，审美期待是有"所待"而"期"，这种"期"就离不开与"所待"相关的经验。但是，只有审美经验是不行的，经验一般静态地存在于记忆之中，不唤醒记忆，经验便活跃不起来。审美需要的动机作为一种情感意向，是激活经验的主要因素，因此，经验是伴随着情感意向即情感需要的动机而共存于审美期待之中的，审美动机因而是审美期待的又一要素。无论是创作还是鉴赏，动机需要、情感意向，例如宣泄、寄托、自慰都必不可少。这种不同的需要调动经验，使之进入临美准备。试想，如果你没有"仁者乐山，智者乐水"的需要，你的山水经验、山水知识怎么能成为审美经验而通向审美期待呢？你怎么会去从山水中见仁见智呢？如果一个表演艺术家，临场却没有成功表演的需要、停留在日常生活的油盐柴米或荣辱进退、利害得失之中，他也就根本无所谓审美期待，再丰富的审美经验也都产生不了作用。有了审美经验的苏醒，有了审美需要的动机，便自觉不自觉地会产生审美注意，即对某种审美对象的全神贯注。从对象而言，显示为一种"孤立"和"突出"，例如在审美注意中，选择的是"万绿丛中一点红"，那"一点红"就突出了，似乎从"万绿"中孤立出来；面对一幅画而全神贯注，这幅画就从其周围环境中突出并似乎孤立起来了；而如果注意的选择点是这幅画的色彩，那么色彩便成为审美期待的主要对象。这种种情况说明，审美注意是审美期待的一种心理因素，又是导向现实的审美展开的真正契机。正是由于审美注意，审美经验和审美需要的情感意向才获得了某种期待的对象，从而完成了日常态度向审美态度的转变，进入心境空明、尘念俱息的"虚静"而达成暂时超越现实的审美展开。

审美展开阶段也就是审美实现阶段，其过程的长短和效果的优劣，就审美客体而言，取决于美的构成的复杂程度，对复杂的美的展开过程显然比简单的美要长且紧张。就审美主体而言，取决于审美心理能力的强弱，心理能力越强，过程便可能会短些且效果更佳。但是，就总的展开状况看，情感、想象、感知、理解是这一过程的主要心理因素，构成审美展开的全过程。这一过程开始时紧接着审美注意的是对对象的感知，特别是感性形式的感知或对象的表象及其一定意蕴的感知。感知包含的是两种密切联系的心理形式：感觉和知觉。感觉通过五官感受反映事物的个别属性，知觉则对感觉所得进行整合，反映事物的整体状貌。例如视觉反映事物的形体、色彩、动静，而听觉反映事物的声音，触觉反映事物的软硬冷热等；知觉则将其形、色、声、质、势等整合而形成事物的完整表象并从中获得一定的意味。又如单以声音而论，节奏、韵调可以是感觉分别感受的声音性质；把节奏、韵调统一起来获得完整的声音印象并从中感受到一定的意向、情味则是知觉的功能，从感知觉的性质，可以看出审美知觉是审美展开的初始的心理因素。审美感知的深化和升华便形成审美统觉，这是一种富于创造性的审美心理能力，它联系审美感知提供的表象和已有的审美经验，发现意蕴并将自己的情感意绪融入，进入一种心物交融、情景相生的状态，以致"神与物游"，"化景物为情思"，使内在的情感与外在的物象形成"异质同构"而对应共感。例如柳丝轻柔飘拂的表象渗入缠绵柔婉的情感，柳于是成为一种表达难舍难分之情的形象，成为一种如康德所说的"无目的的和目的性形式"。"昔我往矣，杨柳依依"，正是这种审美心理的体现。

审美统觉对感知觉的升华和深化，推向审美展开的高潮。高潮的出现，则是情感和想象这两种审美心理因素异常活跃的结果。从欣赏的角度讲，欣赏自然美，则忘情于山水，"登山则情满于山，观海则意溢于海"，山水皆人之情意胸怀，这是情感使然，也是想象使然；欣赏艺术作品，则"披文以入情"，"超以象外，得其圜中"，在艺术家提供的关于世界的幻象中宣情、达意、畅神，通过设身处地的想象而观照体验。正是在这种体验中，在亦真亦幻中，激情迸发，既融入对象，又支配自己，从而感应共鸣，物我两忘，进入高潮，达到沉醉，产生如孔子在齐闻《韶》"三月不知肉味"的心境，如白居易听琵琶女弹奏而情不自禁地嘘唏下泪，"江州司马青衫湿"的情景，如一切优秀艺术作品欣赏中喜怒哀乐起伏不定的情感激动和变化无定的状况。这样的一些状况说明，在审美展开的想象和情感因素中，有可能出现一种异常心理状态、迷狂状态；而迷狂状态的出现不仅与激情直接相关；与想象的特别活跃相关，而且与无意识的渗入相关。柴可夫斯基曾根据自己的体验讲过这样一段话："当一种新的思想孕育着，开始采取决定的形状时，那种无边无际的欢欣是难以说明的。这时简直会忘记一切，变成一个狂人，每一个器官都在战栗着，几乎连写出大概来的时间也没有，就一个思想接着一个思想的迅速发展着……"这种状态正是审美心理的一种如痴如醉、物我皆忘的迷狂。柴可夫斯基讲的虽是写作，但欣赏中的那种旁若无人、自哭自笑的情景，也是这样一种状态。因为在这种状态中，他才以幻为真，才会不自觉地迷失理性而让非理性支配了自己，从而获得最大的审美愉悦，"看戏流泪，替古人担忧"，哪里有"理性"的作用呢？不正是"疯傻"状态的愉悦吗。

还应该注意的是，情感和想象在达到审美高潮的过程中，两者是互动共济的。想象因情感而紧张展开、无限展开，不仅创造出现实中已有或可能有的对象，也创造出现实中根本不可能有的对象；而情感则因想象而得到充分表现，得到一切可能需要的满足。因此可以认为，情感和想象是审美展开的最重要心理形式。

在审美展开的最后，是审美判断。审美判断既不是知性判断，也不是逻辑判断，实质上是一种情感判断。即它是在审美展开过程中，因情感和想象产生的体验之后对对象的美与不美或美丑程度及得失高下等的判断，它更多地联系于主体的情感。它是对形式中包含的特殊意味的情感性理解，也是对对象情感价值的恒定。康德认为："一定的表象尽管是属于纯理性的"，并且"纵使审美判断（像一切判断那样）也含有悟性"，但它却"只是连系于主体（它的情感）"，"依照着这表象对主体的关系和主体内在的情感"来规定和把握。因此，审美展开的心理过程又是有着理性因素渗透其间，沉淀其内的过程。审美展开的过程是亦理亦情、有意识和无意识交相融汇的过程。这一过程的实质是"审美感受——即转变为想象的感受的任务就是选择表象或对象，使这种表象或对象的形式或灵魂或生命会满足感情。"

审美心理过程的第三阶段即审美弥散阶段。审美弥散是指当具体的审美对象的创造或鉴赏完成之后，审美心理得到某种满足而产生的对审美经验的积聚和沉淀，对审美情境的寻索和玩味，对审美理想的充实和提升，因此，它虽然是审美心理过程的尾声，但却直接关系到审美能力的提高和审美素养的优化。审美经验的积聚和沉淀不仅丰富了旧有的经验，也从新鲜的审美中获得了新鲜经验，从而有助于此后的审美。对审美情境的寻索和玩味，则是对其中的深沉意蕴的反复思考，深入领悟，直至获得其关于社会人生的真谛而得到心灵的解放和情感的升华，进而充实和提高审美理想同时也充实和提升人生理想。马克思说："艺术对象创造出懂得艺术和能够欣赏美的大众。"很显然，艺术主体的创造心理和观赏心理的形成，都来自对艺术对象的审美实践。刘勰说："操千曲而后晓声，观千剑而后识器。"在这里，"识"与"晓"或许已成为一种直觉能力，但却是"操千曲"、"观千剑"之后弥散的一种结果。正因为这样，审美心理弥散还会成为一种内驱力渗透于人的其他心理形式或心理类型之中，启发灵智，养润德性。马尔库塞认为："在艺术中那种远离变更实践的成分，应该被视为未来解放实践中的必要成分——视为'美的科学'，'补偿和满足的科学'。艺术不能直接变革世界，但它可以为变更那些可能变革世界的男人和女人的内驱力作出贡献。"艺术的这种贡献显然也是在审美过程中，通过其弥散效应而促成人的崇高健康的审美理想来实现的。因为所谓"内驱力"，在这里只能理解为由心灵对真理的领悟而形成的改造社会人生、追求理想境界的情感和意志力量。因此，审美弥散对于心理美育有重要意义。

审美期待、审美展开、审美弥散是审美心理过程三个相互联系又相对独立的阶段，其所包含的各种心理形式也只具相对的意义，因而实际上是三者共同构成了审美心理的综合的、动态的、复杂的完整过程。由这样的过程，产生了审美心理的基本特点。

## 第五节　美感的心理学理论

在日常对美的认识中，虽然自然界中、人类生活中的美往往被人认为是一种客观存在，但它归根结底是一种为人而存在的东西。假如没有人，没有人主体的心灵世界对美的感知和判断，那么美就必然失去了它的内在依托。长期以来，人类对美学的研究虽然都是将美作为理性分析的对象，但人在具体的美的鉴赏活动中，却投入了自己全部的情感，并用想象等心理功能完成了对审美对象的心灵化改造。正是在这个意义上，美学研究逐渐摆脱了形而上学的背景，完成了美学从以上帝为中心向以人为中心的转移。19世纪，美学在现实中向心理学的转型，从理论上开启了美学发展的新时代，使得美学由哲学的附庸变成了真正的自由之身，变得真正和人生相关。

正如朱光潜先生在《文艺心理学》中所言，近代美学所侧重的问题是："在美感经验中我们的心理活动是什么样？"至于一般人所喜欢问的"什么样的事物才能算是美"的问题还在其次。现代美感心理学的发展适应了这种转换的需要，对人的美感的研究代替了对美的本质的喋喋不休的争论，并使对美学的心理学研究成为20世纪最强有力的美学思潮之一。

下面，我们将对自19世纪以来一些有代表性的美感心理学观点作出介绍。

### 一、移情说

所谓移情就是我们把自己的感情移植到外物身上，于是觉得外物也有了同样的情感。为了从感性上理解移情，我们不妨先看个例子。

《庄子·秋水篇》讲了一个故事《游鱼之乐》，见彩图7。

有一天，庄周、惠施同游濠梁观鱼，看见一群鱼来回游动，悠然自得。庄子说："鲦鱼出游从容，是鱼之乐也。"惠子曰："子非鱼，安知鱼之乐？"庄子曰："子非我，安知我不知鱼之乐？"

庄子不是鱼，但是他根据自己"出游从容"的经验，推己及物、设身处地地认为鱼很快乐。鱼是否能像人一样快乐，这没人能给出答案，庄子拿"乐"形容鱼的心境，其实不过是把自己"乐"的心境外射到鱼身上，这种心理活动就是移情。

移情说是19世纪末西方美感心理学的一个十分重要的范畴，最早提出移情理论并使其具有重大影响的人是德国著名心理学家立普斯。在他看来，所谓的移情是指人在聚精会神中观照一个对象时，把人的生命和情趣"外射"或移注到对象里去，使本无生命和情趣的外物仿佛具有人的生命活动，使本来无情的东西也显得有情，最后由物我两忘达到物我统一。立普斯以古希腊建筑中的多立克石柱为例来说明他的"移情"理论。多立克石柱是支撑古希腊平顶建筑的支柱，例如著名的巴台农神庙（见彩图8）的支柱就是多立克石柱。这种石柱上细下粗，柱面刻有凸凹形状的纵直槽纹。由于受到房顶的重压，石柱在纵向上本应产生下降的感觉，在横向上本应产生膨胀的感觉。但实际上，当人们将多立克石柱作为审美对象进行欣赏时，产生的却是"耸立上腾"和"凝成整体"的审美体验。为什么会产生这种审美体验呢？立普斯认为，这是因为我们把自我移入石柱的结果。我们也曾硬着颈项，挨过各种艰难困苦。困难越是要压倒我们，我们越是要坚强地挺住。这样，挺起腰杆抵抗压力，就成了我们的品格。于是，当我们看到石柱以挺直的姿态撑持着重压，就唤起了我们的这种品格，我们把它移入石柱，在石柱上发现了自己的镇定自持和昂然挺立，从而产生了审美体验。

在这里，立普斯将人审美活动中的移情活动分成了三个阶段，即首先是人将内心的情感投射到客观对象上去，其次是从客体对象上体验以转移到客体上的感受，最后达到物与我、主体与客体的统一。

立普斯的理论语言过于晦涩，其实，在古典美学理论中，移情的三个阶段已得到过完整的表述，这就是移情入景，然后以景体情，最后达到情景交融的境界。在诗歌艺术中，移情的表现相当广泛，比如唐代诗人杜甫《春望》中有名句云：

国破山河在，城春草木深；
感时花溅泪，恨别鸟惊心。

我们知道，花和鸟本来都是自然界中没有感情的客观存在，为什么在诗中会出现"溅泪"和"惊心"的奇迹呢？其原因就在于诗人将自己的情感向客观的审美对象进行了转移。由于当时诗人正因国破家亡、妻离子散而陷入深深的伤感之中，当他满怀伤感看自然界的花朵和飞鸟时，他就不自觉地将一己之感情移注到了花、鸟身上。于是仿佛不是诗人在为自己的悲惨遭遇而流泪，而是花在溅泪；不是诗人在漂泊流浪的生活中满怀凄苦和惊恐，而是鸟在惊恐。这样，本来无情的花鸟在杜甫眼里就有情化了，本来无情的自然也就成了情感的载体，并和伤感的诗人在情感上统一起来。另外，对于通过这种移情来建立人与对象的情感同构关系，我们在日常生活中也不陌生。比如对于同一棵树，当我们的内心充满欢快的情绪时，我们往往会说自己听到风中沙沙作响的树叶在拍手欢笑；当我们内心为淡淡的哀愁笼罩，这时树叶风中的响声就好像大自然的叹息；当我们满怀人生的凄凉和失意时，窗外的树叶则仿佛在风中哭泣。在这里，同一棵树之所以给人呈现出不同的姿态或面孔，原因很简单，也即我们分别用不同的情感"武装"了这棵客观的树，使之成为情感的载体或象征。

王国维（见彩图9）在《人间词话》中说："昔人论诗词，有景语、情语之别，不知一切景语，皆情语也。"移情理论的目的，也正是让诗人、艺术家将客观的自然对象变成有情的自然。宋代词人李清照在《声声慢》中写道："雁过也，正伤心，却是旧时相识。"本来，大雁随季节变化南来北往，只不过是一种自然现象，但词人却将伤感的心情移给了鸿雁，以致"雁南飞,雁叫声声心欲碎"。在这里,不知是人在心碎,还是雁在心碎。苏东坡在《水龙吟》结尾处写道:"细看来,不是杨花,点点是离人泪。"离人的眼泪只有离人方能流出,但词中却说是杨花之泪,这也是离人之情转移为杨花之情,将景语变成了情语。从这种分析可以看出,移情理论提倡的以景写人的手法,它的最大的妙处就在于使原本僵死的自然变得情意盎然,将原本冷漠的宇宙赋予了人间温热冷暖,并使人与对象世界这一对充满矛盾对立的存在具有美学意义上的统一性。

当自然界的一草一木都成了人内在情感的象征,那么人在其中得到的审美享受必将是巨大的。罗伯特·费肖尔曾强调,只有将自然作为移情的对象,人的审美活动才能达到最完满的阶段。这时,"我们把自己完全沉入到事物里去,并且也把事物沉没到自我里去。我们同高榆一起昂然挺立,同大风一起狂吼,和波浪一起拍打岸石"。在这里,作为审美主体的人明显极大地开拓了自己的审美空间,并在与自然共舞的状态中实现对自我局限性的超越。关于这种移情带来的巨大乐趣,法国作家福楼拜在他的《包法利夫人》创造谈中讲得更加富有魅力。他写道:"写作中我把自己完全忘却,创造什么人物就过着什么人物的生活,真是一件快事。今天,我就同时是丈夫和妻子、情人和姘头。我骑马在树林里漫游,时当秋暮,满树黄叶,我觉得自己就是马,就是风,就是两人的情语,就是他们的填满情波的眼睛里眯着的那道阳光。"移情使个体超越了有限性,从而有了无限的创造源泉。

## 二、距离说

距离说是瑞士心理学家和美学家布洛提出来的,他所说的距离指的是事物和人的实际利害关系之间的分离。美的事物往往有一点"遥远",即人要进入审美状态,就必须隔断与审美对象的实际利害关系,与现实生活保持一段距离,以防止审美者让实用的态度压倒了美感。在他看来,"不即不离"是审美的最理想距离。

布洛重点强调了建立人与对象之间心理距离的目的,即人对对象的态度往往有两种,一种是实用的,另一种是审美的,如果人不在心理上与对象事物有所隔离,那就很容易让现实的利害关系蒙住了审美的眼睛,以至于审美活动无法进行。而建立距离的目的就是在实用之外,为人的审美活动开辟一个独立的心理空间。为了说明自己的观点,布洛举了一个有名的设想的例子。他设想一艘船在海上遇到了大雾,这对于船上的乘客来说,当然是一件极为伤脑筋的事情。乘客们担心,船只会因为看不清远方、辨不清信号方位而出危险;或者,因为怕出危险而行驶得太慢,因而耽误了行期。出于这样一些实用功利的考虑来看大雾,这场大雾就变成了海上的一场大恐怖。但是,倘若乘客们能暂时忘却实际的危险和耽误的日程,只是聚精会神地观看海雾本身,海雾也能成为浓郁的趣味和欢乐的源泉。这时,海雾就好像是半透明的帷幕,后面仿佛藏着能歌善舞的仙女或奇形怪状的形象;海雾在使人看不清周围的同时,也仿佛使人与世隔绝,进入一种超凡脱俗的境地。这时,乘客所采取的就是一种审美的态度。

朱光潜先生(见彩图10)在谈到距离理论时,也举了一个有名的例子。假如一位商人、一位植物学家和一位诗人同时在看一朵樱花。商人想着赚钱,于是计算这些花在市场上的售价。植物学家会数一数花瓣和花柱,给花分类,并研究花繁叶茂的原因。诗人则全神贯注在这朵花上而忘记了一切,对于他来说,这朵小花就是整个世界,对花的美感享受使他极度狂喜。我们在这里见到的,就分别是实用的、科学的和审美的态度。

诗人和商人同看一朵花时，他们所处在的空间距离并没有什么不同，这里所说的距离是一种心理距离，即诗人在花和自己的利害关系之间插入一段距离。

布洛的距离说在审美活动中有很大的可行性，并在许多艺术理论和艺术化的实践活动中得到了卓越的印证。法国文艺理论家丹纳曾经说过："在地平线上，我宁可看见一只黄羊而不愿碰见一只狮子，但是在动物园铁栅栏后面，我更爱看见一只狮子，而不爱看见一只黄羊。艺术便是这样一道栅栏，它消除了恐怖而保留了兴趣。有了这样的保障，你可以既无痛苦又无危险地饱览风景。"为什么丹纳欣赏铁栅栏后面的狮子，而不爱看地平线上出现的狮子呢？原因很简单，铁栅栏造成的距离使我们摆脱了狮子吃人这一骇人的现实，使狮子由威胁的动物变成了审美对象。在中国古代也曾有一个"叶公好龙"的寓言故事，故事中的叶公非常爱龙，在他的日常用具、房子上都画满了龙。真龙听说后非常感动，就来拜访叶公。但叶公一见真龙在自家的窗户前出现，马上吓得面如土色，拔腿就跑。我们一般理解这个成语，只会将叶公看做一个口是心非的可笑人物，但仔细分析就可以看出，其中存在着一种心理学上的事实，即叶公所喜爱的龙，是和他保持了一定距离的审美的龙，如果他和龙之间的距离一旦消失，两者之间的审美关系就马上会变为你死我活的关系，叶公对死亡的恐惧就成了第一性的东西。

距离说还预示着太真实的东西往往很难让人感觉到美。在中国古代文论中，历来强调由距离感造成的美学效果。比如中国文人欣赏自然美，彩图11、彩图12讲求"隔帘望月，隔雾看花"，认为"水中月，镜中花"是最美的。其原因就在于竹帘、薄雾、水、镜这些东西，都能使人意识到自己和"花"、"月"之间的距离。这种由间隔造成的距离感不但使审美对象显得神秘，而且它的迷离朦胧使人们更感到月、花之美的意味隽永。

距离之所以能让人对对象世界产生美感，还在于它在不被人了解的世界的另一面，给人的幻想留下了一片诗意的领地，使审美对象因遥远而变得神秘，并进一步激发起人美好的想象力。比如小时候阅读童话故事，我们常见的故事的开头往往是如下的句式——"在很久很久以前"，"在很远很远的地方"，"在遥远的海的另一面"等。这种时空上的巨大距离感，一下子就会使人们陷入美的遐想，使故事的内容由于时空上的遥远而显得神秘，而让人产生好奇。这种通过距离制造美感的方式也被广泛应用于诗歌和各种歌曲的创作中，如"在那遥远的地方，有位好姑娘"，"在很久很久以前，你拥有我，我拥有你"。这些歌曲之所以成为经典情歌，就在于只有在时间、空间上保持了一定的距离感，我们的想象力才可能将对象描绘得完美无缺！这是一种被距离隔开的现实和梦想，使人站在现实向梦想的眺望。

在人和人之间的情感上，距离说也同样适用。人际交往有所谓的"刺猬理论"，就是告诉人们，交往也需保持适度的距离，"若即若离"，给人留下一个空间，更容易保持友谊的长度，拓展其宽度。"君子之交淡如水"更能保持友谊的纯度，这样才能持久。

歌德在《浮士德》中有诗讲到："若使伉俪恩情深，只要彼此两分离"，强调了距离使爱情审美化的巨大作用。在中国古代，关于牛郎织女的爱情神话每个人都耳熟能详，这个神话故事之所以几千年来感人至深，一个很大的原因就是有一条银河将这对夫妻活生生地隔开。可以想象，如果没有王母娘娘从中作梗，没有银河在他们中间建立的"伟大的距离"，就不可能有这则神话让人生出无限怅惘的美。当然，在审美化的爱情中，距离太近容易陷入日常的功利，太远又会失去相爱的基础，要解决这一矛盾，"不即不离"似乎是审美的理想距离，这正如舒婷在《致橡树》中写下的诗句——

仿佛永远分离
却又终身相依
这才是伟大的爱情

### 三、格式塔同形同构说

格式塔是德语 Gestalt 的音译，它相当于英语 Configuration，含有"完形"、"整体"、"全境"的意义。格式塔派心理学于20世纪初期发源于德国。格式塔审美心理学最主要的代表人物是20世纪美国美学家阿恩海姆。

阿恩海姆认为，自然是物的运动，形状和色彩是支配它们或创造它们的力的作用的结果。他说："这些自然物的形状，往往是物理力作用之后留下的痕迹，才把自然物的形状创造出来。大海波浪所具有的那种富有运动感的曲线，是由于海水的上涨力受到海水本身的重力的反作用之后才弯曲过来的，树干、树枝和花朵的那些弯曲的、盘旋的或隆起的形状，同样也保持和复现了一种生长力的运动。"

他还认为，人的内在的情感活动也受到力的支配。例如，一个心情十分悲哀的人，其心理过程也是十分缓慢的……他的一切思想和追求都是软弱无力的，既缺乏能量，又缺乏信心，他的一切活动看上去也都好像由外力控制着。如果外部事物中展示的力的式样和人的心理中展示的力的式样相类似，也就是说，外部事物的运动和形状同人的生理心理同形同构，那么，外部事物就能引起人的相应的情感活动。人并不是把自己的情感移植到外物身上，而是外物的运动和形状本身就是一种表现，它们表现了某种人类情感。舞蹈演员（见彩图13、彩图14）在用动作表现悲哀的情感时，几乎都是一致的，这些动作"看上去都是缓慢的，每一种动作的幅度都很小，每一个舞蹈动作的造型也大多呈曲线形式，呈现出的张力也都比较小；动作的方向看上去是变化的，很不确定；身体看上去似乎是在重力的支配下活动着，而不是在一种内在的主动的力量的支配下活动着。"这样的舞蹈动作恰恰和悲哀的心理活动是异质同构的，因此，我们能在这些舞蹈动作中见到悲哀。不仅舞蹈动作，而且落日的余晖，飘零的落叶，微微泛起涟漪的清澈的泉水都可以因和我们的情感活动的力的模式同形同构而被认为是美。

有人认为同形同构说更科学地解释了美感中的感情问题。外部世界的力与内心世界的力在形式结构上的同形同构，所以形成主客协调、物我统一，从而产生审美愉快。不仅自然事物，而且各种艺术手法，如线条、色彩、旋律、音响等，由于它们和人的感情存在着对应关系，所以能够引起共鸣。比如对音乐艺术的心理发生学解释。我们可以做一个有趣的比较：按照正常的节奏，人的心跳的节拍是72次/分钟，音乐的节拍也是72拍/分钟。我们听节奏舒缓的音乐时，音乐的节拍小于每分钟72次，这时我们的心跳也会随音乐放慢，相应的，我们的心情就会放松。我们睡觉前总爱听一段小夜曲或轻音乐，用意就在于减缓心跳，放松情绪，用音乐达到催眠的效果。听节奏适中的音乐，我们的心跳就会恢复正常，情绪也不会过度紧张或过度松弛。进一步而言，如果听节奏激烈、节拍明显超出72拍/分钟的音乐，比如现代摇滚，这时我们的心跳就会随之急剧加速，心理上出现亢奋、激动的情绪，甚至因心跳过速、情绪高度亢奋而导致死亡。这就在于音乐艺术表现出的物理力和人心跳表现出的力以及由人的情绪表现出的力，在力的样式上具有同形同构关系。

> **思考题**
>
> 1. 美感心理因素包括哪些内容？
> 2. 想象在美感中的作用是什么？
> 3. 美感中的情感与日常生活中的情感有什么不同？如何理解美感中的情感作用？
> 4. 造成美感差异性的原因是什么？简述美感差异性的表现？
> 5. 美感的共同性有哪些表现？美感的共同性与个性的关系如何？
> 6. 什么是"距离说"？
> 7. 什么是"移情说"？它的局限性是什么？
> 8. 什么是"格式塔心理学"？

## 知识链接

### 1. 朱光潜先生的学术历程

朱光潜（1897—1986），现代美学家、文艺理论家，笔名孟实、盟石。安徽桐城人。1925年出国留学，获文学硕士、博士学位。主要著作有《文艺心理学》、《悲剧心理学》、《谈美》、《诗论》、《谈文学》、《克罗齐哲学述评》、《西方美学史》、《美学批判论文集》、《谈美书简》、《美学拾穗集》等，并翻译了《歌德谈话录》、柏拉图《文艺对话集》、莱辛《拉奥孔》、黑格尔《美学》、克罗齐《美学原理》等。朱光潜是我国现代美学的开拓者和奠基者之一，也是第一个在中国广泛介绍西方美学的人。他以自己深湛的研究沟通了西方美学和中国传统美学，沟通了旧的唯心主义美学和马克思主义美学，沟通了"五四运动"以来中国现代美学和当代美学。他是中国美学史上一座横跨古今、沟通中外的"桥梁"，是我国现当代最负盛名并赢得崇高国际声誉的美学大师。

《文艺心理学》和《诗论》是朱光潜1933年回国以前的代表作。前者是中国第一部系统介绍和阐述文艺心理学的专门著作，在这一领域具有开拓性的意义。书中除了提供大量西方美学史上的思想资料，介绍克罗齐的直觉说、布洛的距离说、立普斯的移情说、谷鲁斯的内模仿说等各派学说外，还从中归纳出一些文艺批评的原理，运用于分析文学现象，从而开阔了文学研究的视野和思路，在当时学术、文艺界有较大影响。根据《文艺心理学》改编的通俗读本《谈美》，曾在青年读者中广为传播。《诗论》从建立诗学的角度着眼，广泛涉及诗的起源、诗的性质、诗的特征等诗学基本理论问题；又从分析具体诗歌作品入手，着重研究了中国诗歌的节奏和声韵；并从汉赋的影响和佛经的翻译、梵音的输入，探讨了中国诗词何以走上律的路。《诗论》的写作包含着推动新诗创作的目的。朱光潜认为当时迫切需要研究两个问题："一是固有的传统究竟有几分可以沿袭，一是外来的影响究竟有几分可以接受。"这两个问题的正确解决，对于推动新诗的发展有着不容忽视的作用。因此他采用了比较文学的研究方法，既从历史的角度进行纵向比较，又以中外诗歌进行横向比较，既用西方诗论来解释中国古典诗歌，又用中国诗论来印证西方诗论。

"以出世的精神，做入世的事业"是朱先生旅欧第二年，即1926年在一篇文章中首先提出来的，以后他多次重复过。从中国传统文化的观点看，这句座右铭是儒家精神和道家精神的结合，也是一种审美的境界。"入世"就是积极投身到改造环境的活动中去，这是儒家的精神。出世是道家的思想，道家强调清静自守，超然物表。"以出世的精神，做入世的事业"就是以淡泊名利的精神，孜孜不倦地从事学术文化事业，只求满足理想和情趣，不斤斤计较于利害得失。朱先生把"做入世的事业"具体化为"三此主义"，就是此身、此时、此地。此身应该做而且能够做的事，就得由此身担当起，不推诿给旁人；此时应该做而且能够做的事，就得此时做，不拖延到未来；此地（我的地位，我的环境）应该做而且能够做的事，就得在此地做，不推诿到想象中的另一地去做。

中华人民共和国成立后，朱光潜主要从事美学研究工作，试图以马克思主义指导自己的学术研究，在一系列重大美学理论问题上，提出了独到的见解，成为美学界一个重要流派的代表。此外朱先生还致力于翻译西方美学名著，在批判继承美学遗产方面，作出了卓有成效的努力。他的《西方美学史》，是中国第一部系统论述西方美学历史的著作。

### 2. 宗白华先生的学术历程

宗白华（1897—1986），原名之櫆，字伯华。哲学家、美学家、诗人。江苏常熟虞山镇人。1916年入同济大学医科预科学习。1919年被五四时期很有影响的文化团体少年中国学会选为评议员，并成为《少年中国》月刊的主要撰稿人，积极投身于新文化运动。同年8月受聘上海《时事新报》副刊《学灯》，任编辑、主编。将哲学、美学和新文艺的新鲜血液注入《学灯》，使之成为"五四"时期著名四大副刊之一。就在此时，他发现和扶植了诗人郭沫若。1920年赴德国留学，在法兰克福大学、柏林大学学习哲学、美学等课程。1925年回国后在南京、北京等地大学任教。曾任中华美学学会顾问和中国哲学学会理事。宗白华是我国现代美学的先行者和开拓者，被誉为"融贯中西艺术理论的一代美学大师"。著有《宗白华全集》及美学论文集《美学散步》、《艺境》等。

宗白华先生以艺术家的态度感受着世间万物，并用那行云流水般的文字将其形诸笔端。这样写成的书绝不只是艺术理论，还是一种生活的方式。这样一位源生于传统文化、洋溢着艺术灵性和诗情、深得中国美学精髓的大师以及他散步时低低的脚步声，在日益强大的现代化的机器轰鸣声中，也许再也难以再现了。然而，如何在愈益紧张的异化世界里，保持住人间的诗意和生命的憧憬，不正是现代人所要关注的一个世界性问题吗？宗白华先生的《美学散步》正好能给我们以这方面的启迪。

宗白华曾在《蒙娜丽莎》原作前默坐领略了一小时，他常常兴致勃勃地参观国内的各种艺术品展览会，即使高龄仍不辞劳苦。这位欣赏家的文章相当准确地把握住了那属于艺术本质的东西，特别是有关中国艺术的特征。作者用他一以贯之的看法引导我们去欣赏中国的诗歌、绘画、音乐，尤其是中国的书法。中国人哀怨的情感能在书法里表现出来，像在诗歌、音乐里那样，别的民族文字还没有能达到这种境地的。

就像刘小枫总结的："作为美学家，宗白华的基本立场是探寻使人生的生活成为艺术品似的创造……在宗白华那里，艺术问题首先是人生问题，艺术是一种人生观，'艺术式的人生'才是有价值、有意义的人生。"

中国哲学、中国诗画中的空间意识和中国艺术中的典型精神，被宗白华融成了一个三位一体的问题：一阴一阳谓之道趋向音乐境界，渗透时间节奏书法中的飞舞，其实都体现着一种精神，即人的悟道、道合人生、个体生命与无穷宇宙的相应相生。

可以说，宗白华把中国体验美学推向了极致，后人很难再出其右，他作为一个审美悟道者本身已成为一种道显而美的象征。但我们还应借着散步者的灵光走进茫茫天地之间去不断求索。

## 3. 艺术家、美学家关于审美体验的论说

所谓大师，就是这样的人，他们用自己的眼睛去看别人见过的东西，在别人司空见惯的东西上能够发现出美来，艺术家所见的自然，不同于普通人眼中的自然，因为艺术家的感受，能在事物外表之下体会出内在真实。

——罗丹《艺术论》

美感是和听觉、视觉不可分离地结合在一起的，离开听觉、视觉，是不能设想的。当一个人因为厌倦的缘故而失去观赏美的东西的愿望的时候，欣赏那种美的要求也不能不消失。

——车尔尼雪夫斯基

人们在精神上、感情上和智力上越是发达，审美经验越是丰富，他们所感知的自然现象的美越是能够在他们意识中唤起各种联想，从而他们的审美认识就会更丰富和更深刻，他们的审美感也会更精细。

——波斯彼洛夫

"我总是希望在色彩上作出一种发现，从两种补色的结合，它们的混合和它们的对置，类似色调的神秘的振动来表现两个情人的爱，用在暗的背景上涂上具有明亮的光辉的色调来表现脑的思维，用金星表现希望，用日落的光辉表现一个灵魂的希望。肯定地，其中并没有什么立体镜式的写实的东西，但是，难道它不是实际存在吗？"

——《梵高论画》

# 第三章　优美和崇高

　　审美范畴是对美的表现形态的一种理论概述，是美学的一个重要内容，有着一个漫长的产生和发展过程，与时代精神、审美理想、民族心理有着密切的关系。

　　优美、崇高、悲剧性、喜剧性是构成了美的基本范畴。

## 第一节　优美

　　优美是通常所说的狭义的美。这是我们最常见的一种美，我们平时所说的美，一般指的都是优美。它是一种柔性的、偏于静态的、最浅显、极易为人们所接受的美的形态。

### 一、美学史上对优美的认识

　　在西方美学史上，最早对优美探讨的是古希腊的哲学家和艺术家。他们把优美与和谐、完整统一联系起来思考，这在实质上已经揭示出了优美及其感性特征。首先是古希腊的毕达哥拉斯学派，从数是世界本源的前提出发，用数学的观点研究音乐，提出音乐的美在于高低、快慢、强弱的不同声音和谐统一的思想。柏拉图和亚里士多德，从不同的角度继承和发挥了毕达哥拉斯学派的思想。柏拉图作为客观唯心主义者，虽然把美的本质界定为理式，认为美的事物之所以美，在于它有了理式的光辉。但是，在分析具体事物的时候，他却认为美之所以美，是不同因素的和谐统一。亚里士多德则从唯物主义出发，把美的一般形式明确地规定为秩序、匀称与大小。

　　优美在古代已经被人们所发现，但一直把美的本质和美的表现形态混在一起，一直到18世纪，英国美学家博克首次把优美和崇高进行了比较研究，人们才明确意识到优美与崇高只不过都是美的表现形态，至此，对美的审美范畴的研究才逐渐明朗起来。博克认为，优美和崇高不同，它作用于人的感官时，可以使人精神松弛舒畅而获得愉快。他在《论崇高与美两种观念的根源》中，以经验事实为依据分析了优美的特性。他指出："就大体说，美的性质因为只是些通过感官来接受的性质有下列几种，①比较小；②光滑；③各部分变化；④这些部分不露棱角，彼此像是融成一片；⑤身材娇弱，不是突出表现空无有力的样子；⑥颜色鲜明，但不强烈刺眼；⑦如果有刺眼的颜色，也要配上其他的颜色，在变化中得到冲淡。"博克对优美这些审美特性的描述完全是经验性的，所以他只是对这些现象作了罗列，但我们从这诸多的罗列现象中可以看出优美的普遍的一种特性，这就是和谐。如"光滑"、"逐渐变化"、"不露棱角"、"娇弱而不空无有力"、"颜色鲜明而不强烈"等，这都包含有和谐、谐调的特点。

中国古代美学思想与西方古代美学思想有着明显不同的特色，但是在把优美与协调、和谐、一致、统一联系起来思考这一点上却是共同的。

清代桐城派古文学家姚鼐根据古代阴阳刚柔对立的观点，把纷纭复杂的美的现象，明确地概括为"阳刚之美"与"阴柔之美"两大类，并分别进行了说明。这标志着中国美学史上对崇高和优美两个范畴的认识趋于明确，表明了中国古典美学范畴对审美对象的深刻把握。姚鼐认为："其得于阳与刚之美者，则其文如霆，如电，如长风之出谷，如崇山峻崖，如决大川，如奔骐骥；其光也，如杲日，如火，如金铁，其于人也，如冯高视远，如君而朝万众，如鼓万勇士而战之。其得于阴与柔之美者，则其文如升初日，如清风，如云，如霞，如烟，如幽林曲涧，如沦，如漾，如珠玉之辉，如鸿鹄之鸣而入寥廓；其于人也，乎其如叹，邈乎其如有思，暖乎其如喜，愀乎其如悲。"确切描绘了自然界和社会生活中的壮美与优美。

从中外美学史上不同时期的美学家对优美所作的说明和解释的整体上看，可以说基本上描绘出了优美形态的特点，对于我们掌握优美这一美的范畴是有益的。

### 二、优美的美学特征

优美作为美的一个形态，由于其特殊的审美特性，也就决定了它的美感特点，即和谐、柔性等。人们对于优美的审美感受，一般侧重于平静和谐的愉悦。优美表现为一种静态的实践结果，它不表现现实世界对立和抗争，而是表现对立双方矛盾的解决。正是优美体现出事物发展中对立双方的均衡、谐调，所以它才具有静态的、柔性的特点。因此，在形式上，它是和谐的、相对稳定的，给人们的审美感受也是单纯平静的。人们对于优美这种对象，往往感到亲切、由衷地喜爱。如在碧波荡漾的水边，看着垂柳的倒映，听着小鸟的鸣叫，人们的心情会非常愉快、闲适，人们的心境也变得单纯、一致和调和。这种赏心悦目的快乐，是由于优美的事物所引起的审美感受。

### 三、优美的具体表现

优美作为一种美的形态在不同领域有其各自的具体特性。

自然领域的优美偏重于自然物自身和谐统一的形式美。这种和谐与统一，主要通过自然界自身的运动形式、结构、声响、色彩等可感因素表现出来，如潺潺小溪，细雨薄雾，显得恬静、安适、雅致。小桥流水、江枫渔火，无不以自身的秀丽、幽静给人以和谐感。"两个黄鹂鸣翠柳，一行白鹭上青天"，"梨花院落溶溶月，柳絮池塘淡淡风"，这些诗句中所描绘的诗情画意，就是一种优美境界。

社会领域的优美侧重于内容的和谐，既表现在人类实践活动的过程中，也表现在实践活动的结果上，是真善美的和谐统一而产生出来的浑然合一、交融无间的一种境界。人情友善、和睦共处的社会关系，安家乐业、国富民安的社会环境，缠绵悱恻、激动人心的爱情故事以及幸福美满、白头偕老的家庭氛围，甚至顽皮活泼、天真无邪的童真生活等，都算得上是社会生活中的优美。

艺术中的优美是完美的内容和精致的形式的和谐统一。例如宋诗人晏殊的《无题》一诗："油壁香车不再逢，峡云无迹任西东。梨花院落溶溶月，柳絮池塘淡淡风。几日寂寥伤酒后，一番萧索禁烟中。鱼书欲寄何由达，水远山长处处同。"此诗的第三四句，描绘的是一个春风和煦的夜晚，给人的是一种安宁、柔和的美。南宋诗人僧志南《绝句》一诗："古木阴中系短篷，杖梨扶我过桥东。沾衣欲湿杏花雨，吹面不寒杨柳风。"这首诗的第三四句，描写了春风细雨飘在身上，衣服将湿还没湿，没湿快湿时的感受，写得真是恰到好处。给人一种舒适、畅快的美，构成了一种细雨、行人、小桥、古树的意境。

还有古希腊雕塑《米洛的维纳斯》（见彩图15），达·芬奇的画《蒙娜丽莎》（见彩图16），拉斐尔的《椅中圣母》（见彩图17）等，都给人以优美的享受。之所以人们感到有优美，就在于审美主体与审美对象间产生了相对的和谐和统一，这种和谐与统一，既表现在审美主体对审美客体的审美确认，又表现在主体本身诸心理因素的和谐统一，从而使人产生一种情感愉悦。由于艺术中的优美是现实中的优美经过艺术家选择加工的产物，因而它比现实中的优美更集中、更高级、更能鲜明地表现优美的美学特征。

## 第二节　崇高

崇高，又被称作"壮美"，作为美的范畴之一，是与优美相对的另一种美的表现形态。它具有与优美不同的本质特征。崇高是一种带有神圣性和严肃性的美。崇高的概念与"庄严"、"伟大"、"圣洁"的概念有着密切的联系。

### 一、美学史上对崇高的认识

虽然优美与崇高在美学史上常作为一对审美范畴来研究，但在西方对崇高的探索却晚于优美。"崇高"一词最早由古罗马美学家朗吉弩斯提出来的，但在研究与探索中，18世纪的经验主义者博克和德国哲学家康德所取得的成就最高。

朗吉弩斯在他的《论崇高》一文中花了大量的篇幅论述了各种自然事物和艺术作品中的崇高。这些崇高现象由一个共同的特点，那就是激流急湍的劲势，春潮暴涨的热情，迅雷急电的迅猛。总之，是惊心动魄，而不是玲珑雅致。

按照朗吉弩斯的理解，崇高首先存在于自然界，存在于某些自然事物中。他在《论崇高》中写的一段话表达的意思是，如果我们环视四周的生活，我们会发现，万物的丰富、雄伟、美丽是惊人的。小小的溪流清澈而有用，可是尼罗河、多瑙河、莱茵河还有辽阔的海洋的美却更加令人惊叹；我们自己点燃的火烛虽然永远保持明亮的光辉，但比起天上的星光就显得黯然无光了；火山在爆发时从地底抛出巨石和整个山丘，大地上还因此流起着火的河流，那样的景象具有摧毁一切的惊人气势。朗吉弩斯列举的这些对象已经显示出自然界崇高的美学特征：数量的巨大和力量的强大，威严可怕，令人惊叹，人的实践尚未征服的奇异。

朗吉弩斯在《论崇高》里还有这样一段话："天之生人，不是要我们做卑鄙下流的动物；它带我们到生活中来，到它罗万象的宇宙中来，仿佛指引我们去参加盛会，要我们做造化万物的观光者，做追求荣誉的竞赛者，所以它一开始便在我们的心灵中植下不可抵抗的热情——对一切伟大的、比我们更神圣的事物的渴望。"这段话表明，崇高的效果是能够唤起人的尊严和自信。人天生就有追求伟大、渴望神圣的愿望。在崇高的对象面前，人感到自身的平庸和渺小，人奋起追赶对象、征服对象、超过对象，从而提升自己的精神境界，在这个过程中体会到一种自豪。朗吉弩斯关于崇高效果的观点对后人产生很大的影响。18至19世纪德国美学家黑格尔写道："大海给了我们茫茫无定、浩浩无际、渺渺无限的观念；人类在大海的无限里感到他自己地无限的时候，他们就被激起了勇气，要去超越那有限的一切。"

19世纪俄国革命民主主义者车尔尼雪夫斯基写道:"我们在观照伟大的东西时,或者感到恐怖,或者惊奇,或者对自己的力量以及人类的尊严产生自豪,或者由于我们自身的渺小、衰弱而丧魂落魄。"

崇高作为一种审美范畴,18世纪以后在西方受到普遍重视,这和当时的社会历史背景有关。当时欧洲普遍进入资产阶级革命时代,资产阶级在审美方面对浮华纤巧、彬彬有礼的封建贵族文明感到厌倦,他们向往粗犷的大自然,追求惊心动魄的境界。自然界中的崇高是矫揉造作的贵族上流社会无法体验到的。

18世纪启蒙主义哲学家、美学家狄德罗在《论剧体诗》里说:"诗人需要的是什么呢?生糙的自然还是经过教养的自然?动荡的自然还是平静的自然?他宁愿哪一种美?纯净肃穆的白天里的美?还是狂风暴雨雷电交作,阴森可怕的黑夜里的美呢?诗需要的是一种巨大的、粗犷的、野蛮的气魄。"这里,巨大的、粗犷的、野蛮的气魄就是崇高美。

美学史上第一个对崇高与优美进行比较的是18世纪英国美学家博克。博克认为,崇高的事物有共同的特点,就是可怖。比如,浩瀚的海洋、晦暗的神庙、狂奔的烈马、一望无际的天空都让人有可怖的感觉,因而引起崇高感。而优美的事物共同的特点是可爱。博克认为,这些可爱的事物是能够引起人的怜爱或类似爱的情欲的某一性质或某些性质。

从这里引申出来,崇高的事物让人恐怖和惊惧,但同时也夹杂着快感,因为它暗示危险却又不是真正的危险,人的心理有一种缓和。而优美的事物因为可爱,引起人的爱怜而对人有诱惑力,想去接近它,爱它,在情感上始终让人感到愉快和向往。

博克还看到丑和崇高之间的某种一致性,这是值得注意的。丑本身不一定崇高,但是丑和引起强烈恐怖的那些性质结合在一起,就会显得崇高。在西方现代美学和艺术中,丑这个审美范畴受到高度重视。

18世纪德国哲学家康德(见彩图18)在《判断力批判》中,把崇高分为两种:数量的崇高主要涉及体积,比如暴风雨中的大海、荒野的崇山峻岭、埃及的金字塔和罗马的圣彼得大教堂等。力量的崇高指巨大的威力,同时我们心中有足够的抵抗力与这种威力抗争。康德这里说的"另一种抵抗力",是指人的勇气和尊严,因此,是一种道德情操。对于康德的崇高在于体积巨大的观点,受到后人的批评。英国的勃拉德莱在《牛津诗学讲义》中,就举了俄国作家屠格涅夫写到的麻雀抗拒猎狗的例子反驳康德的这个观点。一只幼小的麻雀从巢里掉下来,猎狗想去吃它,为了护雏,老麻雀羽翼怒张,奋不顾身地与猎狗对峙,猎狗竟然望而却步。麻雀的英勇和它的体积不相称。所以,体积的大小并不是崇高的主要因素。

在我国,人们很早就发现了崇高形态的美,只不过把崇高称之为"大"。孔子曾用"大"来称赞尧,"大哉!尧之为君也。巍巍乎!唯天为大,唯尧则之"。这里孔子把"大"和道德品质混在了一起。到了孟子时代,"大"虽有道德伦理的含义,但与道德意义究竟有所不同。孟子说:"充实之谓美,充实而有光辉之谓大。"所谓充实,即充实"仁、义、礼、智"等道德品质,"使之不虚"。所谓"大",不仅要充实"仁、义、礼、智",且要发扬光大。这不仅把美与"大"相对区别开来,而且指出"大"是在美的基础上产生的,而又有"光辉"的更高境界,这无疑丰富了"大"这一美的形态。

在中国美学史上,也有以"阳刚"、"阴柔"等概念来概述优美和崇高的。这种概述最早出自《易经》,18世纪清代姚鼐对此发表过具有代表性的意见,在《复鲁絜非书》中说:"天地之道,阴阳刚柔而已。"他把雷霆闪电、出谷长风、崇山峻岭、裂岸巨川、奔驰麒麟、烈日大出、勇士决战归为阳刚之美;而把清风白云、烟雾彩霞、幽林曲洞、涟漪水波、生辉珠玉等归为阴柔之美。到了近代，王国维引入西方美学思想，才指出："美学上之区别美也，大概分为两种：曰优美，曰宏壮。"所谓"宏壮"，即崇高。这些中外美学史上对崇高美的研究，虽各有不足，但都对今人研究崇高美提供了可贵的启示和丰富的资料。

朱光潜先生在《文艺心理学》第十五章《刚性美和柔性美》里就引用了姚鼐关于阳刚之美和阴柔之美的论述。这是我国系统论述崇高这个审美范畴，对崇高和秀美进行比较研究的最早文献。朱先生用生动形象的语言论述刚性美和柔性美的区别。比如，"走进一个院子里，你抬头看见一只老鹰站在一株苍劲的古松上，向你瞪着雄赳赳的眼，回头看见池边旖旎的柳枝上有一只娇滴滴的黄莺，在那儿临风弄舌，这些不同的物体在你心中所引起的情感如何呢？""鹰和松式的美"是刚性美，和"莺和柳式的美"是柔性美。鹰和松同具一种美，莺和柳又同具一种美。你遇到任何美，都可以拿它们作标准来分类。"比如说峻崖，悬瀑，狂风，暴雨，沉寂的夜或是无垠的沙漠，垓下哀歌的项羽或是横槊赋诗的曹操"，这些都是"鹰和松式的美"，另一类，"比如说清风，皓月，暗香，疏影，青螺似的山光，媚眼似的湖水，葬花的林黛玉"这些是"莺和柳式的美"。这里的刚性美近似于崇高美，柔性美就是我们说的优美。

## 二、崇高的美学特征

### 1. 崇高是社会实践的产物

美来源于实践，作为审美范畴的优美与崇高，也是来源于实践。在漫长的人类改造现实的过程中，有的成果易于获取，并且日益为人们所熟悉、把握，从而转化为人们鉴赏的对象，它们常常以优美的形态展现在人们面前。而有的成果则需要人们通过艰辛的努力，严峻的斗争，克服千辛万苦，甚至流血牺牲才能取得。正是这些给人们带来严峻考验的对象，能充分调动起人们的本质力量，唤起人们的责任感、使命感，从而使之转化为倍感自豪、骄傲的审美对象。它们常常以崇高的形态表现出来，这就是所谓的崇高美。

### 2. 崇高以巨大的矛盾冲突获得审美价值

如果说美是矛盾处于相对统一状态的话，那么，崇高的特点是美处于主客体的矛盾激化中；从美感上，它具有压倒一切的强大力量，以一种不可阻遏的强劲的气势，给人以惊心动魄的感受；从形式上，它表现为一种粗犷、激荡、刚健、雄伟的特征。可以说，崇高是现实美的精粹，是对一般美的事物的超越，因此，它最能体现人类社会生活的本质力量。人类社会是在矛盾斗争中向前发展的，自然规律和社会规律有其自身的必然性，人类要获得自由，就要在社会实践中不断地对其加以认识和把握。这个过程是漫长而艰难的，有时会遇到挫折和困难，甚至会付出鲜血和生命的代价。崇高美的产生，是伴随着人与自然的冲突，伴随着各种各样的挫折和困难取得的。因此，崇高的美学特征，不像抒情诗那样优美，也不像风景画那样恬静，而是以对自然规律和社会规律掌握的艰巨性来肯定人的本质力量。

### 3. 崇高的具体表现

崇高作为一种美的表现形态，广泛存在于自然、社会和艺术作品中。

自然领域的崇高，自然的崇高，不全在自然对象的本身属性。自然对象的巨大体积和粗犷不羁的形式，如奔腾的长江、黄河，直泻飞流的瀑布，无边无际的大海，高耸入云的山峰等，都具有崇高美的特点，但只有这些自然的特点，不足以形成崇高美，还必须有人类的实践。在人类征服和掌握了这些自然对象时，这些自然物才能成为人们的审美对象，才能形成一种崇高美。"钱塘江大潮"（见彩图19）是一大自然景观。当潮汐到来之时，潮水如一堵高墙，自江海交汇处向上涌来，水雾连天，响声震天，真是惊心动魄。但人们并不感到害怕，因为人们在长期和自然的斗争中，积累了丰富的经验，用自己的聪明才智，将江水用堤坝牢牢地锁住，潮汐的力量再大，声势在强，它也在人们的掌握之中。只有这时，钱塘潮涌才成为人们的审美对象，人们才会产生一种自豪、崇高感。自然界的崇高总是在自然上肯定人的勇气和力量，人的胸襟和视野，人的生命力和战斗精神，总是在内容上与生活中的崇高有着这样和那样的联系。

现实生活中的崇高，主要体现在实践主体的巨大力量上，更多地展现在主体要征服和掌握客体的矛盾冲突状态。社会先进力量要征服邪恶力量不是能轻易实现的，而要经过反复曲折的斗争，付出巨大的努力，才能取得最后的胜利。正是这种艰苦的斗争，先进的社会力量才能发挥出巨大的潜力，从而产生一种崇高的精神品质。

南宋的岳飞，在抗击外族入侵时，他能英勇杀敌，精忠报国，一心要把入侵的金兵驱逐出去，收复失地，还我河山。他一生呕心沥血，驰骋沙场，视死如归，气贯长虹，"壮怀激烈"，他的形象与品质是多么伟大、崇高！他写的诗词《满江红》，真是气吞山河。

### 满江红

怒发冲冠，凭栏处，潇潇雨歇。抬望眼，
仰天长啸，壮怀激烈。
三十功名尘与土，八千里路云和月。
莫等闲，白了少年头，空悲切。
……
靖康耻，犹未雪；
臣子恨，何时灭！
驾长车，踏破贺兰山缺。
壮志饥餐胡虏肉，笑谈渴饮匈奴血。
待从头，收拾旧山河，朝天阙。

这首词充满了爱国主义激情，表达了英雄不虚度年华，强烈要求建功立业，报仇雪耻，收复国土的雄心壮志。这是多么激动人心的崇高美！

大家所熟悉的革命英雄刘胡兰，面对敌人的铡刀，视死如归，表现了一个共产党员的崇高品质。毛泽东同志给她的题词是："生的伟大，死的光荣"。她的高大形象，不也强烈地闪烁着一种崇高美吗？

艺术中的崇高是对自然中和生活中的崇高进行反映和创造的产物。它兼有社会崇高和自然崇高两类对象的特点。艺术中的崇高比社会领域的崇高更完满、更集中、更典型、更富于理想性。艺术领域的崇高既表现在内容上，也表现在形式上，它是内容和形式的完美统一，而内容和形式的完美统一，又集中地体现在艺术风格上。宏伟、规模大、巍峨，是反映在艺术中的崇高的典型形式。刚健、豪放、雄浑、粗犷、磅礴等都属于崇高的艺术风格。

对古希腊人来说，最有力量的神——宙斯，是诸神之王。在描绘雷神的雕塑作品中，这一审美原则被充分而明显地表现出来。奥林匹斯山上的宙斯神庙由于地震而倒塌了，在它的废墟上，时代飞逝而过，但巨大圆柱的残骸至今仍激动人心，令人神往。然而，这个庙的伟大，其秘密不仅仅在于它的宏伟。在庙里设有端坐在宝座上的宙斯的巨大塑像。塑像同庙的高度的比例是这样：如果神的坐像要挺身直立，那么宙斯用它强有力的脑袋就会捅破屋顶。这个结构说明，人是强大的，他重建了雄伟的神庙，但宙斯更是强大无比，只要它一动身，整个建筑物就会倒塌。建筑、雕塑配合得当的格局使人产生美好崇高的印象。埃及的金字塔是崇高的，甚至有压倒人的气势，与墓地建筑物的巨大形象所明显地表现出来的永恒性相比，人变成了一粒沙。在中世纪，崇高和神画上了等号，其特点是关于崇高的宗教神秘主义观念，即封建教权主义观点。中世纪哥特式大教堂鲜明地表现了崇高的形象，其中巨大的空间、窄而高的中堂井、透过彩色玻璃图案的神秘闪光等，形成了一种神秘莫测的崇高气氛，充分表现了对理想的、几乎不能实现的，但在巨大的努力下对人类不再是禁区的完美性的渴求。

米开朗基罗的雕像《大卫》（见彩图20）是文艺复兴时代对崇高的富有特色的表现。年轻的勇士处于搏斗前的高度紧张状态，他屏息着，凝神静气，准备投掷，在这一纯粹的生理状态后面，站立着一个具有潜在威力的人的形象。艺术形象本身蕴藏着的这种即将暴露出来的就要实现的威力，也就是崇高的形象。在近代艺术中，贝多芬的《第九交响曲》鲜明地体现出崇高的风格。低微的、若隐若现的音响逐渐加强，突然爆发，然后渐趋沉寂，几近消失，同时又在积累着巨大的能量，直至火花四射，熊熊燃烧，强大的浪潮翻滚着，具有扫荡一切的伟力。可以说，贝多芬是从宇宙的、崇高的角度来理解自然界和人类生活的。

我国雕塑中的秦俑、云冈石窟、乐山的大佛；李白的诗；苏轼、辛弃疾的词；建筑中的故宫、天坛等，体现了一种"天行健"的气势和自强不息的精神，也是艺术作品中的崇高的典型表现。

崇高不仅具有积极的审美价值，而且具有认识和教育意义。它可以通过审美意识的作用，帮助人们认识自然、社会和自己，使人们在道德上日趋完善；更重要的是，它可以激励人，鼓舞人从事伟大事业，为人类的进步和发展贡献力量。

## 第三节　优美与崇高的比较

在审美实践中，几乎所有的审美对象都可以划分为两种迥然不同的类型。生活中，人的方面有金刚怒目的健壮男子与秀外慧中的妙龄少女，风景方面有钱塘江大潮与桂林山水等；艺术中，诗词有苏轼的"大江东去浪淘尽"的豪迈与陶潜的"采菊东篱下"的闲适；古曲中，有《十面埋伏》与《春江花月夜》；绘画中则有米开朗基罗的《摩西》（见彩图21）与达·芬奇的《蒙娜丽莎》等，这些是在表现形态上具有明显差异的两种不同审美类型。对于这两种不同形态的美，有人概括为：一种是"骏马秋风冀北"的美，另一种是"杏花春雨江南"的美，实际上，前者就是所谓的崇高，后者就是所谓的优美。

通过前面的学习我们知道了崇高与优美都是人类特有的审美形态。崇高是通过人生实践和审美活动在真与假、善与恶、美与丑的这种对立中重建起来的具有肯定性价值内涵的审美形态，当人在崇高状态之中时，人超越了对象也超越了自己。崇高表现在思想上和具体的行动中是伟大的、壮烈的，也是现实挫折与理想追求的独特结合。崇高既包括着形式上的粗犷有力，也包含了审美主体的道德完善，从而成为人的一种生和发展的方式和人生的理想境界。优美在西方美学中是与崇高既相反又相成的基本审美形态，他同样具有肯定性的价值内涵。优美是理想人生境界与人生实践完满统一的现实的展现。优美可以表现在人与人的和睦相处，还可以表现在社会和谐等。

比较崇高和优美，可以看到它们明显的区别。

第一，优美的对象使人亲近，而崇高的对象让人有点疏远。优美的对象让人亲近是因为优美的对象立即让人觉得愉快。而面对崇高的对象，我们不觉有一种"抗拒"，"不免带着几分退让回避的态度"，但这种抗拒是霎时的，它马上使我们想起，外物的体积和力量不能压倒我们内心的自由，反而激起我们振作起来。

第二，优美的对象使人感到愉快，这种感觉是单纯的，始终如一的；崇高的对象使人有痛感的愉快，这种感觉是复杂和变化的。观察壮美的对象，"第一步因物的伟大而有意无意地显现出自己的渺小，第二步因物的伟大而有意无意地幻觉到自己的伟大。"比如我们在看巍峨的山或浩荡的海时，第一眼看我们被眼前的景象震惊住了，但很短的时间之后"我们的心灵仿佛完全为山海的印象占领住，于是仿佛自觉也有一种巍峨浩荡的气概了"。

第三，优美的事物偏于静，在形式上显得和谐、精致、完满；崇高的事物偏于动，有突然性，不合常规，在形式上有些鲁莽粗糙，不加雕琢，它不仅容纳美，还要驯服丑，把美和丑放在一个炉子里去锤炼。崇高大半是突如其来的，失去突然性，崇高的事物也往往失去崇高。同是一座高山，第一次看见时觉得它崇高，以后对它熟悉了，失去了突然性，它就变得和蔼可亲了。

优美和崇高有着明显的不同，不过优美与崇高是美的两种互补共存的基本形态。

第一，从优美与崇高的共同点上看：崇高的对象与优美的对象都让我们心旷神怡。

第二，从一般人的审美需要看：人们既需要崇高的对象，也需要优美的对象。刚柔相济是人的生命原有的节奏。

第三，从艺术家的创作实际看：艺术家创作作品时，在主导风格一致的基础上，也体现出刚柔相济的特征。写"蜀道之难，难于上青天"的李白，也写"床前明月光"；写"凄凄惨惨戚戚"的李清照，也写"生当作人杰，死亦为鬼雄"。

对优美和崇高进行比较研究，有助于更加深入理解优美和崇高的特点。在优美的对象中，内容和形式的关系显得和谐、融洽、平衡。自然美作为优美，它们的形式必然符合人们长期习惯、熟悉和掌握的那些自然性质，如节奏、对称、均衡、和谐等。崇高对象的感性形式恰恰与此相反，它们往往具有人们不习惯、不熟悉的特征，背离了节奏、对称、均衡、和谐等性质，从而对人的感官造成强烈刺激。不同于优美对象的光滑、精细、柔软、细腻，崇高对象需要粗糙、巨大、刚动、瘦硬，甚至带有几分丑陋。崇高的这些非规范性感性形式反映了内在的激烈冲突，表达了主客体之间艰巨的斗争。

优美的对象引起平静的愉悦和心旷神怡的审美感受，而崇高的对象引起不同的心理反应。主体在崇高的对象面前感到凡俗平庸，从而唤起昂扬的情绪和奋发的意气，要求学习对象，赶上对象，从而提升自己的精神境界，或者，崇高"使我们显示出另一种抵抗力"，困难和挫折、严重的实践斗争激起主体的勇气和上进心，要求征服对象，战胜对象，从而产生出豪迈的气概。在这两种情况下，崇高对象都引起惊心动魄的审美感受。

我们既欣赏"桃红复含宿雨，柳绿更带朝烟"，又欣赏"回旋天空的鹰和逍遥大海的长鲸"。生活中需要浅斟低唱，缠绵悱恻，也需要金戈铁马，气吞万里如虎。

---

**思考题**

1. 什么是优美？优美有哪些审美特征？
2. 优美在不同领域中有着怎样具体特性？
3. 什么是崇高？崇高有哪些审美特征？
4. 中国美学史上是如何对优美和崇高进行概说的？
5. 崇高在自然、社会、艺术中的表现反映了怎样的具体特性？
6. 试比较优美与崇高的异同？

### 知识链接

#### 1. 希伯来文化与希腊文化的审美嬗变

西方文化一般认为，优美以希腊文化为源，崇高以希伯来文化为源头。

希伯来民族是犹太民族的别称，所以，古代犹太文化又称希伯来文化。希伯来文化和希腊文化并称"双希文化"，是西方文明的源头。希伯来民族对人类文化的第一个重大贡献是《圣经》（即基督教所说的《旧约》）的创作。《圣经》对西方文化产生了长久而深远的影响。犹太教有几个基本要点："第一，耶和华是世界上唯一的上帝（犹太教是一个最早的一神教）；第二，希伯来民族是上帝特别宠爱的骄子，巴勒斯坦是上帝赐给他们的土地；第三，通过犹太民族的祖先如亚伯拉罕、摩西等人，上帝和希伯来民族定过约，希伯来民族要永远效忠上帝，上帝也就永远保佑他们，将来还会派遣一位救世主，使他们统治全世界的一切民族。"在世界民族之林中，希伯来民族是一个颇为特殊的民族。很难找到一个民族像希伯来人那样，从罗马帝国起，大部分人就离开故土，浪迹天涯，过着寄人篱下的生活。然而在这样漫长的岁月中，他们竟然没有被世界各民族所同化，依然保持着自己的宗教、哲学、语言、文学、传统、历法和习俗，显示出惊人的民族凝聚力。希伯来人对世界文明做出了令人瞩目的贡献。

希腊人和希伯来人不同，他们仿佛是人类的宠儿。在小国寡民的城邦中，希腊人互相熟悉，共同讨论问题。他们酷爱交际和谈话，将大部分闲暇时间用于户外，他们过的是社交生活、宗教生活、艺术生活，出于对美好人生的眷恋，希腊文化形成优美的审美意识。而希伯来人在荆棘丛生的磨难中，把美好的幻想寄托在对上帝的信仰中，他们对上帝的信仰是一种无限的敬畏，因而产生崇高的审美意义。

#### 2. 达·芬奇与《蒙娜丽莎》

达·芬奇（1452—1519），意大利文艺复兴三杰之一，也是整个欧洲文艺复兴时期最完美的代表。他是一位思想深邃，学识渊博，多才多艺的画家、雕塑家、发明家、哲学家、音乐家、医学家、生物学家、地理学家、建筑工程师和军事工程师。他是一位天才，一方面热心于艺术创作和理论研究，研究如何用线条与立体造型去表现形体的各种问题；另一方面他也同时研究自然科学，为了真实感人的艺术形象，他广泛地研究与绘画有关的光学、数学、地质学、生物学等多种学科。他的艺术实践和科学探索精神对后世产生了重大而深远的影响，是人类智慧的象征。

《蒙娜丽莎》是他为意大利一个富商年轻貌美的妻子所作的肖像画。达·芬奇为此花了四年心血。当时，蒙娜丽莎刚刚丧子，心情很不愉快。达·芬奇为了不让她画像露出愁容，特地请来乐师为她演奏美妙的音乐。她听到入迷之时，露出了一丝微笑，但眼神仍然带着怅惘、忧伤。达·芬奇以他高超的艺术技巧画下了这一刹那的笑容。从她的眼神和几乎完全临空的中指，人们可以想象出她正在聆听音乐。在蒙娜丽莎的脸上，朦胧的光线若隐若现，使得她的眼和嘴的轮廓有些模糊，令人难以捉摸，故使人觉得她微笑有神秘味道，也正是这一千古杰作最具有艺术魅力的所在。朱光潜先生书中云："那庄重中寓着妩媚的眼，那轻盈而神秘的笑，那丰润灵活的手，艺术家已经摸索追求了不知几许年代，到达·芬奇才带着血肉表现出来，这是多么大的一个成功。"

#### 3. 米开朗基罗与《大卫》

米开朗基罗（1475—1564），意大利文艺复兴时期伟大的绘画家、雕塑家和建筑师，文艺复兴时期雕塑艺术最高峰的代表。主要作品有《大卫》、《摩西》、《被缚的奴隶》和《垂死的奴隶》以及圣洛伦佐教堂里的美第奇家族陵墓群雕和教堂壁画《末日审判》。米开朗基罗代表了欧洲文艺复兴时期雕塑艺术的最高峰，他创作的人物雕像雄伟健壮，气魄宏大，充满了无穷的力量。他的大量作品显示了写实基础上非同寻常的理想加工，成为整个时代的典型象征。他的艺术创作受到很深的人文主义思想和宗教改革运动的影响，常常以现实主义的手法和浪漫主义的幻想，表现当时市民阶层的爱国主义和为自由而斗争的精神面貌。米开朗基罗的艺术不同于达·芬奇的充满科学的精神和哲理的思考，而是在艺术作品中倾注了自己满腔悲剧性的激情。这种悲剧性是以宏伟壮丽的形式表现出来的，他所塑造的英雄既是理想的象征又是现实的反应。这些都使他的艺术创作成为西方美术史上一座难以逾越的高峰。

《大卫》，云石雕像，像高2.5米，连基座高5.5米，米开朗基罗创作于公元1501～1504年，现收藏于意大利佛罗伦萨美术学院。米开朗基罗生活在意大利社会动荡的年代，颠沛流离的生活使他对所生活的时代产生了怀疑。痛苦失望之余，他在艺术创作中倾注着自己的思想，同时也在寻找着自己的理想，并创造了一系列如巨人般体格雄伟、坚强勇猛的英雄形象。《大卫》就是这种思想最杰出的代表。大卫是圣经中的少年英雄，曾经杀死侵略犹太人的非利士巨人哥利亚，保卫了祖国的城市和人民。米开朗基罗没有沿用前人表现大卫战胜敌人后将敌人头颅踩在脚下的场景，而是选择了大卫迎接战斗时的状态。在这件作品中，大卫是一个肌肉发达，体格匀称的青年壮士形象。他充满自信地站立着，英姿飒爽，左手拿石块，右手下垂，头向左侧转动着，面容英俊，炯炯有神的双眼凝视着远方，仿佛正在向地平线的远处搜索着敌人，随时准备投入一场新的战斗。大卫体格雄伟健美，神态勇敢坚强，身体、脸部和肌肉紧张而饱满，体现着外在的和内在的全部理想化的男性美。这位少年英雄怒目直视着前方，表情中充满了全神贯注的紧张情绪和坚强的意志，身体中积蓄的伟大力量似乎随时可以爆发出来。与前人表现战斗结束后情景的习惯不同，米开朗基罗在这里塑造的是人物产生激情之前的瞬间，使作品在艺术上显得更加具有感染力。他的姿态似乎有些像是在休息，但躯体姿态表现出某种紧张的情绪，使人有强烈的"静中有动"的感觉。雕像是用整块的石料雕刻而成，为使雕像在基座上显得更加雄伟壮观，艺术家有意放大了人物的头部和两个胳膊，使的大卫在观众的视角中显得愈加挺拔有力，充满了巨人感。这尊雕像被认为是西方美术史上最值得夸耀的男性人体雕像之一。不仅如此，《大卫》是文艺复兴人文主义思想的具体体现，它对人体的赞美，表面上看是对古希腊艺术的"复兴"，实质上表示着人们已从黑暗的中世纪桎梏中解脱出来，充分认识到了人在改造世界中的巨大力量。米开朗基罗在雕刻过程中注入了巨大的热情，塑造出来的不仅仅是一尊雕像，而是思想解放运动在艺术上得到表达的象征。作为一个时代雕塑艺术作品的最高境界，《大卫》将永远在艺术史中放射着不尽的光辉。

# 第四章　悲剧性和喜剧性

两部著名的影片《辛德勒的名单》（见彩图22）和《美丽人生》（见彩图23）同样反映犹太人在战乱年代的悲惨命运。两部影片使用了不同的表现手法，不同的视听语言来表达，让影片反映了同样的历史——关于纳粹的残忍与犹太人的坚强。《辛德勒的名单》的黑白色调更是加重了第二次世界大战时期的恐惧色彩与缺乏生气的时代感，达到了强烈的悲情效果。《美丽人生》却用了幽默手法来讲述这段黑暗的日子，成功的借用了喜剧的基本元素进行悲剧衍生与铺排，让人在欢笑与泪水中看清了战争的愚蠢与荒谬。

两部影片表现手法虽不同，但都是成功的，它们成功的给人们了心灵的震撼。而这正是作为审美范畴的悲与喜对人所产生的效果。

## 第一节　悲剧性

悲，又称悲剧，悲剧性。作为审美范畴的悲剧，是广义的悲剧；作为戏剧的一种样式的悲剧，是狭义的悲剧。虽然这两种悲剧有所区别，然而美学有关悲这一审美范畴的研究，实际上是以艺术中的悲剧为主要对象的。

### 一、美学史上的悲剧

在西方美学史上，亚里士多德最早研究了悲剧理论。亚里士多德的悲剧理论形成的基础是希腊灿烂的悲剧艺术。

希腊悲剧最早起源于对酒神狄奥尼索斯的祭祀活动中的合唱，即"酒神颂"（见彩图24）。"酒神颂"悲叹狄奥尼索斯在人世遭受的痛苦，并赞美他的再生。狄奥尼索斯的形象就是后来希腊悲剧主角的雏形。

希腊社会的奴隶主民主制为希腊悲剧的发展提供了充分的条件，雅典民主派的领袖们利用群众性的祭祀酒神的表演形式来进行宣传教育活动。在雅典卫城建造了能容纳数万人的半圆形露天剧场，每年的春季和冬季都举办盛大的戏剧比赛。国家的大力提倡和人民的普遍参与使希腊悲剧在公元前五世纪达到空前的繁荣，出现了最有名的三大悲剧家：埃斯库罗斯、索福克勒斯和欧里庇得斯。埃斯库洛斯是希腊悲剧的真正创始者，他被称为"悲剧之父"。他最主要的作品是《普罗米修斯三部曲》。索福克勒斯最有代表性的作品是《俄狄浦斯王》和《安提戈涅》。两千多年来，这两部作品成为悲剧研究者反复阐释的对象。

亚里士多德提出他的悲剧理论的"过失说"。他指出，悲剧的各种成分中最重要的是情节，通过情节的安排，悲剧可以引起人们的怜悯和恐惧之情。在情节的安排上，悲剧不应写好人由顺境转入逆境，不应写坏人由逆境转为顺境，也不应写极恶的人由顺境转入逆境，因为这些情节都不能引起怜悯与恐惧。亚里士多德认为，情节应该描写"与我们相似"的人，他"不十分善良，也不十分公正"，只是一般的人，他之所以陷入厄运，不是由于他为非作歹，而是由于他犯了过失。悲剧主角在道德上是一个好人，但他的悲剧过失是良好愿望意想不到的结果，不是蓄意的，而是意外的。这就是亚里士多德悲剧理论的"过失说"。

亚里士多德的"过失说"以古希腊最有名的三大悲剧家之一索福克勒斯的悲剧《俄狄浦斯王》（见彩图25）为主要依据。这部悲剧借惊心动魄的神话故事来反映当时的现实。俄狄浦斯是忒拜国王的儿子，国王从神那里得知，由于他以前的罪恶，他的儿子命中注定要杀父娶母。因此，儿子一出生，他就叫一个牧人把孩子抛弃掉。俄狄浦斯长大成人后，也从神那里得知自己的命运，他为反抗命运，就逃离忒拜。在途中的一个三岔路口，他一时动怒杀死一个老人，这个老人正巧是他的生父。狮身人面女妖斯芬克斯为害忒拜，俄狄浦斯说破了她的谜底，为忒拜人解除了灾难。他被忒拜人拥戴为王，并娶了前王的寡后，也就是自己的生母。真相大白后，王后自杀，俄狄浦斯也刺瞎了双眼，请求放逐。

《俄狄浦斯王》描写了个人意志和命运的冲突。在亚里士多德以前，关于悲剧的起源希腊人认可的是"命运说"，他们习惯用命运来解释悲剧的根源，认为命运是超越于人之外的，不可抗拒的力量。亚里士多德抛弃了命运说，提出"过失说"作为悲剧的根源，不是在外在的力量中，而是在人自身内部寻求悲剧的原因，这比命运说前进了一步，但没有深刻揭示悲剧的社会本质和社会根源：那就是发展中新旧势力的矛盾、冲突的结果。

在亚里士多德之后，19世纪德国的黑格尔发展了悲剧理论。

如果说亚里士多德的"过失说"以索福克勒斯的《俄狄浦斯王》为主要依据，那么，黑格尔的悲剧理论则建立在索福克勒斯的另一部代表作《安提戈涅》（见彩图26）的基础上。

《安提戈涅》这部悲剧的主要情节是：俄狄浦斯和生母结婚后，生有两个儿子埃忒奥克勒斯、波吕涅克斯和两个女儿伊斯梅涅和安提戈涅。次子波吕涅克斯借用外国军队攻打自己的国家忒拜，同大哥埃忒奥克勒斯争夺父亲留下的王位，结果两兄弟自相残杀身亡。新国王克瑞翁下令禁止埋葬波吕涅克斯的尸体，违令者要被处死，因为他焚烧祖先的神殿，吸吮族人的血。但按照希腊人的宗教信仰，死者如果得不到安葬，他的阴魂就不能进入冥土，因此亲人有埋葬死者的义务。安提戈涅不顾国王的禁令为哥哥收了尸，因为违反国家的法律，安提戈涅被囚禁在墓室里最终自杀身亡。听到这个消息后，和她订过婚的王子、克瑞翁的儿子殉情身亡，他的母亲也自杀了。希腊人仍然以命运解释这部悲剧。按照希腊人的宗教信仰，死者如果得不到安葬，他的阴魂就不能进入冥土，因此亲人有埋葬死者的义务。然而，安提戈涅如果为哥哥波吕涅克斯收尸，就违反了国家的法律。这样形成了无法解决的矛盾，这就是不可避免的命运。

黑格尔（见彩图27）以他的悲剧理论对《安提戈涅》做出了新的解释。他认识到一切事物的发展都是对立面的统一与斗争的结果，矛盾是一切事物运动的根源。根据这条原则，黑格尔提出了他的著名的悲剧理论，即：悲剧是两种对立的理想的冲突和调解。在《安提戈涅》里，两种对立的理想的冲突就是安提戈涅和国王克瑞翁的冲突。安提戈涅代表亲属爱，克瑞翁代表维护国家安全的王法。这两种理想就各自的立场都是正确的，具有普遍意义。然而在具体情境中，某一方理想的实现就要和它的对立理想发生冲突。安提戈涅为了实现亲属爱必然破坏王法，克瑞翁为了维护王法必然剥夺死者应得的葬礼。因此，这两种理想都是片面的。"悲剧的解决就是代表片面理想人物遭受痛苦或毁灭。他个人虽遭毁灭，他所代表的理想却不因此而毁灭。"安提戈涅死去了，克瑞翁也家破人亡，孤零零地守着王位，但他们所代表的理想——亲属爱和王法以后仍然有效。

黑格尔对悲剧理论做出的最大贡献，是从矛盾冲突出发来研究悲剧。悲剧的结局虽是一种痛苦，然而也是矛盾的调和与理想的胜利。因此，悲剧所产生的心理效果不只是亚里士多德所说的"恐惧和怜悯"，而是愉快和振奋。黑格尔认为，悲剧不是个人的偶然原因造成的，而是两种具有普遍意义的力量的冲突，这是一种进步。但是，在黑格尔的悲剧理论中，抹杀了是与非、正义和非正义之间的区别，看不到悲剧冲突是新旧两种势力的冲突，具有局限性。此外，黑格尔认为悲剧冲突不是通过斗争，而是通过调和来解决，这也体现黑格尔哲学的妥协性。

在现代悲剧理论中，恩格斯（见彩图28）的悲剧理论常常被援引。

恩格斯的悲剧理论是在1859年致拉萨尔的信中提出的。1859年德国的拉萨尔写作一部历史悲剧《弗兰茨·封·济金根》，讲述了这样一个故事：16世纪德意志帝国的骑士济金根属于中下层贵族，他发动了骑士起义，反对封建割据的诸侯，企图建立以骑士阶层（特殊的军人阶层）为核心的君主国。结果起义失败，济金根本人也战死。《济金根》完稿后，拉萨尔分别致信马克思、恩格斯，谈了他写作这部悲剧的情况，把济金根的失败归结为"个人的失策"、"外交的错误"、"智力和伦理上的过失"。马克思和恩格斯都指出了他悲剧观上的不足。恩格斯指出，济金根反对诸侯和贵族的起义之所以失败，是因为他们孤军作战，得不到广大农民的支持，广大农民不可能站在残酷压迫他们的骑士和贵族一边。

由此，恩格斯提出的悲剧的定义。悲剧是"历史的必然要求和这个要求的实际上不可能实现之间的悲剧性的冲突。"代表历史的必然要求、代表社会发展的前进方向的实践主体，在改造自然、改造社会的斗争中，由于对方力量还很强大，或者由于自身的局限，斗争遭到了挫折和失败，从而产生了悲剧。

## 二、悲剧的本质

西方美学史上，对悲剧很重视，因为成功的悲剧能给人一种崇高感、悲壮感。所以，悲剧作品一向被人称为是崇高的诗。

悲剧源于古希腊的山羊之歌，尔后逐渐演变成悲剧。古希腊有著名的三大悲剧作家：埃斯库罗斯、索福克勒斯和欧里庇得斯。他们创作了大量的悲剧，为后人研究悲剧提供了大量的丰富的资料。

在对悲剧的研究中，出现了不少大家，像亚里士多德、黑格尔、车尔尼雪夫斯基等，他们都对悲剧本质的研究做出了重要的探索，但也都存在不同的片面性。马克思主义诞生后，才深刻地揭示出了悲剧性的社会、历史根源。

那么，悲剧性的本质到底是什么呢？马克思主义美学认为，悲剧是新的社会制度代替旧的社会制度的信号，是社会生活中新旧力量矛盾冲突的必然产物。悲剧冲突的本质，正如恩格斯所说是"历史的必然要求和这个要求的实际上不可能实现。"所谓"历史的必然要求"，指符合历史发展规律的肯定性社会力量，或具有某种合理性的社会力量，以及他们的合理要求、理想、品质等。所谓"这种要求的实际上不可能实现"，指上述要求、理想等，在一定历史条件下不能实现。这两方面的矛盾冲突，就是悲剧的本质之所在。

具体地说，马克思主义悲剧理论有下列要点：一是悲剧冲突是特定历史条件下社会矛盾的反映。任何悲剧的产生都有其社会的、阶级的根源。过去，有人把悲剧的原因归结为"命运"、"性格"或"过失"，这是只看到了悲剧的直接原因，而没有揭示出悲剧的历史必然性。比如，《俄狄浦斯王》似乎是"命运"悲剧，但实际上俄狄浦斯是奴隶主民主派的代表，反映的是雅典自由民当时对社会灾难无能为力的悲愤。中国的《窦娥冤》反映了人民的正当要求和当时元代黑暗统治的矛盾。二是悲剧的最后结局是肯定性或具有某种合理性的社会力量遭受到不可避免的苦难和毁灭。鲁迅先生说："悲剧将人生有价值的东西毁灭给人看。"悲剧性所反映的对象主要是肯定性，或具有某些合理性的社会力量，但在特定的历史条件下，却不能得到发展与胜利，而遭到打击、迫害，甚至是毁灭。这又是必然的（因为反面力量暂时处于强大地位），不可避免的，因而引起人们痛苦、激愤。比如，中国《窦娥冤》中，一个追求公正的弱女子在强大的元朝统治者面前，又怎能不毁灭！俄国《大雷雨》中的卡捷琳娜，又怎能与强大的封建宗法制度相抗衡，最后只能跳入伏尔加河自杀。这些善良人物的悲剧命运是不可避免的。三是人们从悲剧的结局中，看到肯定力量的必胜趋势，并产生崇高感。人们看到悲剧中"人生有价值的东西被撕毁给人看"，从而产生一种同情、肯定的情绪。所以人们的政治倾向、情感倾向是在受苦、受难、被迫害、被毁灭的一边。因为人们看到了被压迫、被毁灭的社会力量的合理性，以及必然最终取胜的潜在因素。像莎士比亚的《奥赛罗》、关汉卿的《窦娥冤》中的主人公都是如此。

### 三、悲剧的类型

根据悲剧冲突的性质和形式，可以将悲剧分成下列几种类型。

一是进步力量、英雄人物的悲剧。世界上最早的悲剧，是英雄人物的悲剧。现存的古希腊第一部悲剧，是被称为悲剧之父的埃斯库罗斯的《被缚的普罗米修斯》（见彩图29）。普罗米修斯盗取天火到人间，因而遭到万神之王宙斯的残酷迫害，被钉在高加索山上，带着镣铐，忍受着巨大的痛苦。马克思赞誉它是"哲学日历中最高尚的圣者和殉道者"。他是善良、正义、光明的化身，进步力量的代表，他的遭难只能引起人们的震撼与奋起。再比如，1898年戊戌变法的失败。谭嗣同认为各国的变法都是经过流血才成功的，所以他决心以自己的鲜血来教育后者，推动变法的成功。他拒绝了朋友劝他逃跑的劝告，坐以待毙。他在狱中题诗道："我自横刀向天笑，去留肝胆两昆仑。"刑场就义时高呼："有心杀贼，无力回天！死得其所，快哉！快哉！"表现了他为国为民不怕牺牲的英雄气概。

这种英雄人物的特点是：①自觉捍卫正义、真理，为实现自己的理想而斗争。②英雄与人民的命运紧密相连。③在苦难中显示出他们的崇高品质。

二是私有制下的普通人物的悲剧。在私有制下，人们的正当生活、劳动、爱情、自由等方面的要求，体现了"历史的必然要求"，但由于旧制度的阻挠、束缚、摧残，而不可能实现，这就造成了普通人物的悲剧。向前面讲过的《窦娥冤》，就表现了普通人物的苦难、不幸。窦娥三岁亡母，七岁离父，给人当童养媳，十七岁成亲，又死了丈夫。后又遭张驴儿诬告，赃官枉断，逼她承认毒害人命。她在公堂上受尽了酷刑，但至死不屈。后因不忍婆婆受苦，被逼屈招。在被押往刑场的路上，她尝到："我将天地合埋怨……为善的受贫命更短，造恶的享富贵又寿延……地也，你不分好歹何为地；天也，你错勘贤愚枉做天！"窦娥的呼天号地，是一种抗争，为无辜的小人物呼号着生存的权利。在中国的历史上，像这样的悲剧还有《孔雀东南飞》、《梁山伯与祝英台》等。

三是旧事物、旧制度的悲剧。这种悲剧有两种情况：①旧制度、旧事物与新生力量发生冲突而导致灭亡。它之所以具有悲剧性，就在于在当时的历史条件下，它还没有丧失自己存在的合理根据，主要表现在旧制度还没有彻底走完自己的路程；代表旧制度的人物还有自信，还不需要用假象来掩盖自己的本质；这种悲剧人物身上还有某些正面的东西，如品质、个性等。比如，姚雪垠的《李自成》中的崇祯皇帝，就是这样的人物。当时封建制度能容纳的生产力还有发展的余地，封建制度还有心想成为中兴之主。但由于诸多原因仍未摆脱灭亡的命运。为此，引起人们某些悲悯与同情。②是旧制度内部，处于在野地位和处于统治地位的人物之间的斗争。一般表现为在野一方起来反对统治者，但由于历史及自身的局限，往往得不到新生力量的支持，从而遭到失败和毁灭的命运。由于在野方的理想、愿望在客观上反映了"历史的必然要求"，所以，他们的失败，具有悲剧性的意义。比如，《林则徐》、《戊戌变法》等都属于这类悲剧。

四是悲剧快感。有人会问，悲剧总是和死亡、痛苦联系在一起的，怎么会有快感，引起人的什么享受呢？事实上，悲剧快感确实是存在的。下面，我们就来解释一下悲剧快感是怎样产生的，形成的原因是什么。

在西方悲剧快感理论里，有一种观点认为，悲剧快感的原因在于我们从祖先那里继承过来的野蛮人的劣根性，渴望看到流血和别人痛苦，在别人的不幸中寻求一种快乐。比如，罗马人喜欢看奴隶角斗士的角斗表演，野蛮人部落把敌人的骨头作为战利品戴在身上作装饰。

西方悲剧快感理论里，亚里士多德在《诗学》中提出了悲剧的怜悯与恐惧的问题。亚里士多德认为，悲剧快感是由悲剧引起我们的怜悯与恐惧之情而形成的。

朱光潜先生对于悲剧快感的产生，提出了应用于悲剧的"心理距离说"。悲剧以真人来表现人的行动和感情，与其他艺术如雕塑、音乐等相比，它有与真实生活拉开距离的危险。为了弥补这些缺陷，悲剧采用了一系列使生活"距离化"的手法。比如，悲剧情节发生的时间在遥远的历史时期，地点定在遥远的国度。悲剧不使用日常生活的语言，而一般以诗歌体写成，这使得悲剧情节大大高于平凡的人生，可减弱我们可能感到的悲剧的恐怖。经过"距离化"因素的过滤，悲剧只剩下美和壮丽，所以能使人产生快感。

五是悲剧的审美特征和审美功用。悲剧感最主要的特征是"悲"，但悲剧感不单纯是"悲"，它包含着强烈的正义感、崇高感。悲剧中反面人物的倒行逆施，及对美的摧残、压迫，使人们不仅产生怜悯、恐惧，而且还会激起反对邪恶之情和伸张正义的要求。特别是英雄人物在遭受苦难时所展现的崇高精神，更会催人奋发，把悲痛化为义愤、豪迈、崇高等的审美愉悦感。

悲剧的审美功用主要表现在以下三个方面。

一是悲剧具有巨大的认识作用。正面人物的不幸和毁灭，会使人们认识到历史的发展是不平坦的，社会中存在着复杂、尖锐、曲折的矛盾，要想起的最后的胜利，必须勇于斗争、善于斗争。

二是悲剧具有深刻的教育作用。它通过对丑、恶、假的揭露，真、善、美的赞誉，使人们树立正确的是非观念和鲜明的善恶观念，培养疾恶如仇的正义感，见义勇为的高尚品质，坚毅刚强的意志，激发人们同丑、恶、假的斗争精神。

三是悲剧具有强烈的鼓舞作用。悲剧充满了崇高感，因此，能够有效地提高人们的精神境界，尤其剧中的正义力量，有着巨大的激励力量，鼓舞人们勇于奋斗，勇于前进。

英国哲学家罗素说过，支撑人生活的动力来自三种单纯而又极其强烈的感情：对爱情的渴望，对知识的渴求以及对人类苦难痛彻肺腑的怜悯。

李大钊曾讲："人生的目的，在发展自己的生命，可是也有为发展生命必须牺牲生命的时候。因为平凡的发展，有时不如壮烈的牺牲足以延长生命的音响和光华。绝美的风景，多在奇险的山川。绝壮的音乐，多是悲凉的韵调。高尚的生活，常在壮烈的牺牲中。"这深刻地揭示了人们实践悲剧人生的巨大秘密所在。鲁迅说过"悲剧将人生的有价值的东西毁灭给人看"，悲剧冲突导致了正义失败、善良受难、英雄牺牲的不幸结局。悲剧主人公的命运结局都使悲剧表现出对伟大崇高的人的摧毁，也表现了人们无法摧毁的人的伟大崇高。正是人的伟大与崇高，激发了人们内心深处的悲痛、怜悯、景仰、崇高等一类痛感，给人们带来了强烈的审美愉快，让人们在深刻的悲哀与高度的欢乐相结合的精神世界里，充分感受悲剧"以悲为美"的美学特征。

## 第二节　喜剧性

喜剧是悲剧的对应概念，又称滑稽，它反映各种在实质与外貌之间具有内存矛盾性和不一致的生活现象，指对违背客观规律的荒谬现象进行审美反映时产生的一种特殊美感。

### 一、喜剧的本质

古希腊喜剧源于宗教活动。阿里斯多芬创作了《蛙》等作品，被誉为喜剧之父，由此也引发了对喜剧本质的探索。

唯心主义美学家否认喜剧的客观基础，他们从主观感受出发，或从绝对精神出发去说明美的本质。

康德从主观感受出发，认为喜剧的效果是"笑"。认为"笑"是一种从紧张的期待突然化为虚无的感情。他举例说：有一个印第安人去参加宴会，在宴席上看见一个坛子打开时，啤酒化为泡沫喷出，于是大声惊呼。别人问他，他说我不惊讶喷出的泡沫，而是这些泡沫是怎么装进去的。康德认为：人们听了这件事后定会大笑，而笑的原因并不是自己比那个人更聪明，而是由于紧张的期望突然化为乌有。这种看法，指出了喜剧的心理特征，但并未揭示出喜剧的本质。

黑格尔则是从绝对精神出发去研究喜剧的，认为"形象压倒观念"，表现了理念的空虚。这种观点虽然是主观的，但含有一定辩证法的合理因素。

唯物主义美学家首先肯定了喜剧的客观基础，认为喜剧反映的是特定的生活现象。

亚里士多德提出"模仿说"，认为"喜剧是对于比较坏的人的模仿，然而，'坏'不是指一切恶而言，而是指丑而言，其中一种是滑稽。滑稽的事物是某种错误或丑陋，不致引起痛苦或伤害，现成的例子如滑稽面具，它又丑又怪，但不使人感到痛苦。"他把喜剧和现实中的丑联系起来加以考察，对后世影响很大。

车尔尼雪夫斯基从唯物主义出发，提出了一些很有价值的见解。他认为："滑稽的真正领域是在人，在人类社会，在人类生活。"自然风景可能是不美的，却绝不是可笑的，并指出丑乃是滑稽的根源和本质。也就是说当丑带有荒唐和自相矛盾的时候，才会使人感到滑稽可笑。但车尔尼雪夫斯基是从人本主义出发，缺乏从历史的辩证的方向去研究，仍不能说明喜剧的本质。

马克思主义美学的喜剧观是建立在对社会发展规律的科学认识基础之上的，正确揭示了喜剧的本质。马克思指出了喜剧的根源也是两种社会力量的冲突，但由于这种冲突的性质和形式的不同，矛盾的主导方面的不同，形成了不同于悲剧的特点。首先，喜剧的主人公总是要被否定的旧事物，即原本强大的不可一世的社会力量，现在已经透出了虚弱的本性，失去了历史存在的合理性，强大的外形与虚弱的内容已经发生背离，再不能对社会进步的力量构成威胁了。其次，喜剧主人公总是要自欺欺人的，他们总是力求"用另外一个本质的假象来把自己的本质掩盖起来，并求助于伪善和诡辩"。最后，喜剧就是对这种内容与形式错乱、本质与现象背离的旧事物的揭露与否定，因此能直接显现人类的理想与自信，不像悲剧只能在被摧残与毁灭中间接地显现人类的自信。

## 二、喜剧性美感的特征及功用

现实生活中经常会出现一些滑稽可笑的事情，比如有的人穿得奇特，有的人动作夸张，有的人行为古怪等，都会引人发笑。笑是喜剧的重要美感特征，但并非所有的笑都能成为喜剧。喜剧的特征是对丑的否定，现实生活中的丑的现象是人们所厌恶的，而当现实中的丑转化为艺术中的美时，人们才能获得喜剧性的美感。喜剧性美感的特征主要来自于以下三个方面。

### 1. 喜剧反映的基本内容是现实生活中的丑

"历史是认真的，经过许多阶段才把陈旧的形态送进坟墓。世界历史形态的最后一个阶段是它的喜剧。"人类社会总是在否定之否定中不断向前发展的，原来的主角可能变成丑角，否定了的丑角又产生新的主角。肯定与否定的相互交替是事物发展的规律，任何肯定都是对旧事物的否定，任何否定都是对新事物的肯定。如果应该否定的却没有得到否定，就是喜剧所要表现的基本内容，就会给人以喜剧性的美感体验。

塞万提斯的小说《堂·吉诃德》，是文艺复兴时期杰出的文学作品之一。在当时的西班牙，资本主义正在取代封建主义，但这一趋势与顽固的封建势力之间形成了尖锐矛盾，并在堂·吉诃德的身上得到了体现，他有着进步的理想，却用落后的手段去实行，结果处处碰壁，显得滑稽可笑。比如他把苦役犯当成是受害的骑士，他猛冲乱战，不但没有解除别人的痛苦，反而给别人增加了灾难。堂·吉诃德身上充满了美与丑的矛盾，一方面，他表现出的人文主义理想是已被历史的发展所肯定的，另一方面，他那落后于历史进程的改革手段还没有得到否定，这就构成了这个形象的喜剧性因素。作者在对这种应该被否定而还没有被否定的势力进行无情鞭挞的过程中，给人许多喜剧性的感受。

### 2. 喜剧的基本艺术手法是夸张

所谓夸张，是根据一定的目的，在客观现实的基础上运用动作、语言、声音、线条、色彩等条件，对事物作夸大的描述，从而起到强化的作用。夸张的力量来自于真实，离开了真实，夸张就变得毫无意义，也就很难产生喜剧性的效果。果戈里的小说《钦差大臣》中，一个诡谲狡诈的市长竟把一个默默无闻的小官员当成了钦差大臣，这不能不说是一个极大的夸张，其艺术魅力来自于生活中的真实。

### 3. 喜剧性美感的特征在于笑

喜剧性的笑是对丑的否定，是对人的本质力量的间接肯定形式。不管是正面人物还是反面人物，他们之所以能引人发笑，总是与"丑"联系着的，只有这样的笑才可能具有喜剧性的特征。从这一点来说，创作成功的喜剧比创作悲剧难度更大，因为它要求作者对现实中的是非、美丑有敏锐的判断力，对某些畸形现象有独到的洞察力，否则就会弄巧成拙。也正因此，喜剧性的笑不是一般的"逗乐"，不是可以一笑了之的，而是包含着辛酸，渗透着同情，引人深思，发人深省，使人思考许多人生的问题和社会的真理。

### 三、喜剧性美感的类型

#### 1. 机智

机智是"创造、造成喜剧性的能力"，它强调和评价现实的矛盾，以便使这些矛盾中的喜剧性成为一目了然、可感觉到的东西。

机智的基本特征在于深入事物内部，抓住其基本要害和显著的关系，或者对相似的事物有了新的发现，或者以性质相异的事物作比拟，或者是突然发现似乎是存在于两极的事物之间的共同之处等。这种发现、比拟打乱了我们原有的对事物的常规分类，其间的变化似乎使事物的价值被混淆了，然而实质上却取得了使事物的价值更深刻的效果。因而，机智常常是迷人的、才情焕发的，富于灵感的。比如，莎士比亚的《威尼斯商人》中的鲍西亚，男扮女装出现在法庭上，允许夏洛克割安东尼奥的肉，但规定必须不流一滴血，机智勇敢地战胜了贪婪狡诈的夏洛克。

#### 2. 讽刺

讽刺是以夸张的手法对不合理的事物和现象所作的辛辣的嘲笑和非难。其特点是具有强烈的攻击性，能帮助我们认识生活的本质，摆脱虚假的、过时的权威，是抨击社会上种种恶习的有力武器。别林斯基认为，假如讽刺可以"消灭什么东西"，那是因为"异常准确地描述了它的特征，异常准确地道出了它的丑陋面目"，从而揭露出它的表里不一、名不副实，使其在形式与内容的矛盾中，在美与丑的对比中显得更丑，并引发人们用笑声来对其进行鞭挞。讽刺引出的笑是"愤怒的火焰所激发出来的笑"，笑声形成一种无形的力量，能够烧毁社会上的种种恶习。安徒生童话《皇帝的新装》中对一丝不挂的国王的讽刺，就是建立在笑的这一特点上的。只要人们相信自己的眼睛，看到国王的新衣原来是不穿衣服的，那他们就不再毕恭毕敬，不再拜倒，而是笑了。

#### 3. 幽默

幽默与机智、讽刺有一定的联系，但又有区别。幽默从机智出发，通过夸张、象征、谐音等手法，对生活中不合理的现象加以揭示并作含蓄的批评；幽默蕴含着尖锐、深刻的讽刺意义，同时又有一定的爱怜和同情成分。幽默旨在有一种看破人生外部价值的认识冲动，它来自于对生活中的缺陷作概括的、严肃的思考和判断，并力图以聪明才智和滑稽手段揭露出人生中的矛盾。幽默与生命感有着密切的联系，生命力达到一定的高度就会产生幽默。

喜剧的笑声里除了对假恶丑的否定之外，还包含着对真善美的肯定。果戈里说："没有人在我的戏剧人物中找出可敬的人物，可是有一个可敬的高贵的人就是笑……它是从人的光明品格中跳出来的。"我们在笑声中否定了假丑恶，而推动我们去追求生活中的真善美。所以，喜剧的笑增强了人的自信和自尊，提高着人的精神境界。因为虚假的人生意义和价值遭到揭露和否定时，真正的人生价值就得到了肯定。

### 思考题

1. 悲剧美来源于哪些方面？其实质是什么？
2. 悲剧美的类型有哪些？
3. 有关悲剧快感的理论有哪些？
4. 悲剧的审美功用表现在哪些方面？
5. 谈谈喜剧美的来源及其美感特征？
6. 喜剧美的类型有哪些？

## 知识链接

### 1. 酒神—日神精神

酒神—日神精神或称狄奥尼索斯—阿波罗精神是一种哲学的、文学的概念，此理论描述的两个极端均是以希腊神话的神祇命名的。一个是太阳神阿波罗，另一个是丰收之神和酒神狄奥尼索斯。他们均是天神宙斯的儿子。阿波罗代表诗歌、预言、俊美整齐和光明；狄奥尼索斯则代表生命力、戏剧、狂喜和醉酒。自称为"第一位悲剧哲学家"，《悲剧的诞生》的作者尼采，借用酒神和日神来象征两种不同的精神。"酒神"是古希腊神话中狄奥尼索斯，他是葡萄酒狂饮之神，是丰收享乐、尽情放纵的象征，是生命丰盈的化身。"酒神精神"是相对于"日神精神"所提出来的，与之"日神精神"所代表的预示生命和希望光明的灿烂梦幻世界相对立，它所代表的是一个醉狂的世界，它使人们沉浸于酩酊大醉后的狂歌曼舞，并在这狂欢与放纵中与世界融为一体。如果说日神精神能够给予人们平和、明媚和和谐的话，那么酒神精神所代表的是疯狂的、歇斯底里似的激荡。在放纵的过程中，暂时忘却人生的痛苦，在迷狂的状态中释放压抑的原始激情，解除生命与之俱来的束缚，达到以人与世界万物与大自然融合为一，感受神秘的自然赐予永恒的生命力，获得一种不可言状的快感。正如尼采所说"在酒神的魔力之下，不但人与人重新团结了，而且疏远、敌对、被奴役的大自然也重新庆祝她同她的浪子人类和解的节日。人轻歌曼舞，俨然是一更高共同体的成员，他陶然忘步忘言，飘飘然乘风飞，此刻他觉得自己就是神。"

### 2.《被缚的普罗米修斯》

《被缚的普罗米修斯》是埃斯库罗斯的代表作品。埃斯库罗斯、索福克勒斯和欧里庇得斯并称古希腊三大悲剧家，由于埃斯库罗斯的突出成就，被称为"悲剧之父"。

《被缚的普罗米修斯》取材于希腊神话故事普罗米修斯盗取火种的故事，天神宙斯为了惩罚普罗米修斯，用铁链把他钉在高加索山上，并派大鹰每天吃他的肝脏。河神劝他和宙斯和解，遭到他的拒绝。他的肝脏白天被吃，晚上又长出来。在希腊神话中，普罗米修斯是一位小神。经过埃斯库罗斯的艺术加工，他成为一个不畏强暴、敢于为人类的生存和幸福而斗争的伟大的神。他的形象自古至今受到人类的称赞。

### 3. 作为审美范畴的丑

丑作为审美范畴，指某种由于不协调、不匀称和不规则而引起非快感的、令人厌恶的东西，也反映完美的缺乏或不可能性。丑有别于畸形和不美，不是美的简单否定，而是以反面形式保存了正面的审美理想观念。

大体说来，古典艺术是比较疏远丑的，古典主义的"美的艺术"，要求在艺术中排斥丑的对象。后来，情况发生了很大的变化，近代的巴洛克艺术、浪漫主义艺术、批判现实主义艺术和自然主义艺术，都不回避丑，并把丑作为艺术的一个组成因素。尤其是现代主义艺术思潮兴起后，丑在艺术中的审美价值更加提高，从印象派后期画家到象征派、立体派、野兽派、未来派、达达派，直到后现代主义的波普派、行动派、概念派，丑普遍被当做刺激艺术感染力、激发审美活力和鉴赏想象力的要素，以致明显地在艺术创作中追求变形、荒诞、怪异的趣味与风格。

　　雕塑家罗丹根据自己的创造经验探讨了美与丑的关系。他提出艺术的真实可以化丑为美，不管是美的还是丑的事物，只要通过艺术表现了内在真实的意蕴、感情和思想，就具有审美价值。罗丹说："俗人往往以为现实中他们所公认为丑的东西都不是艺术的材料。他们想禁止我们表现他们所不喜欢的自然事物。这其实是大错。在自然中人以为丑的东西在艺术中可以变为极美。人以为丑的事物不外是残缺、虚弱，令人联想到疾病，不和健康的原则的，例如矮子、跛子、破烂的穷人、恶人、不道德的人，以及扰乱社会的、失常态的人所有的性格和行为，弑亲者、叛国者和不问良心的野心家等，都是丑的。这些人物只能撞灾惹祸，大家给他们一个罪名，本很合理。但是大艺术家们和大文学家们对于这些丑人物却一律采用。他们仿佛有幻术家的魔棍，能化丑为美，这是一种点金术，一剂仙方。"罗丹明确地将丑的审美本质与艺术创作的真实性及性格塑造联系起来，从而开拓出探索丑的审美本质的一条新路。

# 第五章　自然美

自然美是非常迷人的，我们的祖国幅员辽阔，地形复杂，历史悠久，文化灿烂，可供旅游的胜地不可枚举。泰山日出、黄山奇峰、桂林山水、庐山瀑布……没有一处不令人心旷神怡。即使一些日常自然现象，也具有令人陶醉的魅力：朝晖晨曦、日落晚霞、风和日丽、细雨缠绵、花丛蝶飞、雁落平沙……都那么具有诗意。自然之美代表了人的田园的梦幻，是人在精神之域回望和皈依的对象。

## 第一节　自然美的形成与发展

在当代社会，人类对自然美的喜爱已经成为一种时尚。没有人再会像18世纪的黑格尔那样，将美丽的阿尔卑斯山称作一望无际的死气沉沉的大土堆，将美丽的星辰看成天空明亮的伤疤。但是从自然美的历史发展来看，人类并不是天生就对自然之美充满好感的，在不同的文化背景下，人们往往会对同一种东西作出美或丑两种截然相反的判断。比如在西方文化传统中，自然曾长期被人们当成一种与人对抗的荒蛮的力量来看待，它是需要人征服的对象。到了近代以来，他们才开始用爱欲代替征服欲，将自然作为美的对象来欣赏，作为与人平等的生命存在来爱护。相反在东方，尤其是在中国古代，人与自然合一一直是中国文化主流性的精神传统。只是到了近代以后，随着现代化成为压倒一切的任务，自然才由与人亲和的对象转化为人征服的对象。现在让我们来看看自然美形成和发展的历程。

### 一、自然美的形成

对于这个问题，有的美学家认为：自然本无美，只是它们能"感发心情"、"契合心情"，才显得美。这是一种主观唯心说。

有的美学家认为：自然所以美，是由于造物主的安排。这是一种客观唯心说。

我们认为：必须依据马克思的"自然的人化"这一思想，从人与自然的关系上去找答案。

所谓"自然的人化"，指的是人类通过改造世界的实践活动，使人与自然的关系发生变化。从与人对立的、具有无限威力的敌对力量，变成对人有利、有用的对象。它或者作为人的生活环境出现，或者成为人类物质、精神生活资料的来源，成为人类社会生活的不可缺少的组成部分。这种被深深打上人类意识的自然，就是"人化的自然"。

这样在"人化的自然"上,不仅可以看到它的自然属性,还可看到它在社会实践中的意义,看到它所反映的社会内容,看到在自然事物上所反映出来的人的本质力量。它才有了美学意义,才会成了审美对象,自然美才能从无到有,不断丰富和发展起来。

凡是读过李白名作《蜀道难》的人,都会被诗中描绘的由秦入蜀的壮丽、险峻的气象惊叹不已。"危乎高哉,蜀道之难,难于上青天"。"上有六龙回日之高标,下有冲波逆折之回川。黄鹤之飞尚不得过,猿猱欲度愁攀援"。"连峰去天不盈尺,枯松倒挂倚绝壁"。真是蜀道之难,难于上青天。但是,这奇丽险峰的景象,并不是只使人感到可惧,它还使人感到一种壮丽的美感。这是什么原因呢?原因在于蜀道即使对于当时人来说,也不是不可逾越的。"地崩山摧壮士死,然后天梯石栈相钩连"。这是对征服蜀道而献身的壮士的颂歌。人们能欣赏蜀道的美,首先是它已被人们所认识,所征服,人们已经能通过改造大自然的巨大力量而由秦入川了。如果它仍像"黄鹤"、"猿猱"那样"尚不得过",那么,人们就不会把它当作壮美来欣赏了,李白也就不会写出这样的诗句了。

### 1. 自然美产生的根源

自然美的根源在于人类社会实践,为什么这么说呢?因为从自然美产生和发展的过程来看,自然美的产生及自然美领域的逐渐扩大是和人类社会实践的发展进程密切联系在一起的。

美的起源和艺术的起源都离不开人类社会的实践活动。在社会实践中,一方面人改造自然,使大自然逐渐成为和人有着密切关系的"人化"了的自然;另一方面人自身也得到了改造,经过数百万年的生产劳动,人逐渐锻炼出了灵巧的双手和高度发达的大脑,形成了人所特有的感觉器官和感觉能力,以及人所独具的道德感和美感这样一些高级情感。直到这个时候,自然界对于人来说,才开始成为审美的对象。自然美的领域也是随着人类社会实践的发展才逐渐扩大的,是随着人类改造自然的能力不断增强,自然事物愈来愈多地成为能够为人服务的、使人感到可亲的过程中不断扩展。

总之,自然美产生的根源是人类社会实践。是实践把自然和人联系在一起,使自然美得以产生。随着社会实践和社会生活的发展,人类与自然的联系越来越扩大,一方面自然作为人的物质生活对象,范围在不断扩大,另一方面,自然作为精神生活的对象也在不断扩展。自然美的范围也随着人类社会的发展而不断扩大。

### 2. 自然美的对象

美的自然对象可分为两种:一种是经过人们直接改造加工、利用的对象(如土地、园林);另一种是未经直接改造的自然对象(如星空、大海、山川)。

前一种与社会事物的美接近。这种景物凝聚着人的劳动,经常作用于人们的感性和理性,唤起人们的审美愉悦。如春天生机蓬勃的秧苗,秋日金黄的硕果,绿色的山林,雪白的羊群。民歌中写道:"麦田好似万丈锦,锄头就是绣花针,公社姑娘手艺巧,绣得麦苗根根青。"苏联著名文学家高尔基在论述这类自然美时说:"打动我的并非山野风景中所形成的一堆堆的东西,而是人类想象力赋予它们的壮观。令我赞赏的是人如何轻易地与如何伟大地改变了自然"。

后一种自然美的根源仍离不开自然和生活的联系。它们作为人们的生活环境而出现,或是为人类提供生活资料的来源,它们是人类生活劳动不可缺少的东西,因而给人以美感。例如太阳,正像车尔尼雪夫斯基所说:"美得令人心旷神怡",是因为它是"自然界的生机的源泉,恩泽万物,也使我们的生活温暖,没有它,我们的生活便暗淡而悲哀。总之,太阳是直接有益于人的生命机能，增进体内器官的活动，因而也有益于我们的精神状态。"

## 二、自然美的发展

自然对象成为美，是人们改造自然的结果，人们对自然美的鉴赏，也有一个演变和发展的过程。这个过程，大致可分为致用、比德、畅神三个阶段。

### 1. 致用

在原始时代，人们对美的认识是比较朦胧、模糊的。人们对动物、植物的认识（见彩图30，彩图31），大多以实际需要来考虑的，有用的就好，就美；无用的就不好，就不美。人们还不可能把劳动对象单独分离出来，作为审美对象。

比如，以狩猎为主的部落，最好的审美对象是动物。即使他们住在鲜花盛开的地方，但因为植物和他们的生活没有直接的联系，所以他们不用鲜花装饰自己（见彩图32），而是以兽皮、兽骨、兽牙、兽毛、羽毛等作为装饰物，以显示自己的智慧和力量。在他们的壁画中，画的也都是动物和狩猎图案，没有植物。直到进入农耕社会后，植物才成了审美对象。

这时期，人们基本上是以"致用"来衡量自然事物的美与丑，所以这时期叫"致用"阶段。

### 2. 比德

进入殷周时期以后，随着生产力的发展和劳动成果的增加，人们不再以生产实践的对象和成果来划分自然事物的美与不美了，而是把美的自然物同人们的精神生活、道德观念联系起来，作为一种善的象征。这样，自然美与审美就脱离了物质的实用、功利的内涵而进入了一个更高一级的具有深刻精神意蕴的比德阶段。

比如，《诗经》中就有描写日出、雨雪、杨柳、晨露、长江、汉江这些自然美的诗句，但这些还不是独立歌咏的对象，而是以比兴的手法，借以歌颂人与事。《楚辞》中也有这样的描写。如屈原的《桔颂》中，对桔树的绿叶质朴无华、坚挺独立、霜雪不凋作了生动的、传神的描写，实际上是以桔比喻志向的独立不迁。

孔子对自然美的看法，集中体现了"比德"的观点。在《论语·雍也》中，孔子说："智者乐水，仁者乐山。"孔子认为人之所以喜欢山，乐于水，就是因为山与水都体现着仁者、智者的美好品德。他还说：山可以使草木生长，鸟兽繁殖，财用增值，给人们带来利益而自己无所求。所以仁者都喜欢"比德"于山。那么，为什么君子都喜欢水呢？孔之说：因为观水也可以感受到君子的美好品德。它滋润了万物而无私，似德；所到之处给万物带来生机，似仁；它由高向低流，舒缓湍急皆循其理，似义；它奔腾澎湃，冲过千山万壑，似勇；它有深有浅，浅可涉行，深不可测，似智等。孔子对山水的欣赏，是从道德角度的一种欣赏。与其说他醉心于自然山水本身，不如说他欣赏的是由眼前的山水引起的对一种道德品质的联想。自然景物的某些特点和人的道德品质的相似性，使欣赏者把它们两者联系起来。孔子对山水的美德虽有夸大之处，但他对自然美的认识可以成为后来人类道德观念某种象征的认识，是进步的，对后世影响是十分深远的。

"比德"说的缺点是不能引导人们专注于自然景物本身的欣赏，而是用它们来比喻人的德行。与"致用"相比，这是一个历史的进步。春秋时代，人们已经能够很自然地把山水审美与音乐艺术相联系。俞伯牙、钟子期（见彩图33）是春秋时代的音乐家。《吕氏春秋·本味篇》记载，俞伯牙把巍巍泰山和汤汤流水所唤起的情操，诉诸琴弦，钟子期心领神会，感受到高山流水的韵味。钟子期死后，俞伯牙痛失知音，"破琴绝弦，终身不复鼓琴"。

"比德"观点的出现，标志着人类对自然美的欣赏有了一个飞跃。但"致用"的观点并没有消除，仍延续下来。

### 3. 畅神

到了魏晋南北朝时期，人们对自然美的认识又有了一个新的飞跃，这就是所谓的"畅神说"。人们认为自然美丰富多彩，景象万千，它的魅力不仅仅在"比德"上，而是在于能使人陶冶性情，心情舒畅。当时涌现出的许多描写山水风光的诗歌、散文，如曹操的《观沧海》。

《观沧海》

东临碣石，以观沧海。水何澹澹，山岛竦峙。
树木丛生，百草丰茂。秋风萧瑟，洪波涌起。
日月之行，若出其中。星汉灿烂，若出其里。（幸甚至哉，歌以咏志）

这首诗描写了大海的宏大气魄。

西晋的陶渊明写过不少田园诗，像《饮酒》（五）等。

结庐在人境，而无车马喧。
问君何能尔，心远地自偏。
采菊东篱下，悠然见南山。
山气日夕佳，飞鸟相与还。
此中有真意，欲辨已忘言。

这首诗抒写了隐居地的景色与心境。

除曹操和陶渊明外，像当时的谢灵运等也是很有名的山水诗人。

在那时，游山玩水是社会普遍的风尚。西晋的嵇康说："游山泽，观鱼鸟，心甚乐之。"

山水画在此时也成了一种独立的画派。南朝宋时，山水画家宗炳也说过：自然山水为人所好，不过是因为它能"畅神而已"。他一生游历名山大川，当年老不能行走时，便终日沉醉在山水画中，"卧以游之"。

据《世说新语》记载：一次顾长康从会稽归来，人们问他山川之美，他说："千岩竞秀，万壑争流，草木蒙笼其上，若云兴霞蔚。"景色是多么美呀！人们从自然对象上感受到的美，已远非"比德"、"致用"所能比的了。

这些都表明，人们对赏玩山水的爱好，以及大量山水诗、山水画的产生，都表明人们对自然美的欣赏已达到了一个新的高度，从而和现代人对自然美的欣赏衔接了起来。

## 第二节　自然美的类型及其构成

自然美百态千姿，种类繁多，其中风光美是最重要的，也是最迷人的一种形态。

### 一、风光美的类型

#### 1. 原始风光美

在人类生活的地球上，还有一些人迹罕至的地方，保持着原始状态的美，有原始森林、冰山峡谷、浩瀚的沙海，还有一望无边的荒原。在科学发达的今天，人们对征服自然的决心进一步得到了加强，对原始自然已不感到恐惧，反而怀着探索的动机，去接近自然，认识自然，欣赏这种带有原始状态的自然美。所以，越是人迹罕至的地区，对人们的吸引力就越大。今天，中外人士的探险活动，就反映了这一点，如去南极考察，去非洲原始森林探险等。

### 2. 人类生活环境的自然风光美

在地球上，大部分地区都已被人类开发，留下了人类劳动和生活的痕迹。山川风景是人们常见的、普遍的自然风光，如被绿化的山冈；片片的果园；成熟的麦浪；牛羊成群的草原；被人们艺术加工过的山水园林……这种田野风光，草原风景，江河景观，是那么和谐、亲切、令人心旷神怡。而这些人类生活环境的自然风光美，是经过人类劳动加工、改造了的，渗透了人类的心血。从这些自然风光中，人们看到了自己的本质力量，人们能不由衷的喜悦吗？

## 二、风光美的构成

风光美不是指的一草一木，而是包括一个区域的山水草木、飞禽走兽、人工台榭等。所谓风光美是由多种因素、多种成分构成的一种综合美、整体美。其构成主要有：形状美、色彩美、声音美、流动美、人文景观美等五种因素。

### 1. 形状美

形状美是风光美的基础和核心。主要指的是空间形式给人的美感。如桂林的石林、三峡的巫山神女峰、飞流之下的黄果树瀑布……哪一个不给人以生动、具体的多姿多彩的形象美呢？

### 2. 色彩美

自然美不仅多姿，而且多彩，它有着各种各样的色彩，云是白的，山是青的，水是碧的，花是红的……这种千变万化的色彩，能唤起人们感情上的反映，给人以美的感受。古今中外，人们都重视对色彩的审美。如白居易《忆江南》中的描写片段：

江南好，风景旧曾谙；

日出江花红胜火，春来江水绿如蓝。能不忆江南？

其中，花红水绿，是色彩对比的美。

杜甫的《绝句》中的描写：

两个黄鹂鸣翠柳，一行白鹭上青天。

窗含西岭千秋雪，门泊东吴万里船。

其中，黄鹂、白鹭与翠柳、青天，也是一种色彩对照的美。

再如范成大（宋）的《四时田园杂兴》：

梅子金黄杏子肥，麦花雪白菜花稀。

日长篱落无人过，唯有蜻蜓蛱蝶飞。

其中，"梅子金黄"、"麦花雪白"，通过色彩的对比，描写出了田野一片欣欣向荣的景象。

如此等等，在文艺作品中，这种例子处处都有，举不胜举。

### 3. 声响美

自然风光美不仅有色，且有声，是一种有声有色的美。使人们在获得视觉享受的同时，也获得听觉的愉悦。在大自然中，有风声、雨声、雷声、蝉声、鸟鸣声……他们犹如一部和谐的交响曲，给人以美妙的感受。人们走进大自然，可以得到这种享受，就是在艺术作品中，也可以享受到这种审美的感觉。如王维的《鸟鸣涧》和李白的《早发白帝城》可以感受到声响美。

《鸟鸣涧》

王维

人闲桂花落，夜静春山空。
月出惊山鸟，时鸣春涧中。

《早发白帝城》

李白

朝辞白帝彩云间，千里江陵一日还。
两岸猿声啼不住，轻舟已过万重山。

读诗静思，鸟声、猿声，仿佛就在耳边响起，给人以身临其境的感觉。

### 4. 流动美

流动美是一种动态美。它更加生机勃勃，迷人心境。宇宙是运动的，地球乃至万物都是运动着的，自然风光也是处在不断运动之中，形体在运动，色彩在运动，声响也在运动着。自然界中的声、光、色、形都在不停地运动、变幻。这种运动充满了活力，给人一种和谐、统一的美。

### 5. 人文景观美

集中在艺术化了的风光区。各地的人文古迹，再加上当地民俗、传说，就构成了一种各具特色的人文景观，这种人文景观使人得到一种人与景的和谐美。游览这种风景，会使你流连忘返。

## 第三节 自然美的鉴赏

如何正确鉴赏自然美，要完美的回答这个问题，是十分困难的，但有如下两条原则可以把握：一是必须掌握自然美的有关知识，尤其是自然美的特征和风格；二是必须掌握鉴赏自然美的基本方法。

### 一、自然美的特征

#### 1. 自然美以自然属性为存在的必要条件

自然美虽然是社会实践的产物，在本质上是离不开社会的，但它的社会属性表现得比较隐蔽、间接。它以自己的自然属性（质料、形状、色彩、声音等）为存在的必然条件。

比如大海之所以美，是因为它浩瀚澎湃；梅花之所以美，是因为它冰肌玉骨；菊花之所以美，是因为它傲霜斗雪。如果不作深入分析，不易发现它们和社会的联系。所以，自然属性是构成自然美的物质基础，离开了这种物质基础，自然美也就不存在了。

由于构成自然美的物质属性不同，它们所表现的美也就不同，高山大川的美异于日月星辰的美；各种动物的美异于花草树木的美等。

即使是同一自然物、自然现象，它们的自然属性、状态也不尽相同，因而也显示出不同的美。比如，泰山、黄山、华山、峨眉山等，虽然都是名山，但它们所处的位置不同，气候不同，而且外形也各异，它们的美自然形态各异。

由于自然美以自然属性为其物质基础，它虽然和人类生活相联系，但从根本上说，这种联系是一种自然的联系，因此，就决定了自然美多为共同美，一般不受时代、阶级、民族的制约。比如黄山，古人觉得美，今人也觉得美；外国游客觉得美，中国游客也觉得美。

### 2. 自然美具有联想性、多方面性和易变性

（1）**联想性**　从自然美的形成和发展来看，自然美具有与人类生活相似的一些特征，因而可以成为人们社会生活的一种寓意和象征，从而显示出更深刻的美学意义。车尔尼雪夫斯基说："自然界的美的事物，只有作为人的一种暗示，才有美的意义。"而这种"寓意"、"象征"、"暗示"，是由人们在审美中通过联想而完成的。所以，自然美具有联想性。某些自然物之所以获得审美价值，往往是因为它的某些特征，可以使人联想起人的某些精神、品质、个性、理想等。

比如，孔子喜欢松树、柏树，是因为"岁寒知松柏而后凋"，他从松柏不怕风雪的特点上看到了人的品格，所以他用松柏来比喻人的高风亮节。

再比如，宋朝的周敦颐喜欢莲花，他写过一篇《爱莲说》："予独爱莲之出淤泥而不染，濯清涟而不妖，中通外直，不蔓不枝，香远益清，亭亭净植。"这是他以莲自比，表示自己的洁身自好。不管是孔子的爱松柏，还是周敦颐的爱莲，都是根据松、柏、莲的自然特点，使人联想到了人的某些品格，从而赋予了松、柏、莲更深的审美意义。

（2）**多方面性**　由于自然物有多方面的特征与人的社会生活相联系，因此，就有多方面的象征、寓意、暗示，也就产生了多方面的联想。例如郑板桥的诗就体现了这一特性。

《咏竹》

一节复一节，千枝攒万叶。

我自不开花，免撩蜂与蝶。

这首诗赞扬了竹子不媚不谀、朴实无华的性格。

再请看他的另一首诗。

《竹石》

咬定青山不放松，立根原在破岩中。

千磨万击还坚劲，任尔东西南北风。

这首诗赞扬了竹子坚韧、坚定、坚强的品格。

可见，竹子的特性是多方面的，它可以使人引起多方面的联想。同时自然物也是随着季节的变化而变化的，同一景物，不同季节观赏，给人的感受也就不同。

（3）**易变性**　由于自然物与人的社会生活的联系是不确定的，这就决定了自然物不仅具有美的多方面性，在一定条件下，还具有美、丑两重性，即易变性。

比如人们认为桃花很美，常用来形容美女艳丽的面容，像"人面不知何处去，桃花依旧笑春风。"（崔护）但桃花有易开易落的特点，于是有人把它和一些女子的轻薄、无情联系在一起。"无赖夭桃面，平明露井东，春风为开了，却似笑春风。"（李商隐），"开时不记春有性，落时偏道风声恶。东风吹树无休日，自是桃花太轻薄。"（丰昉）

有的自然物，人们通常把它看成是丑的，但有时也把它看作是美的。如老虎，它有吃人的本性，人们常把它和贪婪、凶残联系在一起，"虎豹豺狼"即是。但是它的生命力极强，又威武雄壮。于是人们又把它当作美的事物，画上的虎不是很美吗？而且人们称张飞为虎将；有闯劲的青年为"小老虎"；身材魁梧的人为"虎背熊腰"等。

### 3. 自然美侧重于形式美

前面我们讲过，自然美对人类的生活有着某些暗示、象征、寓意，但这不是一种必然的联系，而是通过联想来完成的。它反映的社会生活比较模糊、笼统，且带有很大的不确定

性。与此不同的是自然美的形式却是清晰的、具体的，既不模糊，又不笼统。这种情况，使得人们在鉴赏自然美时，往往忽略了它所反映的社会内容，而把注意力集中到了它的色彩、声音、线条、形状、质料等形式上。

比如，花的色彩缤纷，鸟的千啼百鸣，湖的碧波万顷，瀑布的激扬飞越，高山的陡峭险峻……这些自然美的形式压倒了它所反映的内容，形成好像与内容无关的形式美。

自然美的这种形式胜于内容的特点，吸引着人们从形式上对它进行日益深入的研究，这样，人们的欣赏、品评自然美的经验也就越来越丰富了。比如，观赏牡丹，人们能把朝花和午花区别开来，早晨的牡丹，花瓣收缩而微沾露痕；正午的牡丹，花开茂盛而花瓣干燥，如此等等。

## 二、自然美的鉴赏

人类对自然美的鉴赏很早，在我国，相传尧舜时代的君王就已经登临泰山祭天了。自秦始皇起，历代帝王更是没有间断过对全国名山大川的巡游，特别是魏晋南北朝时期，官宦、士子乃至百姓，都把游览当作一种乐事，并把对自然美的鉴赏作为修炼品行、陶冶精神的重要手段。所以，人们自古以来在这方面就积累了丰富的经验。

### 1. 从形式入手，获得初步审美感受

自然美侧重于形式美，它主要包括审美对象的色彩、声响、形体等。

（1）色彩　如白居易《问六十九》中描述。

绿蚁新醅酒，红泥小火炉。
晚来天欲雪，能饮一杯无。

"绿酒"、"红炉"、"天黑"、"雪白"，一种色彩鲜艳的美。

（2）声响　如辛弃疾《西江月·夜行黄沙道中》中描述。

（上片）　　明月别枝惊鹊，清风半夜鸣蝉。
　　　　　稻花香里说丰年，听取蛙声一片。
（下片）　　七八个星天外，两三点雨山前。
　　　　　旧时茅店社林边，路转溪桥忽见。

"稻花香"、"蛙声响"，这是一种声、味相融的美。

（3）形状　如李白《望庐山瀑布》中描述。

日照香炉生紫烟，遥看瀑布挂前川。
飞流直下三千尺，疑是银河落九天。

不仅写出了香炉峰的形貌美，还写出了香炉峰声、色的动态美。

形象美是美的一大特征，形式美也是一种形象美，它便于审美主体感官的捕捉，使审美主体迅速地沉浸在美的意境之中，收到一种赏心悦目、乐在其中的审美效果。

### 2. 了解审美对象的相关人文知识，使审美情感得到升华

观赏自然美，要了解一些与审美对象有关的知识，比如审美对象自身的自然属性，相关的历史、地理、掌故、传说、诗文、碑刻、书画等。这样，易于领略审美对象的更多层次、情趣，进入更高的审美境界。

长城是我国重要的游览胜地，在群山峻岭之中，随着山脉的走势，长城像一条巨龙，盘旋其上，蜿蜒数千里。群山烘托了长城，长城装点了群山，好一派宏伟的气势。无论谁亲临

长城，都会被这壮丽的江山所感染。然而，当你了解了修筑长城的历史，以及和长城有关的故事、传说等人文知识以后，在感叹长城壮美的同时，你还会为我国古代劳动人民为修建长城所付出的辛苦、牺牲所震动，为在修建长城过程中我国古代劳动人民所表现出的巨大智慧所折服。从而，使你的审美情趣、思想感情得到进一步的理性升华。

**3. 从自然美中悟出某些人生哲理，进入审美超越的境界**

柳宗元说："美不自美，因人而彰。"深入鉴赏自然美的人，往往会恰到好处地把自然物的某些特征和人的情操、品德、气质联系起来，同人生哲理联系起来，从更深层次去体验自然所包容的意蕴。

比如，华山之险，世人皆知，它如一方天柱，拔起于秦岭之中，四壁陡峭，几乎呈八九十度角，真是险峻之极。"自古华山一条路"，指的就是从处于半山腰的青柯坪通往主峰的千米险道。下为幽深峡谷，上为危崖绝壁。攀上主峰，须经千尺幢、百尺峡、老君梨沟、擦耳崖、苍龙岭五大难关，真是使人惊心动魄。自古以来，游览华山的人又何止万千，审美所得也各不相同。而北宋的王安石在游览华山时，没有仅仅停留在感叹华山的险峻上，而是悟出了"世之奇伟、瑰怪、非常之观，常在于险远"，"非有智者不能至也"的见解，用以激励自己不畏艰险，变法图强的改革精神。他的审美所得，达到了一定的深度。

以上所谈，是自然审美的三个层次，要获得真正的审美感受，除了基本理论外，还要常常实践，勇于实践，这样，在自然审美中，才能实有所得。

## 第四节　自然审美的意义

对自然美的鉴赏最明显的效能是提供人类一种美感享受。鸟语花香人所共爱，清风明月人所共赏。随着人类物质生活水平的提高，对精神生活更加重视，自然美的地位也将日益提高。然而，自然审美的意义远远不止于这一点，倘从自然同人的深层关系上去考察，它应包含以下几方面的审美价值。

### 一、强化人珍惜生命的意识

人同自然是息息相通的，人本身就是自然的一部分，我国古代早有"天人合一"的说法。自然界的万物虽然有的没有生命，但一旦成为自然美的对象，人的情感、想象就会赋予它以生命。月亮本是荒凉冷硬的球体，而在人类眼中，它简直是妩媚的女神。大海原是狂暴无垠的水面，而在人心中，它可以成为宽广襟怀的象征。只要人的情感同自然交流融汇，一切无情物都可放射出生命的光彩。"感时花溅泪，恨别鸟惊心"，虽是诗人敏感心灵的写照，但与花鸟同哀乐的痴情，人间并不少见。这实际上是一种爱心泛化现象，珍惜自己生命的人应当珍惜别人乃至一切自然物的生命。"爱屋及乌"，反之也会爱物及人。正因如此，热爱自然就必然热爱生命，热爱生命就必然珍惜生命，更加重视生命的价值。自然美育的目的之一正是在于启示人感受自然造化伟大的同时，懂得怎样做一个自立于天地之间的真正的人。从这个意义上讲，美与善是相通的，自然美育同道德美育是一致的。前苏联教育学家苏霍姆林斯基认为，爱好自然美的人，对自然赋予爱心的人，必然也会对人类献出善心。他说："如果一个孩子会深切地关心在隆冬严寒中无处栖身的小山雀，并设法去保护它免遭灾难；能想到保护小树过冬，那么这个孩子待人也绝不会冷酷无情……，如果他为了使那棵屡弱纤细的、毫无抵抗能力的幼苗长为粗壮挺拔的大树而用过心，那他就会成为善良、真诚、热忱、富于同情心的人。"

## 二、培养人热爱自然的情感

人同自然除了审美关系，更多发生的是实用关系。大自然是哺育人类成长的最伟大的母亲，它提供了一个理想的生活环境，且不说供人衣食住行的山川大地和无数动植物，就是离开了阳光、空气，人也须臾难以存活。从这点讲，人是依附自然、靠自然而生存的。当然，人对于自然不仅是依靠，还能主动地利用它，改造它，征服它，从而成为自然的主人。

然而，随着人类文明的发展，人对自然的破坏和损害也日益加剧。城市的浓烟笼罩了蓝天，工厂的废水污染了江河，机器的噪声使人心烦意乱，疯狂的砍伐使森林沦为荒漠，密集的楼群使绿化成为空谈……现代化的进程使人类享受到空前未有的文明，但也造成了人与自然的疏远、隔膜，乃至敌对。长此下去，不但危害人类的健康，而且还将贻害子孙后代。正因如此，环境保护已成为一个全球关注的重大课题，人类对环境保护提出了一系列方案，自然美育就是其中重要的一环。当人们不但把自然当作利用、改造的对象，而且当作亲近、喜爱的对象时，人同自然的关系就可以大为改善，这正是自然美育的重要使命。自然美育在告诉人们怎样去欣赏自然，热爱自然的同时，也将提醒人们怎样去保护自然、美化自然，构建自己良好的生态环境，以利更好地生存发展。

## 三、陶冶人的高雅情操

自然既是人类物质生活的主要来源，也是人精神生活的重要寄托。当一个人因尘世烦嚣而心惮力竭时，更需要回归大自然的怀抱中，享受那份难得的宁静与安逸。18世纪欧洲浪漫主义思潮提出的"回到大自然"口号，其中正包含着对资本主义现实不满的一种超脱。在我国，最早对山水草木的美的发现是同道德美密不可分的。两千多年前孔子就提出"仁者乐山，智者乐水"的说法，这是以山之厚重博大来比喻仁者宽广慈爱的胸怀；以水之清澄流动比喻智者聪慧机灵的品格，开创了古代所谓的"比德"说。当然，"比德"阶段还没有把自然美当作完全独立的审美对象。从魏晋南北朝开始，一批士大夫文人为了躲避乱世或脱离仕途，纷纷隐居田园，畅游山水，在自然中寻找生活乐趣和精神寄托，形成了最早的山水田园诗派，这才使自然美真正进入了人的审美领域，成为独立的审美对象，也成为人类精神生活中必不可少的组成部分。

的确，自然美在陶冶人的心灵，培养人的情操方面，具有独特的作用。自然美的清静、质朴的本色，可以使人洗心涤虑，返璞归真，摆脱尘世社会名枷利锁的羁绊，"惟性所宅，真取弗羁"。炼就一种淡泊、真淳、随缘自适的人生修养，"不戚戚于贫贱，不汲汲于富贵"。我国古人欣赏的那种疏野情趣即属此类。自然美雄浑崇高的景象，又可激励人奋发进取的勇气，树立高尚远大的抱负。李白所谓"黄河落天走东海，万里写入胸怀间"，孟郊所谓"天地入胸臆，呼嗟生风雷"。古往今来，祖国秀丽山河曾激发起多少爱国志士的雄心，"江山如此多娇，引无数英雄竞折腰。"当代画家刘海粟在登临东海边高山时，曾赋诗"海到尽头天是岸，山登绝顶我为峰"，从大自然的浩渺广阔，激发起勇于攀登的拼搏精神，表现了一种崇高的人生价值观。

大自然还蕴含着无穷深奥的人生哲理，足以启人心智，发人深省，它是人类最好的启蒙导师。正如英国诗人布莱克所说：

一颗沙里看出一个世界，
一朵野花里一座天堂，
把无限放在你的手掌上，
永恒在一刹那收藏。

大自然的顺天应时、新陈代谢的规律本身，就在启示人们一种穷通达变，俯仰自得的境界。孔子由奔流不息的江水，"逝者如斯夫，不舍昼夜"，领悟到生命之匆匆和宝贵；陶渊明由云鸟出没"云无心以出岫，鸟倦飞而知还"，联想到人生归宿；王维的"行到水穷处，坐看云起时"，似乎在暗示人们要适时等待以静待变；白居易的"莫道桑榆晚，为霞尚满天"，则告诫人们要珍惜晚年，焕发出灿烂人生。此外，像杜甫的"自去自来梁上燕，相亲相近水中鸥"，像李商隐的"身无彩凤双飞翼，心有灵犀一点通"；像刘禹锡的"沉舟侧畔千帆过，病树前头万木春"，像苏轼的"不识庐山真面目，只缘身在此山中"，不都是在自然物象中悟出了人生哲理么？自然界的一切变幻，"白云苍狗"，"沧海桑田"，"一叶知秋"，"雨后春笋"，不都是在向人们发出信号，将自己的生命同大自然融为一体，达到物我浑一的高超境界么？

### 四、提高人的审美能力

形式美以形式取胜，当今人们总结出来的许多形式美的特征和规律，绝大多数来自于大自然，也体现于大自然。大自然是形式美的杰出的创造者，所谓造化之工，它是人类进行美的创造的良师益友。无论就形状、色彩、声音，还是就均衡、对比等形式美法则来看，自然美都堪称一流典范。拿色彩而论，世上哪种色彩美能超过旭日朝霞和落日晚霞呢？就形体而论，世上哪一幅美女画像的魅力能超过一个鲜灵活泼的真正美女呢？难怪英国学者罗斯金说："我从来没有见过一座希腊女神的雕像比得上一位血色鲜丽的英国姑娘一半美。"

自然美对人生的启迪，是通过我们审美体验而完成的。只要我们热爱大自然，并置身其中，不仅可以陶冶我们的情操，净化我们的灵魂，还可以使我们悟出许多人生的真谛。

**思考题**

1. 如何理解自然美的形成？
2. 自然美发展的三个阶段各自有着怎样的特征？
3. 自然美有哪些形态？
4. 自然美的特征反映在哪些方面？
5. 谈谈如何鉴赏自然美？
6. 自然美的审美意义反映在哪些方面？

---

**知识链接**

---

### 1.《世说新语》

《世说新语》是我国魏晋南北朝时期志人小说的代表作，由南朝刘义庆编撰。依内容可分为德行、言语、政事、文学等三十六类，每类收有若干则故事，全书共一千二百多则，每则文字长短不一，有的数行，有的三言两语，由此可见笔记小说、随手而记的诉求及特性。《世说新语》主要记叙了士人的生活和思想及统治阶级的情况，反映了魏晋时期文人的思想言行，上层社会的生活面貌，记载颇为丰富真实，这样的描写有助于读者了解当时士人所处的时代状况及政治社会环境，更让我们明确地看到了所谓"魏晋清谈"的风貌。此外，《世说新语》善用比较、比喻、夸张、描绘的文学技巧，不仅使它保留下许多脍炙人口的佳言名句，更为全书增添了无限光彩。如今，《世说新语》除了有文学欣赏的价值外，人物事迹、文学典故等也多为后世作者所取材引用，对后来笔记影响尤其之大。《世说新语》的文字一般都是很质朴的散文，有时用的都是口语，而意味隽永，在晋宋人文章中也颇具特色，因此历来为人们所喜读，其中有不少故事成为诗词中常用的典故。被鲁迅先生称为："一部名士的教科书"

### 2.《瓦尔登湖》

《瓦尔登湖》是19世纪美国作家梭罗所著的一本著名散文集。瓦尔登湖地处美国马萨诸塞州东部的康科德城，离梭罗家不远。梭罗把这次经历称为简朴隐居生活的一次尝试。他砍树伐枝，为自己盖了一座木屋。在没有工业污染的大自然怀抱中，他上午耕作，中午在树荫下休息，下午读书。梭罗在瓦尔登湖畔度过两年又两月的生活，并写下了《瓦尔登湖》一书，这是西方人厌倦城市生活、皈依大自然的一个值得重视的例子。

《瓦尔登湖》以春天开始，历经了夏天、秋天和冬天，又以春天结束，这正是一个生命的轮回，终点又是起点，生命开始复苏。这是一本宁静、恬淡、充满智慧的书。其中分析生活，批判习俗处，语语惊人，字字闪光，见解独特，耐人寻味。许多篇页是形象描绘，优美细致，像湖水的纯洁透明，像山林的茂密翠绿；也有一些篇页说理透彻，十分精辟，给人启迪。读着它，读者自然会感觉到心灵的纯净，精神的升华。

《瓦尔登湖》的伟大之处就在于梭罗能够通过艺术来实现自己决意要做的事业。通过创造一个有机的形式，他使自己的决定获得了新生。通过有意识的努力，他重新获得了一种成熟的恬静。梭罗不仅热爱自然，而且他以"真正自然中的家"开创了超前的生态研究。他从城市皈依自然不是一时的心血来潮，而是反思迅速发展的美国经济对生态环境的剧烈改变的结果。这里有着对人的生活方式、生存环境、人和自然和谐关系的深入思考。梭罗的意义和瓦尔登湖的价值就在于此。梭罗发现，一个人一年中工作六周就能满足自己的生活需要，剩下的时间他要从事自己的研究。他的简朴生活中有着更高的精神追求。他在1859年就提出，每个城市应该保留一部分森林和荒野，以便城里人能从中得到"精神的营养"。在这种意义上，梭罗可以说是生态美学的先行者。

### 3. 生态美学

生态美学，顾名思义，就是生态学和美学相结合而形成的一门新型学科。生态学是研究生物（包括人类）与其生存环境相互关系的一门自然科学学科，美学是研究人与现实审美关系的一门哲学学科，然而这两门学科在研究人与自然、人与环境相互关系的问题上却找到了特殊的结合点。生态美学就生长在这个结合点上。

生态美学产生于后现代经济与文化背景之下。迄今为止，人类社会经历了原始部落时代、早期文明的农耕时代、科技理性主导的现代工业时代，信息产业主导的后现代。所谓后现代在经济上以信息产业、知识集成为标志。在文化上又分解构与建构两种。建构的后现代是一种对现代性反思基础之上的超越和建设。对现代社会的反思是利弊同在。所谓利，是现代化极大地促进了社会的发展。所谓弊，则是现代化的发展出现危及人类生存的严重危机。

从工业化初期"异化"现象的出现,到第二次世界大战的核威胁,到20世纪70年代之后环境危机,再到当前"9·11"为标志的帝国主义膨胀所造成的经济与文化的剧烈冲突。总之,人类生存状态已成为十分紧迫的课题。我国在经济上处于现代化的发展时期,但文化上是现代与后现代共存,已出现后现代现象。这不仅由于国际的影响,我国自身也有市场拜物、工具理性泛滥、环境严重污染、心理疾患漫延等问题。这样的现实呼唤关系到人类生存的生态美学诞生。

　　生态美学的产生具有重要意义。首先是形成并丰富了当代生态存在论美学观。这种美学观同以萨特为代表的传统存在论美学观相比在"存在"的范围、内部关系、观照"存在"的视角、存在的审美价值内涵等方面均有突破。是一种克服传统存在论美学各种局限和消极方面,并更具整体性和建设性的美学理论。它将各种生态学原则吸收进美学,成为美学理论中著名的"绿色原则"。其次是派生出著名的文学的生态批评方法。从20世纪90年代中期以来,这种生态批评方法得到长足发展。它倡导系统整体观点,反对"人类中心主义";倡导社会责任,反对环境污染;倡导现实主义,反对对自然的扭曲与施虐。成为文学批评的重要视角。再次,促进了生态文学的发展。所谓生态文学即绿色文学,以人与自然的关系为题材、歌颂人与自然的协调和谐、共生共存。最后是有利于继承发扬中国传统的生态美学智慧,主要是道家的"天人合一"思想和易学的"一阴一阳之谓道"的理论。

# 第六章　社会美

社会美指"现实生活中社会事物的美",即人与人之间的关系、由人所组成的家庭、社会、国家、民族、人的行为及其所构成的各种制度、各种活动方式等之中的美。

在美的各种形态中,人类最早研究的和创造的美是社会美,当原始人把一块普通的石块加工成一把石刀的时候,这便是一种社会美的创造,这种创造具有开天辟地的意义。在现实生活中,人们最关心的也是社会美,因为社会美是人类自身的美和人类生活的美,自然美是人的精神和人的生活的一种暗示,艺术美是人情美和生活美的艺术再现,人们从事各种自然美和艺术美的创造,归根结底还是要使人更美,人的生活更美。所以,社会美是人类从事美的创造的首要领域,是人类进行审美活动的主要对象,一切自然美和艺术美,都是从这里慢慢扩展开来。如果把我们所处的这个世界比作一个富丽堂皇的宫殿,那么,社会美就是支持这一宫殿的主体工程。研究社会美,不仅能提高人们鉴别生活美丑的能力,按照美的规律创造更多的人情美和生活美,从而建设社会主义高度的精神文明,而且,还可以促进自然美和艺术美的研究,推动美学的迅速发展。

## 第一节　社会美的形成、发展及特征

### 一、社会美的形成与发展

生产劳动是"人猿相揖别",组成了最初的社会雏形。人类又通过劳动实践,从自己制造的工具及劳动成果中看到了自己的本质力量,从而产生了一种成功的喜悦。这种喜悦,就是原始的美感,而这种原始的劳动就是原始的社会美。

在生产劳动中,人的本质力量不是永远停留在一个水平上,而是在不断发展和深化的,这样,人们劳动的领域就会不断加深加广,劳动的成果也就会不断增加,而且越来越精巧美观,生产斗争领域的社会美也就越来越发展。这种由生产斗争所产生的社会美,只要人类社会存在,其发展永无止境。

人类在通过生产斗争改造自然的同时,也在通过自由、自觉的创造才能、智慧、意志、品格、情感,这种本质力量改造着社会,以追求和实现自己美好的社会理想。而这种改造是通过社会变革,即社会斗争来实现的。由于人们对社会理想的追求是不断深入、不断完善的,是向更高层次发展的,所以,由社会斗争构成的社会美,也和生产斗争一样,其发展也是永无止境的。

## 二、社会美的特征

与自然美相比，社会美具有以下特征。

### 1. 具有强烈的社会性，一般显示出时代、民族、阶级的特征

社会美与自然美不同，它与社会实践直接联系，受到社会诸因素的影响和制约。社会美的社会性集中表现在它渗透着人与人之间的社会关系上，并同一定的时代、民族、阶级的政治理想、道德观念、生活习俗、文化传统直接联系。因此，具有时代、民族的特征。像服饰，我国历代的服饰都有自己的风格和特点。比如，秦朝的"深衣"，流传到西汉，色彩就有了变化。秦时，崇水德，尚黑色，上衣下裳的"深衣"，均为黑色。而到了西汉，"深衣"的色彩起了变化，尚"五色衣"，即春为青色，初夏为朱色，中晚夏为黄色，秋为白色，冬为黑色。时代变了，风俗有了改变，衣服的色彩也起了变化。又如住宅，我国各民族的建筑在长期的实践中都形成了自己的特点：傣族住的是竹楼；汉族住的是砖瓦房；而蒙古族住的是帐篷等打上了各民族的印记。

### 2. 具有明显的功利性，侧重于内容

与自然美相比，社会美重在内容。所谓内容，主要指的是它的社会功利性，即对社会有用、有益、有利。亚里士多德认为："美是一种善，其所以引起快感，正因为它是善。"美是一种善，但善的并不一定是美的。尽管如此，善仍是社会美的决定性因素。人们评价社会事物、社会现象是否美，首先看它是否具有生命力，是否对社会有益、有利、有用，也就是看它是否合乎善的标准。

社会美虽重在内容，但也离不开一定的感性形式，因为内容是通过形式表达出来的。例如，孔繁森的美并不是仅仅取决于它的外表，而是重在他的精神品质。他的精神品格，又是通过公而忘私，全身心为藏族人民服务的言行表现出来。为此，社会美虽重在内容，也是内容与形式的统一。

### 3. 社会美具有实在性、明确性、稳定性

社会美与自然美不同，自然美的美学意义是作为人类社会生活的象征，通过人们的联想而显现出来的，且这种联想与想象，由于自然事物的多样性而出现多方面性与不稳定性。

社会美则不同，它是社会事物、社会现象本身所具有的明确、稳定的内容。所以，它具有确定性、明确性、稳定性。一般说来，反映了历史必然发展规律，揭示了事物本质的社会事物、社会现象，便是美的，反之则是丑的。

比如，"虎门销烟"之所以壮美，并不是人们想象的结果，而是事物本身就直接反映了中国人民不畏强暴，捍卫民族尊严的可歌可泣的英雄气概。因此，它一直为人民所传颂。

# 第二节　人的美

人是社会美的核心，社会是由人构成的，离开了人，也就无所谓社会。人是社会的主体，社会美的核心也就是人的美。它存在于人自身，存在于人的社会生活、社会关系、社会环境。

人是美的创造者和欣赏者，是审美主体，也是美化和欣赏对象。所以，要说社会美，必须先从人的美谈起。人的美包括外在美与内在美。外在美指的是人体美及人的容貌、姿态、服饰、语言、风度美。内在美主要指的是人的精神品质、心灵和情操等反映的人的本质的美。

## 一、人的外在美

关于人的外在美，我们重点认识人体美和风度美。

### 1. 人体美

黑格尔说，"人体到处都显出人是一种受到生气灌注的能感觉的整体。他的皮肤不像植物那样被一层无生命的外壳遮盖住，血脉流行在全部皮肤表面都可以看出，跳动的生命的心好像无处不在，显现为人所特有的生气活跃，生命的扩张。就连皮肤也到处显得是敏感的，显出温柔细腻的肉与血脉的色泽，使画家束手无策。"——（德）黑格尔《美学》，那么黑格尔这个话是什么意思呢？

人体是一个有生命的显示，显示一种生命。他是简单的一个色彩、线条或者整个形体，是一个生命体。人体美从来就是人的重要的审美对象，很多哲学家认为，世界上最美的事物就是人体美，这是宇宙赐予人的最宝贵的一个东西。美学史表明，人们早就发现人体和宇宙一样是按照美的规律构成的。

西方对人体美的欣赏源远流长。西方文明的源头是古希腊文明，在古希腊运动场上、斗技场上的运动员和武士都是赤身裸体的。古希腊的名城斯巴达，更有女运动员裸体出现在运动场上，毫无顾忌地将自己充满力与美的裸体暴露在众目睽睽之下。对运动和宗教一样的狂热，使对人体的崇拜变为高尚。希腊神话中美男子纳克索斯的故事，纳克索斯在水边看到自己在水里的映像，对水里面的自己的人体美心醉神迷，便跳到水里去找他，结果被水淹死了，成为水仙花，这个神话说明人体美具有的无穷魅力。古希腊的荷马史诗《伊利亚特》也有类似的描写，说的是当著名的美人海伦在城墙上出现之时，正在参加元老会的老人们竟被她的美丽惊呆了，一个个都不由自主地站了起来，目瞪口呆。

古希腊雕像《米洛的维纳斯》和其他希腊雕像一样，完全符合黄金分割的比例。在文艺复兴时期，艺术家孜孜不倦地研究人体比例，一方面，他们受到希腊美学的深刻影响，主张比例是美的一种因素，另一方面，他们中很多人同时是科学家，把人体美摆在自然科学的基础上，主张对人体美的认识要有自然科学的理论基础。达·芬奇的《蒙娜丽莎》，波提切利《维纳斯的诞生》，米开朗基罗的《大卫》以及20世纪初法国雕塑家罗丹的《思想者》（见彩图34），《达纳厄》（见彩图35）、《永恒的偶像》（见彩图36），都是表现人体美的杰作。

人体美是现实美中的最重要的组成部分。人体美的震撼力是巨大的、永恒的。数千年来，人体美始终激起艺术家们饱满而奔放的热情。艺术家们发现了人体美，讴歌着人体美，创造了一条绚丽夺目的人体美画廊。从原始时代的维林多夫的"维纳斯"到当代的毕加索，西方人体造型艺术已经走过了三万年的历史行程。我国目前发现最早的人体造型艺术是五千年前红山文化的陶制女裸体塑像。在文学领域中，从《诗经》开始就出现了描写人体美的诗篇。"手如柔荑，肤如凝脂。领如蝤蛴，齿如瓠犀。螓首蛾眉，巧笑倩兮，美目盼兮"（《卫风·硕人》）可以视为诗歌中描绘人体美的开端，在以后历史文学作品中，对人体美的赞颂之辞不胜枚举。

历史上的美学家也对人体美给予充分的肯定。在古希腊的毕达哥拉斯学派看来，对称和比例是人体美的条件。歌德有言："谁看着人体美，任何不幸都不能触及他；他感到与自己和世界完全协调。"叔本华说："任何对象都不能像最美的人面和体态这样迅速地把我们带入纯粹的审美观照，一见就使我们立刻充满了一种不可言诠的快感，使我们超脱了自己和一切烦恼的事情。"罗丹认为：在任何民族中，没有比人体的美更能激起富有感官的柔情了。马雅可夫斯基对人体美的赞叹更为人们所熟知：世界上没有任何一种衣衫，能比健康的皮肤和发达的肌肉更美丽。当代社会，人们对人体美的讴歌方式更加丰富多样，风靡世界的健美运动便是明证；在艺术领域里，不但体现在绘画、雕塑中，而且延伸到摄影中去了；而公众，也越来越能以坦率、无邪、超然的态度看待人体美。

## 2. 风度美

西方世界对人体美的认识源远流长近乎于狂热，在我们中国，情形则大不一样，虽然我们祖先很早就开始了对人的审美。我国第一部诗歌总集《诗经》，就有一篇名为《硕人》的诗。该诗对卫国国君夫人庄姜的体貌之美作了精雕细刻的描绘："手如柔荑，肤如凝脂，领如蝤蛴，齿如瓠犀，螓首蛾眉，巧笑倩兮，美目盼兮。"（她的手指像茅草的嫩芽，皮肤像凝冻的脂膏，嫩白的脖颈像蝤蛴一样娇嫩，她的牙齿像瓠瓜的籽儿，方正的额头弯弯的眉毛，轻巧的笑流动在嘴角，那眼儿黑白分明多么美好。）可见中国人对人的审美在当时就已达到了相当高的水平。但中国人对人的美欣赏的眼光不是集中于肉感的玩味，而是更多地偏重于经过文化陶冶的灌注着精神的人之美。

南朝刘义庆的《世说新语》记载了这样的一个传说：曹操（见彩图37）将接见匈奴来的一个使者，但觉得自己不高大，不足以示威远国。因此他命身材高大、仪表堂堂的崔季代他主持接见，自己只拿刀站立一旁。接见完毕后，曹操派人去问那使者印象如何。使者答："魏王雅望（容貌）非常；然床头捉刀人乃英雄也。"曹操的身高、体态等自然条件不如崔季，但他作为一个政治家、军事家和杰出诗人，整体上表现出来的"气象"却非崔季可比，一望而知有一种英雄的伟岸。中国对人的美的认识更加重视人的神韵、气韵、气象，也即人的风度美。

风度不是一种美体，而是一种表现，是人体之美、人性之美、个性之美乃至服饰之美的总体表现。或许你走上讲台，从容不息，授业解惑，口若悬河，人们会说你有风度。或许，你是个外交家，你送往迎来，举止得体；祝酒致辞，轻松自如；谈判桌上，不亢不卑，人们也会说你有风度。或许你指挥千军万马，泰山崩于前而色不变；身为谋士，"运筹帷幄之中，决胜千里之外"，这些都是盖世风神，美的极致。

如此说来，风度表现在一个人的言谈举止。行态坐姿、待人接物、论理处事……或风流儒雅，或朝气蓬勃，或雷厉风行，或文质彬彬，都是美的。风度之美，人人向往，但并不神秘。只要我们自觉地努力培养，都可达到风度翩翩。我们要做风度佳妙可人，必须开掘我们自身生命的源泉，重视以自我为创造对象。生命的我，将以适当的形式释放出来，定然风韵自至。美可以创造，风度美同样可以创造。创造的途径，一曰自信，二曰微笑，三曰返璞归真，四曰提高志趣，五曰熔冶智慧，六曰锻铸才情。

先说自信。所谓自信，就是一个人对自己的能力和品貌有充分信心，通俗地讲，就是"自我感觉良好"。自信的人，往往显得落落大方，神采飞扬。自信的反面是自卑，自卑者往往羞怯胆小。试想，虎头蛇尾，缩手缩脚，低眉眼首，顾左右而言他，哪里会有什么风度可言！立如松，坐如钟，行如风，自然而在显现神采风韵。

再说"微笑"。笑是力量的亲兄弟，一笑遮百丑，笑能出风度，我们没有理由不笑。我们是自然的宠儿，天地的骄子，万物的灵长，宇宙的精华。落落寡合，郁郁少欢者，往往是个人主义者。一个人的力量有限，面对自然威力难免手足无措，因而也就笑口难开。笑在生理上的妙用，诸如增加血液循环，促进新陈代谢等，我们姑且不提。我们要着重指出：笑是优美的风度的一个基本元素。我们待人接物，竖眉撅嘴，满脸冰霜，不仅不可使人接近，还会使人产生敌意和防范心理。但笑，岂能是假笑，岂能是皮笑肉不笑！我们说的笑，是轻松、由衷、自信的舒心的表现。我们仔细观察一个，就会发现，那些步履轻盈，应对从容的人，不是面带微笑，就是笑容可掬；不是一笑嫣然，就是春风满面。

三说返璞归真。风度美的一个必要条件是自然率真。动作矫揉造作，语言卖弄高深，伤其真美，出不了风度。晋人最讲究风度美，也最懂得自然率真是真风度的道理。《晋书·王羲之传》上记载：东晋太尉郗鉴，有女长成，叫一门生到名门望族王导家去物色女婿。王导就叫来人亲自到他家东厢，从诸子弟中挑选。王导家的后生们得到消息后，一个个都装得不可不正经，有的看书，有的作文，有的练字，只有一人若无其事，打着赤膊，露出肚皮，躺在东床上吃东西。门生去之后，据实以报，郗鉴说："那东床坦腹是理想的对象呢！"原来此人正是大书法家，《兰亭集序》（见彩图38）的作者王羲之，大英雄能本色，本色就是风度。郗鉴可谓慧眼独具。王羲之当时是在家里，随随便便，大大咧咧，也符合环境。自然率真的反面就是矫揉造作。

四说提高志趣。人的志趣有高下之分，反映到人的风度上，就有优劣之别。眼睛盯着蝇头小利，心头萦绕邪僻之想的人，哪能洒脱不羁，光彩照人？古往今来，那些风姿伟岸，放射着崇高美的光华的人，定然是求道者、殉道者。他们抱着"我不入地狱，谁入地狱"的信念，不屈服于权势，不拜于暴力，不仅仅表现出超人的风度，更表现出非凡的风骨。古希腊的苏格拉底，到处宣传知识即美德，告诫人们要"认识你自己"，结果被雅典联审团以亵渎神灵，毒害青年的罪名判处死刑。他在法庭上拒不认错，有条不紊，逻辑严明地为自己申辩。进了死牢，朋友们、学生们安排他逃走，他倒和朋友学生讨论起"他逃走是否符合正义"的问题来。结论是他逃走不正义的行为。最后，他接过狱卒为他拿来的毒鸩，从容喝下，说的最后一句话是嘱咐他的学生不要忘记代他偿还他欠别人的一只鸡。三国时候，诗人、音乐家嵇康，不肯同流合污，与当时掌握政权的司马氏合作，遭人诬陷，为司马昭所杀。《晋书·嵇康传》写道：嵇康善弹琴曲《广陵散》将刑东市，索琴弹之，曰："《广陵散》于今绝矣"。

苏格拉底与嵇康的这种风度，真是神人之姿，仙人之表。这种风度，绝非那些志趣滥俗、人格卑者所能。

五说熔冶智慧。智慧藏于人有胸臆，如玉在山，如玉在水。智能，能脱俗，能超然，智者对于人生，能入乎其中，更能出乎其外。常人存于生活，能入乎其中，但不超脱其上加以观察。我们要生存，自然要斗争，但我们要生存得美好，又有必要做无所为的静观。我们不必学古代的隐士，离群索居，但我们要能于日常琐事之外，偷得一分闲暇，做一做智者的精神游戏，有助于精神的放松，使我们神清气爽，风度高远。

六说锻铸才情。曹操的儿子曹植，字子建，与曹丕是同母兄弟，擅长诗赋，援笔立成。他一度受到曹操的宠爱，差点立为太子。相传曹丕继承帝位后，想迫害曹植，命他七步成诗。曹植即行七步，吟成一诗：煮豆燃豆萁，豆在釜中泣。本是同根生，相煎何太急！意思是讲，豆子在锅中哭泣，诉说自己受到高温煎熬，而无情的豆梗却在锅底越燃越旺，一点也不念及同根所生的情义。如此绝妙好词，信手拈来，比喻贴切，天衣无缝。才高八斗的曹植，七步成诗的风度，令人绝倒。就连那个立意要杀他的同母哥哥曹丕，也杀心顿消。曹植的风度，也就是他的才情。

腹有诗书气自华，才华横溢自能风度翩翩。致力于才情的锻炼也是培养风度美的重要途径。

## 二、人的内在美

关于内在美的提法，在我国先秦时代就已出现。大诗人屈原写道："吾既有此内美兮，又重之以修能。"就是一个例证。屈原既重视自己的仪表、服饰，更重视自己的内在美，这种内在美就是他在作品中多次提到的"秉公无私"、"重仁蹈义"、"中正"、"耿介"等热爱祖国、追求真理的美好品德、情操。

到了魏晋时代，人们更加看重内在美，甚至到了"得意忘形的地步"。据说当时竹林七贤之一的嵇康是一个美男子，他身长七尺八寸，风姿俊秀。但他不修边幅，以"土木形骸"为尚。尽管如此。人们还称赞他的美，有人说他"萧萧肃肃，爽朗清举"，可见，当时人们是如何的重内轻外了。

所谓内在美是指人们的精神、心灵上的美，这是人的美的核心。具体地说，包括人生观与人生理想、品德与情操、学识与修养等方面。

正确的人生观与人生理想，是人美的核心。不同的时代、不同的阶级有着各种各样的人生观、人生理想，怎样评价他们美与不美呢？这里有个比较客观的标准：是否有利于人类社会的进步，是否符合大多数人的利益和要求，是否有利于人的创造能力的发挥，如此等等。大凡以天下为己任的人物，都有着光辉的理想，远大的抱负，他们的内心当然是美的。战国时期的孟子提出"乐以天下，忧以天下"；北宋范仲淹提出"先天下之忧而忧，后天下之乐而乐"。像这样的人物，在中华民族的历史上涌现出了许多，他们是民族的脊梁，他们的人生观、人生理想难道不是美的吗？

高尚的品德和情操也是人内在美的重要内容。品德，指人的道德的意识与行为；情操，指人的情感、意志和气节。他们都受人生观的制约和指导，通过言行举止表现出来。古代像屈原、苏武，今天像雷锋、孔繁森等，都具有爱国爱民、正直高尚的品德和情操，受到人民的爱戴和赞扬。

渊博的学识与修养，也是人内在美所不可缺少的。古往今来，凡是博学多识、聪慧能干、自我修养又好的人，都会受到人们的称赞。凡是不畏艰险，勇于攀登科学高峰，用自己的知识和才能为人民作出贡献的，其内心多是美的。所以，要做一个内在美的人，除了树立正确的人生观，远大的理想之外，还要不断地学习，丰富自己的科学文化知识。

人的美表现在外在美与内在美两方面，但二者不能等同看待，其中内在美是主要的、起主导作用的。这是因为体现人的创造能力、智慧、才干，主要是由内在美体现出来的。德·谟克利特说："身体的美若不与聪明才智相结合，是某种动物性的东西。"丹纳说："缺少精神，肉体就残缺不全……一个无论如何完美的身体，必须有完美的灵魂才算完备。"

所以，一个人完整的美，健全的美，应是内容与形式相统一的美，但在二者相矛盾的时候，内在美又有以下特征。

第一，内在美可以弥补外在美的不足。当形体有缺陷的时候，可以通过内在美来弥补，这是因为内在美具有一种强烈的感染力量，它能冲破外在形式，顽强地表现出来，使人们看到它的主流的美，这就是真、善的顽强体现。

比如，凡是看过《巴黎圣母院》的人，人们都同情外貌丑陋的敲钟人卡西摩多，而对长相漂亮的卫队长却嗤之以鼻，这是为什么呢？这是因为前者内心是美的、善的；而后者的内心是丑的、恶的。

第二，内在美还能对外在美产生深远的影响。古人说：诚于中而行于外。人内在的美好的品质、精神、情感等，总是要通过一定的形式表现出来的，具体地说，就是通过人的姿态、服饰、仪表、言行举止反映出来。一般说来，心灵美的人一定不会放弃对美好形式的追求，因为美好的内容总是要寻找最能显示它的形式的。

雷锋具有助人为乐的好品质，当他在车站看到丢了车票的大嫂，才能做出用自己的津贴为大嫂补了车票，又把大嫂送上车的言行举止。孔繁森对藏族人民怀有深厚的情感，才有为藏族老人暖脚的举动。

第三，内在美比外在美表现得更丰富、深刻、深远。内在美决定外在美，还表现在形式可以消亡，而体现内在美的精神可以长存不灭，永存千古。中国人常说：人生易老，精神长存，就是这一道理。古今中外，不少伟人已经去世，但他们的崇高精神，却一直鼓舞着人们为了美好的明天而奋斗。

## 第三节　社会生活美

人类的社会生活是一个由多侧面、多层次、多因素构成的综合的开放系统，美存在于社会生活的各个领域。从生产劳动美到社会变革美，再到日常生活美。正如别林斯基所说："在活生生的现实里有很多美的事物，或者，更确切地说，一切美的事物只能包括在活生生的现实里。"下面，我们简单介绍一下生产劳动美和社会变革美，重点认识一下日常生活中的美。

### 一、生产劳动美

生产劳动是人类社会生活最基本的内容，自觉、自由的创造活动也是最能体现人的才能、智慧、品格、意志、情感等的本质力量。因此，它是社会生活美的最基本的内容。

生产劳动美主要包括审美对象本身及其劳动过程、劳动工具、劳动场面、劳动产品。其中主要是后者。

人类在生产劳动中，从自己的劳动成果中看到了自己的智慧和力量，并把它作为审美对象来欣赏，从而感受到精神上的满足，心理上的愉快。

在私有制下，生产劳动的美学性质在很大程度上受到了扭曲，劳动成了异化劳动，劳动者被摧残，劳动产品和劳动者也被分离，尽管如此，劳动者的聪明才智、创造能力仍会顽强地表现出来，他们在饱受压迫与奴役的同时，仍会讴歌富有创造性劳动带给自己的愉悦和希望。

社会的进步必然是以自由劳动代替异化劳动。只有这时，生产劳动才不仅仅是"保生"的手段，而成为"乐生"的手段。生产劳动的美学性质才会完全恢复过来。

### 二、社会变革美

历史的发展是在变革中。社会变革体现的是人类追求理想的愿望和力量。所以，社会变革也同样闪烁着美的光辉。

社会变革有两种形式，即暴力式的变革和平和式的变革。

#### 1. 暴力式的变革

暴力式的变革体现出的是一种惊心动魄的壮阔和崇高的美。暴力式的变革分为两种：一种是反对阶级压迫的革命斗争；另一种是反对异族压迫和侵略的斗争。

在阶级社会中，被压迫者、被剥削者反对压迫者、剥削者的革命斗争，是推动历史前进的动力。在斗争中，反抗者表现出了伟大的历史首创精神。通过革命斗争，打击和消灭了社会上的丑恶现象，建立起了新的更加美好的生活。这种为实现人类美好的理想而进行的革命，本身就是美的。在斗争中，涌现出来的一批批可歌可泣的英雄人物，他们的英雄行为、献身精神，体现出了新的合理性的社会力量，他们的失败、牺牲，显示出一种悲剧性的美。

剧烈的民族冲突、民族战争，也是一种美与丑的搏斗。恃强凌弱，杀人盈野的侵略行径，是对人的尊严和自由的亵渎和挑战；而御侮安民，保家卫国的反侵略战争，则表现出自尊、自强、自重、自立的人的本质，所以历来受到人们的赞美。

### 2. 平和式的变革

在这种渐进的变革中，社会整体保持稳定，不出现大的动荡，生产水平、人们生活会持续上升，人民之间相互理解，心心相通，都在为社会默默作出贡献。所以，这种变革美是一种平和的、理解的、奉献的美。比如我国的改革开放，就是采取的这种平和式的改革方式。

## 三、日常生活美

日常生活美，是指在人的衣、食、住、行等日常生活中产生和存在的美，它无处不在，无处不有。

日常生活的美凝结着时代、民族、阶级的审美特点，经常地、持久地、有意无意地影响着人们的精神境界、审美趣味、审美理想，是社会美的重要内容，不可忽视。日常生活的美种类很多，在此，仅就服饰美、居室美、饮食美、旅游美做出介绍。

### 1. 服饰美

人的着装打扮之美称为服饰美。服者，着衣也；饰者，装饰、修饰也。服饰包括衣服、鞋帽、首饰、提包、腰带、手套、袜子等。

人们穿衣的目的，一是蔽体御寒，二是遮羞守礼。但在讲究这种实用目的的同时，更追求衬托和增益自身的美。这是人爱美、求美天性的一种自然表现。

服饰美是依附于人体的装饰性造型艺术，以人体为依托，服务于人体，美化着人体。服饰的审美价值就在于增强和提高人自身的审美价值，体现人的外在美，折射人的心灵美。一般说来，服饰的美学要求主要有四个方面，即：称体、入时、从俗、适性。

称体，就是追求服饰与人体的协调和谐。人体的整体美是由比例适当的五官、匀称的身材和光润的皮肤等构成的，称体就是要求服饰的质料、色泽、款式、造型与人的身材、肤色乃至气质状态相适应、相协调。大多数人在身材上都有某方面的欠缺，服饰称体能扬其所长，避其所短，使美者益美，"丑"者变美，从而显示出人的整体美。例如形体瘦小的人不宜着深色、明显条形的宽大服装，否则显得更矮更瘦；相反，若穿着带有直线条纹、剪裁合体、浅色下装和深色上装的衣服，可显其修长，且充满活力。肥胖者不宜穿色泽浓重、花形过大、横粗条纹、质地太厚或太薄布料做成的服装，否则体态会显得愈加臃肿。人的脸形不同，对领型有不同的要求。长脸者宜穿高领或一字横开领的服装，不宜穿领口开得太深的衣服。圆脸型最忌穿圆形、方形、横形领的衣服，尖型或长型领的衣服，可使其圆形的下颌向纵向扩展，使脸型显得长些。色彩是服饰的灵魂，服饰色彩的选择直接影响人的肤色。一般情况下，肤色较黑者，如果再着黑色或红色，或对比度太强烈的衣服，肤色越显其黑。相反，中间色如米黄、浅蓝等，能增添皮肤的亮度，使其精神焕发。肤色较黄者，最忌黄、米黄、褐、黑等色调，如果选用明快的暖色调，可使其脸色充满朝气和活力等。除衣服以外，其他的装饰品更应讲究恰到好处，能融于着装之中，共同显示人之美，而不可以夸富式地穿金戴银显得俗里俗气。

入时，就是追求与自然的协调和谐。季有春夏秋冬，时有早中晚，天有阴晴雨。服饰美要顺应自然变化的法则，与自然节气时令的变化协调统一，与大自然保持和谐。要根据季节气候的变化，选择不同款式、不同质地的服装。一般来说，春装艳丽多姿，与"千里莺啼绿映红"的春色相得益彰。秋装淡雅高洁，与"霜叶红于二月花"的秋景相互辉映。冬装色浓厚重，与银装素裹的冬景相互衬托。夏装素淡飘柔，与骄阳似火的酷夏互补互融。总之，着装入时，要求质地与时令一致，色调与景色互补，造型与节律共鸣，达到一种浑然一体与和谐统一的美的境界。一般说来，春装艳、夏装淡、秋装雅、冬装暗。

从俗，就是追求服饰与社会生活环境、民情习俗的协调和谐。个体的行为方式总要受到社会的制约。人的服装行为并非随心所欲，也要受到特定群体的审美观点、审美风范、审美理想的制约，表现出特殊的审美习惯和审美趣味。比如，世界上大多数民族的男性都穿长裤，而苏格兰、阿拉伯地区及希腊皇家卫队的男士都穿裙子。即使裙子，也各具特色。苏格兰男人的裙子是折叠短裙，希腊皇家卫队是白色的迷你裙，阿拉伯地区的人则是长裙。再如希伯来族的新娘在婚礼上着白色礼服，以此象征她们的清白贞洁；而印度新娘却着红色礼服，以此象征驱赶魔鬼的力量。服饰行为的约定俗成，反映了群体对个体的制约，个体对群体的认同。但是服饰行为的约定俗成也不是一成不变的，随着时代的变化，服饰也发生相应的改变，在某种因素的刺激下（政治事件，明星效应，领袖提倡等）会形成一种时尚，一股潮流。服饰的流行，反映了人们审美趣味的更新，具有某种时代感。但如若置民俗风情于不顾，一味追求时髦就会适得其反，甚至伤风败俗。

适性，就是追求服饰与人的个性、情趣的协调和谐。服饰是一个国家文化的表征，是一个人思想的形象。它可以传达出穿戴者的社会地位、角色、职业、文化修养和人格气质。服饰与人格存在某种一致性。因而，人的着装不仅要充分展现人的形体之美，更重要的是体现出人的个性之美、情趣之美。

### 2. 饮食美

（1）饮食文化和中国饮食美学思想　　饮食是人类赖以生存的最基本的物质条件。古人云"民以食为天"。从某种意义上说，人类的一切文化、艺术、科学知识都起源于人类的饮食生活，美学也是如此。劳动创造人类，而人类的劳动最初完全是围绕饮食进行的。吃东西的时候，立即会感到食物滋味的美与不美，由此带来对甘美事物的形、色的欣赏，这便是人们最初对自然美和形式美的感受。人类最早的工艺美术品——陶器，绝大多数是烹饪宴饮的器具，陶器具有实用性质的对称、均衡渐变为美的法则而程式化。音乐舞蹈的起源也与饮食生活有着密切的关系，原始人围着火堆烤肉吃，联想起打猎情景，不禁"手之舞之，足之蹈之"，后来人们常以音乐舞蹈贯穿于宴会之中，所谓"对酒当歌"。中国历代文学家写过无数咏叹饮食菜肴的作品，历代帝王举行的国宴，要行礼、奏乐和观舞，酒席中有以文学形式出现的酒令。中国餐具更是驰名中外的艺术品。中国民间婚、丧、节、庆宴会皆伴之以不同的美学形式来调节宴会的气氛。饮食水平与社会的政治、经济、文化活动以及人们的文明程度紧密相连，所以人们常把一个国家的烹饪水平的高低，看成是其社会发达与否的一个标志。中国饮食从原始生活方式逐渐发展为一门新兴的边缘学科，这体现了人类生活的质的飞跃。饮食终于成为一种高级文化、高级技艺，它既是一门严肃的科学，更是一门精湛的艺术。

中国是世界上文明开发最早的国家之一，反映在美食烹调上也是如此。一部饮食美的历史是政治、经济、文化的积淀史。中国的饮食文化从原始群居、母系氏族公社的安全型烹调时期发展到父系氏族公社、整个奴隶制社会的初级美感型烹调时期，再进入到整个封建社会的养生型烹调时期，辛亥革命以后一直到现在，又复归高级美感型烹调时期。

从夏到秦，是我国烹饪理论、饮食美学的形成时期。商汤时的伊尹是我国烹饪理论的鼻祖，《吕氏春秋》中的《本味篇》记叙了他与商汤关于烹饪的对话，最早提出了先秦时期"五味调和"的饮食美学思想。首先，美是味道好的意思，字源学考证说明，"美"这个字是同味觉的快感联系在一起的。其次，我国饮食烹饪中的甘、酸、苦、辛、咸五味是根据阴阳五行学说来的，朴素地肯定味之美是大自然的产物。再次，饮食五味以"和"为美，调和实际上就是如何使饮食烹饪中的多重因素在各自合规律的结构配合中达到和谐，以取得美的效果。《国语·郑语》中说"声一无听，物一无文，味一无果"。味之美须"和五味以调口"。先秦诸子出于他们的哲学思想、政治理论、审美理想也提出了饮食美学的要求。孔子的美食观是建立在"仁"的基础上的，"君子无终食之间'违仁'"（《论语·里仁》）。孟子明确提出了美感的普遍性"口之于味，有同耆也。"（《孟子·告子上》），墨子坚持节用饮食观点"其好食也，足以增气充虚，强体适腹而已矣。"（《墨子·辞过》）。老庄希望人们的饮食活动像追求道的最高境界一样，崇尚无味之味——"淡"。汉魏晋南北朝时期出现了"熟食遍列，肴旅成市"的繁荣局面。这一时期在饮食养生经验积累方面有了进展，西汉淳于意、三国华佗和他的弟子吴普对食疗方面都有所建树。这一时期还有不少烹饪著作问世，可惜绝大部分已失传，现存《齐民要术》的食品部分是古代食品科学大全。东汉以后，佛教传入，对寺院斋食、民间素食的发展产生了巨大影响，素菜开始独树一帜。隋唐两宋经济繁荣，市民阶层兴起，烹饪科技全面发展，饭店、酒楼、茶肆林立，经营多样化，饮食市场上烹饪风格趋于华丽，菜点造型精美。这一时期是我国烹饪技术由"术"到"学"的转折点，出现了许多烹饪论著，如何曾若的《安平公食学》、谢讽的《食经》等，这些是世界上最早的有关烹饪技术的著述。同时，还形成了一套比较完整的烹调方法，菜肴也完成了质、色、味、形、器的五种属性的统一。元明清时期是中外饮食文化和多民族风味大交流、大融合时期，特别是清代从康熙到嘉庆这一百多年间，烹饪出现新的高潮。这一时期，非常讲究调味和注重原料的质地，著名食品增多，乾隆时官场、市肆始有满汉席，地方风味的四大帮口已经形成。随着饮食烹饪的发展，烹饪理论越来越丰富，越来越成熟。清代袁枚所著《随园食单》是我国古代烹饪理论的最优秀代表之作。它汇集了各种烹饪经验，各地风味特点，既具有操作过程，又有理论阐述，提出了很多美学问题，如注重烹调菜肴的色彩和香味，第一个把器皿同菜肴相配合作为美学理论提出来。道家的顺应自然，以自然为美的思想对后世饮食口味烹饪有很大影响，元代许有壬《白菜诗》"清风牙颊响，真味士夫知"颂扬的是自然之味。中华民国时期，中国烹饪技术与风味中心发生了变化，北京的宫廷菜在清帝退位以后，流入市场，出现了仿膳菜，一些官绅家厨也进入市场，出现了谭家菜。中华人民共和国成立后，烹调技术力量相当集中，并且大有提高，20世纪50年代改称帮口为菜系，出现了四大菜系。改革开放以来，人们不只讲究菜肴的色、香、味、形，而且追求卫生、营养、风味、观瞻、情调、意境等新的饮食美的标准。

（2）中国饮食的审美特征　中国饮食举世闻名被誉为"烹饪王国"。多种多样的风味，争奇斗艳，融为一体。中国饮食的审美特征集中体现在食物、食器及饮食活动中各种美学因素或相辅相成，或相辅相成而呈现出来的美。既有食品食器之美，也有饮食活动中的技巧、礼仪、环境之美。

食品美，美在色、香、味、形、质等俱佳。这意味着，一件美的食品，色要悦目，香要纯和，味要适口，形要和谐，质要上乘。质佳，是色、香、味、形的基础。因为食品之美，第一要务是它的可食性。能食，才可以要求"食不厌精，脍不厌细"。我国食品中的工艺菜或礼品性糕点之类，可以说是食品美的典型体现，我国食品中的许多菜谱名称诸如"素十锦"、"烧三鲜"、"翡翠汤"等，无不充满了美学意味。

① 食器美。美食还须美器配。中国古代特别讲究食器的质地、造型、图案、色彩。一般多用金银、玉石、象牙、玛瑙为原料，造型精美，色泽优雅华丽，外形装饰图文并茂，做工精细考究。据说，清代最高级的国宴——"满汉全席"使用的银制餐具多达404件，外形各异，有的"仿食物形象制作，如鱼、鸭、鹿头、寿桃、瓜、琵琶等形状，形象逼真，栩栩如生。有一鸭池，呈仰首张嘴之状，盛菜后热气从鸭嘴喷出，鸭舌亦可上下扇动"。这些考究华贵的美器虽是中国封建统治阶级地位尊贵的一种象征，但显示的却是劳动人民非凡的创造力，因而也是食器美的重要内容。在较为大众化的食器中，中国的陶瓷制品所显示的美，最具有代表性。景德镇的瓷具、宜兴的陶具，都是人们所熟悉的。在饮食美中，美器的作用不仅在于衬托美食之美，还起着渲染宴席气氛，展示主人社会地位和文化修养的作用。

② 烹饪美。中国烹饪技艺种类之多、之细、之严、之精在世界上独树一帜。从宏观分析，有烹制法多种，如加工火候、原料成形、调味、雕刻拼摆以及红案、白案等技艺。从微观考察，仅烹制就分有烹、炸、炒、滑、爆、炖、焖、煨、烧、扒、煮、汆、煎、贴、蒸、烤、涮、熬、拔丝、蜜汁、瓤、焗、炮、拌、腌、卤、冻、酥、熏、腊、酱、挂霜、过油、走红、焯水、勾芡、制汤、挂糊、上浆等50来种。以烧为例，又有红烧、白烧、葱烧、酱烧、生烧、熟烧、干烧等，不一而足。烹饪技艺之美，反映的是人的智慧、才能、技巧的美。达到高度熟练自如的烹饪技法与技巧，便如庄子在"庖丁解牛"中所言"进乎技矣"，能"合桑林之舞，中经首之会"，本身已成为一种艺术美。

③ 食境美，即饮食环境的美。舒适、整洁、美观、高雅的饮食环境，不但与美食相应，能使人更好地享受饮食之美；而且其格局、格调、档次、装饰能够充分显示出食者的地位、修养，折射出时代和民族特色。饮食环境还是无字无声的自我设计、自我宣传的广告。如风靡世界的麦当劳特别注重饮食环境的美，为此不惜工本、精心设计，营造出一个光线柔和、服务亲切、餐具清洁、桌椅雅致的环境美，以此吸引了众多的顾客。

④ 食仪美，即饮食活动中节奏、风度、礼仪的美。首先是食态要端庄，即人们通常所说的"吃相"要好，文明进食。在餐饮时，大声咀嚼，举箸乱点，敲碗含筷等是不文雅的行为。其次要谦让，敬老尊老，客随主便，主随客便，有序有礼。再次，要惜食缓食，注重健康，不可浪费。举措有度，体现饮食文明。饮食不只是为了果腹，而具有情感满足和文化陶冶的意味。

我国诸多风味各异、色彩纷呈的名菜佳肴无疑具有很高的美学价值。它不仅融汇了绘画、雕刻等艺术表现手法，而且还通过烹调技术所特有的刀工、勺工、调味等手段，使之成为具备审美与食用双重属性的艺术杰作。就其审美性而言，中餐以色、香、味、形俱佳为其主要特色。"色"，指菜肴的色泽绚丽多彩，谐调悦目；"香"，既指人嗅到的肉、鱼、菜、果等菜肴香气，也指食用菜肴时作用于人的味觉系统而感到的鲜香、脆香、焦香等；"味"，指尝到咸、甜、酸、辣、苦等5味调和的各种美的滋味；"形"，指菜肴经过加工而形成的多种多样的花色形态，再配以精致的与菜肴相协调的美器。我们说美食的烹调是一种艺术，并不过誉。当然，除此之外，中国菜肴还有其他的审美风格，如"质"，主要指以触感即口感为对象的松、软、脆、酥等质地；"名"，指给菜肴起一个切题诱人的名字；"序"，指合理安排、节奏鲜明的上菜程序等，不一而足。

中国饮食最大的审美特征是它的综合性，其次，是它的食用性。所谓综合性，是指餐厅的意境、筵席的主题、菜肴的名称，贯穿在筵席中的吟诗、联句、酒令、灯谜是文学美的体现；筵席本身的节奏变化和穿插在筵席中的音乐、戏曲、舞蹈，是艺术美的体现；筵席地点的选择，环境的美化，席面布局，是建筑美、绘画美的体现；筵席中的礼节、仪式、风度体现了一定的形式美、伦理美；器具和食品的造型艺术又体现了一定的工艺美、技巧美。它综合了文学、美术、音乐、工艺、商业、伦理等，几乎囊括了自然美、文艺美和社会美诸方面内容。然而，它又不是众多美学内容的大杂烩，它以味感贯穿其中，显示着独特的魅力，为其他任何一种美学分支所不能取代，而且众多美学因素的综合运用又都紧紧地围绕着一个目的，那就是食用。中国的饮食美在许多文艺作品中都得到了反映，如陆文夫的小说《美食家》便是一例。中国饮食的审美特征决定了中国烹饪艺术的创作方法和欣赏方法的特殊性，一方面，饮食服务人员须具备较为全面的美学修养，另一方面，食客不仅要善于品尝菜肴的美味，还要善于欣赏宴饮活动全过程的各种美学因素，否则是不完美的享受。

（3）西餐饮食的审美特征　由于各国的地理环境不同，自然资源不同，社会意识也不一样，各国人民的饮食习俗和口味爱好有着较大的差别。如朝鲜和日本在饮食方面和我国有许多相似的地方，但西餐（或称为西洋饮食文明）则有自己的风格。例如，英国人主要吃西餐（英法式），口味偏清淡，喜欢清汤、清炖菜，菜的量不要多，但质量要精，讲究花样，一般喜欢吃牛羊肉、鸡肉、鸭肉、蛋类、野味和水果等，餐桌上常有果酱、黄油、奶酪。法国菜是西欧国家餐饮中较讲究的，偏肥浓，一般对晚餐较重视，各类肉都能吃，不吃辣的，配料喜欢用大蒜、丁香、香菜等。法国人餐床上禁忌摆菊花、纸花和黄花等，认为这些花不吉利。德国人对早、午餐较重视，味偏酸甜，不太喜欢辣，喜吃蛋糕和巧克力点心糖，爱喝啤酒。美国人以西餐为主，对中餐兴趣也很浓。他们对晚餐较重视，饮食口味以清淡、微辣、稍甜、稍酸等味为佳。意大利以法式西餐为主，但也很喜欢中餐，对晚餐比较重视，每餐几乎离不开酸牛奶，还喜欢吃辣，甜酸口味的也能吃。

东西方饮食文明，分属于两种异质的文化体系，无论是在原料来源、加工，还是在烹调技术、食用方法上，二者都有明显的区别。如果从烹调方面考察，中餐具有取用原料广泛多样的特点，西餐的原料则较为单纯，除肉类、水果、蔬菜外，常用的不过如奶油、果酱等。饮食习惯不同也直接关系到原料的取用，如中餐所用极为名贵的燕窝、鱼翅，不一定受西方人欢迎。在烹调的方法上，中餐讲究刀工、调味、火候等，成品口味多样，而西餐更讲究原汁原味，色形美观，质嫩鲜香，但口味较单一。在菜肴品种上，西餐也远少于中餐。

与多采用直线与几何形结构的西方美学风格相似，西餐酒席宴会的餐桌一般以小方台拼接而成，外形刚劲利落，有"一字形"、"T"字形、"门"字形等，注重主人和宾客的位置安排。当然，西方还有一种自由、随意的聚饮方式叫酒会，酒会主要可分为不设餐台的鸡尾酒会及设坐和不设坐的冷餐酒会。西餐台面的布局，虽各国有各国的风格特色，但殊途同归，照样要遵循有主有次、匀称优美、干净利落、方便进餐的原则。西餐人数较多的宴会以小方桌连接排成一个整体，整体中每一段自成一个小餐区，段与段之间有时用盆花相隔，每一小餐区中，客人的个人专用餐具同样自成一个构图单位。就进餐形式来说，中餐是聚餐制，西餐则实行分餐制，每人一副餐具，分别取食，所用餐具有盘、匙、刀叉等。吃西餐时，除了一般的饮食礼仪之外，还要注意餐巾餐具的使用。吃西餐一定要铺餐巾，餐巾有的叠成四方形摆在桌子右边，有的叠成帽子形状放在餐具前面。当主人开始摊开餐巾时客人才能动手，一般是将餐巾对折，然后平铺在腿上。西餐的餐具较多，有刀、叉、汤匙等。一般吃一道菜用一副刀叉，对盘中摆放的刀叉可按顺序取用，刀叉的使用一般是右手持刀，左手持叉，将食物切成小块，然后用叉送入口内。每道菜吃完后，将刀叉并拢平排放入盘内，以示吃完。这时服务人员就将其撤去，换上一道菜。如未吃完，可摆成八字或交叉形，刀口向内。

西餐还有不少特点，这里只能略述一二。世界饮食美学、饮食文化是千姿百态的，在这一问题上不能扬中抑西或抑中扬西。譬如说中餐有四大风味、八大菜系，而西餐只是一味。其实西餐也有英式、法式、俄式、美式、德式、意大利式等菜系的分别，其使用原料、烹调方式、菜肴风味也都有所不同。西餐自有其选料严格、加工科学、色鲜味香、滋味清醇的特点，它注重营养，在进餐方式上也显得更为文明卫生。在尊重传统风味与习惯基础上，如何进行有效的融合创新是饮食美学的共同课题。

### 3. 居室环境美

居室是人生命活动的主要场所，是家庭生活幸福的象征。一个充满温馨、友爱、和谐的家庭，必然拥有自己创造的居室环境美，它对人的性格情绪的熏陶，特别是对家庭子女的无言的影响、教育，有着明显的作用。对于普通的家庭而言，居室美化的一般原则是：因地制宜，因用购物，因情置境，呈现出布局的层次节奏美与和谐统一美，陈设的实用功能美和形式造型美，置境的情趣意蕴美和个性特色美。

（1）因地制宜　居室设计不同于建筑设计，它是在现有的条件（空间、方位、陈设）基础上进行的再创造。在有限的空间内，将不同功能、不同形态、不同尺度的家具，摆设成既统一又多样，既丰富又雅致，既活泼又有序的统一整体。首先要因地制宜，充分利用建筑结构的特点，巧妙地利用有限的空间，做到一器多用，一地多能。目前流行的吊柜、壁橱、挂柜、组合柜等，将室内空间合理分割，而拐角的利用，管道的巧安排等，为的是拓宽可利用的空间。但因地制宜并不意味着各行其是、杂乱无章。居室的布局可能做到家具繁简多寡适中，摆设点、线、面错落有致，空间安排富于节奏层次，从而把多而杂导向一致，把不协调导向协调，使居室环境显得既宽敞明亮，又整齐和谐。

（2）因用购物　各种家具、物品的选用，要根据实际所需和住房条件，考虑其色彩、形态、质地，既满足生活需要，又满足心理需要。比如家具的高度、宽度、弯度、功能的设计，应保持内在比例的和谐，利于健康，便于使用。但是，用于居室的物品并不仅仅为了实用，它同时应该有艺术意味。因此，居室主人完全可以根据自身的爱好、个性，驰骋想象，亲自动手，制作一些富有诗情画意或别具一格的小物品，使其不仅可用、可观，而且可爱。以物品的造型美而言，要符合居室空间特性，与居室的总体风格相一致。如若空间狭长，层高较低，就不宜选用高大、色深的家具；而摆设高低错落有致，色泽明快的低柜，能给人以宽阔的美感。物品的色彩直接影响人的心灵和情绪，一般情况下，居室色彩不主张太明或太暗，低明度、暖色调的颜色较适宜。创造温馨、柔和、舒适、恬静的家庭气氛，色彩的选用还要做到色彩与空间的和谐，利用色彩的特性来处理空间，调整空间。居室空间过于宽大，宜采用高明度、暖色调的色彩，使人产生紧凑，充实之感；狭窄、拥挤的空间，适宜低明度、冷色调的颜色，给人以宽敞之感。要创造居室环境的美，因用购物与求美购物应尽可能一致起来。

（3）因情置境。经过人格化的装饰之后，居室在整体效果上产生一种独特的风格美、意境美,这是居室设计的最高美学追求。居室的风格美来源于居室主人的情趣和个性。亲切淡雅、朴实无华的风格与娴静温柔的性格,宏丽豪华的风格与热情奔放的性格,总是彼此协调的。因情置境,可根据个人的爱好,或通过对窗户的美化来映照湖光山色,天光云影,星光日夜的自然美景,怡情养性。或可以"通过创造性的陈设布置,在室内构成一幅立体的画,凝固的诗,无声的音乐",显示雅趣高情;或"取法自然(如盆景、花卉、竹叶、树干、怪石等),再造自然,借自然物化为情思"等。无论何种境,都"显示着人的面目,人的心灵,是人的感情的外射,智慧的反光,性格的影子"。在因情置境的居室美化上,居室主人的文化修养与其有着直接的作用。苏东坡说:"宁可食无肉,不可居无竹。"居室在这里不仅是人的肉体寄居地,也是精神的栖息所。

### 4. 旅游之美

旅游活动作为一个完整的过程,是旅游者通过某种特殊的方式,在特定的生活情境以及独特的物质或精神的对象当中还原其某种内在需求的一种主体行为,因此它的实现是一系列复杂因素综合互动的结果。而毫无疑问的是,旅游者本身始终是旅游活动中居于主导地位的决定性要素。他是旅游行为的发出者,是旅游产品的消费者,是目的地的环境、设施、气氛、民情及其综合文化素质的感受者与评判者,也是其旅游目的的实现者。无论旅游的客观对象是自然山水、文物古迹、人工艺术还是现代化的游乐设施,只要主体确切地将它纳入于特定的关系情境,那么这一情境的特性便是审美的;按其理想状况,旅游者实现的便是审美的愉悦。这一点正是旅游之所以是一种精神文化活动的重要原因。

(1)在以自然山水为主要对象的旅游活动中,自然景物作为主体游览的对象成为主体的审美对象。说起旅游,人们往往首先想到大自然。我们每一个人,无论是男人还是女人,老人还是儿童,对大自然都怀有一种特别的亲近感。在城市里住久了,更向往大自然。大自然对人也有一种特殊的吸引力,人们一走进大自然,确实如范仲淹在《岳阳楼记》中描述的那样:心旷神怡,宠辱皆忘,其喜洋洋者矣。那样一份自由、自在、闲适、舒畅的感觉,是任何别的地方所不能赋予的。

《论语》中有这样一段记载:子路、曾晳、冉有、公西华等弟子在孔子身旁"侍坐"。孔子问各人的志向。子路等三弟子说的都是治国安邦及宗庙礼仪之事,唯有正在鼓瑟的点所答与众不同:"莫春者,春服既成,冠者五六人,童子六七人,浴乎沂,风乎舞雩,咏而归。"孔夫子听后不禁喟然叹曰:"吾与点也。"这"浴乎沂,风乎舞雩,咏而归",固然含有孔子所提倡的"礼"的内涵,但实际上是点在暮春三月的大好春光之中,从大自然的美丽风景中获得的一种身心解放的精神境界。这种精神境界,其实就是审美境界。主体完全沉浸于对象之中,达到物我同一、物我两忘的境地。这样的境地,连平时汲汲于治国平天下的孔夫子也不免为之神往。

自然风景美的意义在于被人欣赏,给人以美的享受,那么,怎样观赏自然风景的美呢?简而言之,离不开方法、角度、时间、距离等条件,眺望山峦,我们可以从烟岚、朝暮、阴晴、四季的变化等方面观赏风景的美。"春融怡,夏菊郁,秋疏薄,冬黯淡"这是四季不同云气的审美特征。"春山艳冶而如笑,夏山苍翠而如滴,秋山明净而如洗,冬山惨淡而如睡。"这是四季不同的山景的审美特征。"春英夏荫,秋毛冬骨"这是四季不同的树木的审美特征。池塘的水也是随着四时不同而出现不同的审美特征:春绿、夏碧、秋青、冬黑。除了上述欣赏的时间外,还应注意欣赏的距离和角度等因素。

　　观赏风景时，选择距离是很重要的。瑞士美学家布洛提出"距离说"告诉我们旅游者在审美过程中，不应怀有任何直接的功利目的，要从实用世界中脱离出来，要处于一种"无我的但又如此有我的境界"。按照心理学原理来解释，所谓"设置距离"就是运用心理学中有意注意的原理，主体有意识地淡化对客体对象的实用价值、道德价值和科学价值，排除多余的刺激，避免"心理上的眩晕"，把注意力集中在客体对象的审美属性上，形成占优势的审美兴奋中心，取得更理想的审美效果。比如海上航行遇雾时，不但不愉快，而且很危险。但你把海雾摆在实用世界以外去看，使它和你的实际生活之间有一种适当的距离，这时你就会感到海雾确是一种绝美的景致了。所谓"不识庐山真面目，只缘身在此山中"，"入芝兰室，久而不闻其香"，说的就是这个道理。因为距离太近，习以为常，而不觉其美。

　　观赏的角度不同也会产生不同的审美效果。苏轼诗云"横看成岭侧成峰，远近高低各不同"。从不同的角度位置来看庐山，庐山的形象就各放异彩，变幻莫测。因此，在观赏风景时，要选择角度，可正面观赏，侧面观赏，亦可取平视、仰视、俯视。平视即"自近山而望远山"，这样就会感到"平远之色有明有晦"，"平远之意冲融而缥缥缈缈"。观赏"山色空濛雨亦奇"的西湖景色应以平视的角度为最佳，观赏黄山的云海也应取平视，才能看到"冲融而缥缥缈缈"的效果。仰视、俯视是人们所熟知的观赏角度。如在黄山汤岭关仰视云门峰，云门峰那种雄伟险峻的景色令人惊叹。又如在北京景山万春亭上看故宫，宏伟的宫殿建筑便一览无余，其壮美之极，令人叹为观止。前人总结观景经验，"仰望峭壁，俯视水波"。仰望峭壁显得层峦叠嶂，十分雄伟；俯视湖面，水平如镜，游船飘荡，诗意融融。

　　（2）在以文化古迹、博物馆、艺术馆、人工园林包括仿古建筑或园林等为主要对象的旅游活动之中，旅游者所面对的并不是纯粹的自然物，而是实际上的艺术品，因而旅游的审美特性就表现得尤其明显。

　　在这一类的旅游活动之中，作为主体的旅游者同样必然与旅游客体或对象构成一种独特的双向互融的主客体关系，也即特定的审美判断情境，在鉴赏中也同样存在着主体情意在客体的"移入"。但与自然山水的旅游相比，有一点却是明显不同的。由于旅游者所面对的实际上是经人工创造的艺术品，因而他在具体的鉴赏活动中要比纯粹自然物的鉴赏受到更多的制约，因为作为人工艺术，这些旅游对象本身已然包含了其创作者的主体情意，比如园林的整体布局、建筑的外部形态、雕塑的造型结构、绘画的色彩线条、器皿的形态及其纹饰等，原是作者美的理念及其审美情趣的表象，而对旅游者而言，这些因素又必然成为其审美过程中的制约因素，并且在实质上限制了其审美的方向与美感的类型。因此在这一类的旅游活动中，作为主体的旅游者是否能够或在多大程度上能够感受到美并产生审美愉悦，便取决于他对鉴赏对象的同情程度，也即他在多大程度上能够体会、领悟、还原出作者已然倾注于对象之中的主体情意并同时融入于其自己的主观情感。这是一种美的再创造过程，它与主体的知识结构、文化修养、审美意趣、思想情感等因素有着密切不可分割的关系，并因此而产生不同的审美效果。

　　比如一个根本没有历史知识或雕塑艺术知识的旅游者与一个熟悉秦朝历史或古代战争情况的旅游者甚或艺术家，他们游览西安秦俑坑所得到的感受肯定是不同的。印度阿格拉的泰姬陵，对一般旅游者而言，其白色大理石的主体建筑在蓝天白云映衬下的优美轮廓及其整洁典雅的整体布局、蜿蜒曲折的朱木拿河岸风光，固然足以使他产生审美的快感或惊叹于古代印度人民高超的建筑智慧，但如果不仅如此，他恰好也了解卧莫儿皇帝沙·贾汗与其宠后泰姬·马哈尔的那段美艳哀婉的恋情以及沙·贾汗最终被其子幽禁于阿格拉城堡直至凄清枯寂地死去的悲剧性结局，那么他或许就会在单纯的审美愉悦以外感受到某种历史的苍凉乃至领悟出些许人生的真谛。这些例子表明，"文化旅游"中的个体性因素是至关重要的，它在某种程度上决定了审美的直接效应，而在旅游这一特定的关系情境中，这种审美效应实际上便即转化为旅游的直接效应，它与主体关于旅游的满意度密切相关。

由于中国历史文化的源远流长，许多风景名胜区的自然山水已被充分"人化"并有机地与人工艺术融为一体，这样的自然山水实质上已不再是纯粹的自然之物，而是已经充分浸染了人的主体性内容的被人化了的自然。因此对主体而言，其旅游对象便呈现为主客观的统一体，而是否能够还原出对象所蕴含的主体性内容，则在相当程度上决定了其旅游过程是否能产生审美愉悦以及这种愉悦所能达到的程度。比如杭州以西湖为中心的旅游区，即是以自然山水为主要依托而又充分体现了人的主体性内容的典型范例。历代所留存的文化遗迹、名人轶事、诗人吟咏以及散布于湖山各处的亭台楼阁寺庙石刻等，使西湖在透出诱人的自然之秀美的同时又积淀了丰富的人文底蕴，洋溢着浓厚的历史文化气息。应该说，除了那些有形质的自然可见的部分以外，那些包含于客体事物当中的历史文化内涵以及体现了前人审美经验的诗词题咏之类的主体性内容，也应该是甚至是更为重要的旅游对象。而是否能够在这种旅游活动中实现美的还原，便一如对艺术品的鉴赏，是存在着个体性差异的充分余地的。

（3）现代娱乐设施已愈来愈普遍地成为旅游的对象，那么在这种旅游活动中也表现出强烈的审美特性。

现代娱乐设施，就其作为旅游对象的现实功能而言，仅仅是为旅游者提供了某种可借以直接参与的恰当的游戏工具，正是通过这种参与，旅游者可以感受到身心愉悦。这种由游戏所产生的愉悦，就其本质而言是与审美愉悦相同一的，它实际上也并不是旅游设施的给予，而是旅游者以设施为主要工具或对象的游戏过程中所内在地激发出来的。因此，以现代娱乐设施为主要对象的旅游，其实质便是旅游者的游戏。游戏本身既是手段也是目的，而这种不包含任何功利关系的纯粹以身心愉悦为目的的游戏，恰好也是可以被理解为一种审美活动的。席勒就曾经认为，"审美活动是一种表现过剩精力的游戏"，它是人们在"物质的盈余"之外的一种"不同性质"的但却是更高程度的享受，是人们在摆脱了物质的、社会的、理性的种种强制以后的一种"自由运动"，"这种自由运动本身同时是目的也是手段"，按照席勒的理解，纯粹的游戏只可能是发生在物质的盈余之外的，因而它标志了精神的自由；既是目的也是手段的身心自由运动乃是生命的自我呈现，由此而产生的愉悦便是生命享受其本质自由的欢欣。游戏之所以被理解为一种审美活动，正源于这种关于生命之自由本质的体认。旅游活动中借助娱乐设施的游戏，无论是就其过程还是就其结果来看，都应该被理解为生命自由本质的真实呈现，正是在这一意义上说，它是审美的。

社会美的欣赏是与人类生活息息相关的具有普遍意义的精神活动。社会美的欣赏对培养人的崇高的审美理想，树立正确的审美观，提高审美能力有着十分重要的现实意义。通过对社会美的欣赏，可以美化人的心灵，美化人的环境，美化人的生活、美化人及全人类。

### 思考题

1. 如何看待社会美的形成与发展？
2. 社会美的特征反映在哪些方面？
3. 人的美包含哪些方面，谈谈它们之间的关系？
4. 谈谈如何看待社会生活中的美？
5. 服饰的美学要求反映在哪几个方面？

### 知识链接

#### 1. 魏晋时代的人物品藻

人物的品藻即对人的风采、风姿和风韵的审美评价。美学上的人物品藻发生在魏晋时代不是偶然的。宗白华先生指出："汉末魏晋六朝时中国政治上最混乱、社会上最苦痛的时代，然而却是精神史上极自由、极解放、最富于智慧、最浓于热情的一个时代，因此也就是最富有艺术精神的一个时代。"这是中国人生活史里点缀着最多悲剧，富于命运变更的一个时期，八王之乱、五胡乱华、南北朝分裂，酿成社会秩序的大解体，旧礼教的总崩溃、思想和信仰的自由、艺术创造精神的勃发，使我们联想到西欧16世纪的文艺复兴时期。这是强烈、矛盾、热情、浓于生命彩色的一个时代。魏晋时代是人的觉醒的时代。在魏晋以前，思想上定于一尊，受儒教统治。魏晋时代对旧有的传统标准和价值规范表示怀疑和否定，人重新发现、思索和追求自己的生命、生活、意义和命运。人自身的才情、风神、形貌、品格取代外在的功业、节操受到尊重。魏晋时代还是文学的自觉时代。不仅文学，而且艺术都开始追求自身的审美价值，重视创作的审美规律。

魏晋时代的人物品藻是在人的觉醒和文的自觉的大背景中形成的，"一般知识分子多半超越礼法观点直接欣赏人格个性之美，尊重个性价值。"同时，人物品藻有对中国美学产生了重要影响。宗白华先生感慨地说："中国美学竟是出发于'人物品藻'之美学。美的概念、范畴、形容词，发源于人格美的评赏。"一些美学概念如"形神"、"气韵"、"风骨"、"骨法"等的形成，都和魏晋时代的人物品藻有关。

《世说新语》中人物品藻的一些实例。

嵇康身长七尺八寸，风姿特秀。见者叹曰：萧萧肃肃，爽朗清举。或云：肃肃如松风下，高而徐引。山公曰：嵇叔夜之为人也，岩岩若孤松之独立；其醉也，巍峨若玉山之将崩。（《容止》）

《世说新语》共36篇，如《雅量》、《识鉴》、《赏誉》、《品藻》、《豪爽》、《贤媛》等，上述文字引自《容止》。"容止"即人的容貌举止。嵇康字叔夜，他崇尚老庄，反对礼教，"非汤武而薄周孔"，"见礼俗之士，以白眼对之"，开罪了窃取魏国军政大权的司马氏集团，后被司马懿的儿子司马昭所杀。他在洛阳临行前，还索琴要弹奏一曲《广陵散》，并沉痛地说："《广陵散》于今绝矣！"他的就义也是那样从容、美丽，这是历史上著名的悲剧事件。嵇康和阮籍、阮咸、山涛、向秀、王荣、刘伶被称为"竹林七贤"，他们常常集于竹林，饮酒抚琴。嵇康魁梧俊美，天质自然。古人常有"玉"、"璧"形容人的美貌，人就像玉那样细腻温润，光洁照人。山公（即山涛）说，嵇康为人刚烈，像孤松一样傲然独立，他喝醉酒时，则像玉山一样崩坍。

潘岳妙有姿容，好神情。少时挟弹出洛阳，妇人遇者，莫不连手共萦之。(《容止》)

西晋文学家潘岳是著名的美男子，他的文章清绮绝世，官做到黄门侍郎。他喜欢和美貌的夏侯湛一起出行，当时的人们称他们为"连璧"。据说，每当他乘车出外时，妇女们向他的车上扔水果，表示赞叹，就像我们现在献花一样。结果，潘岳回家时，车里已经装满了水果。

可见，人物的品藻已经达到了魏晋时代美的高峰。

### 2. 亚里士多德的《体相学》

亚里士多德的体相学是一部研究灵魂和身体、内部心性和外部面貌的相互关系的西方美学著作。亚里士多德通过人的运动、外形、肤色、面部的习惯、毛发、皮肤的光滑度、声音、肌肉以及身体的各个部位和总体特征，来分析人的性情。例如，动作缓慢表示性情温顺，动作快速表示性情热烈。声音低沉浑厚标志着勇猛，尖细乏力意味着怯懦。身体扭捏作态是媚俗的，短步幅与慢步态者是软弱者。眼睛下面有垂突是嗜酒者，眼睛上面垂突的是嗜睡者。

亚里士多德对人的体相的分析，包含着对人体美的欣赏："那些脚掌生得宽大结实、关节灵活肌腱强壮者，性情也刚烈，是雄性的表征；而那些脚掌窄小，关节不强健，外貌虽不雄壮，但比较富有魅力者，性情也柔弱，是雌性的表征。"出于对妇女的轻视，亚里士多德认为女性不如男性勇猛和诚实，甚至女性比较邪恶，"身材不匀称者是邪恶的，雌性就带有这种特性"。然而另一方面，亚里士多德又主张女性的身体比男性美，女性整个身体的外貌，与其说是高贵，毋宁说是更富有魅力。

### 3. 黄金分割与人体美

人对自身形态之美极为迷恋，同时也感到迷惑。自古希腊起人们就对人体美进行探索，他们发现人体美的原因在于整体统一，多样和谐。从对"维纳斯"的测量，到对达·芬奇的"蒙娜丽莎"的研究。人们不禁发现其形体及个部比例数据都符合黄金分割率。我国的医学美学专家在对人体进行了深入的开拓和研究后，科学地阐述了黄金分割律与人体内在联系。提出了"人体美是黄金分割律的天然集合"的论点，历年来，人们在研究人体美时发现，在健美人的容貌和形体结构中有许多与黄金分割率相关的点三角形、矩形及指数，从这里可以窥视黄金分割率在人体美的实践中的重要价值。

专家提出的人体黄金分割因素包括4个方面，即18个"黄金点"，如脐为头顶至脚底之分割点，喉结为头顶至脐分割点，眉间点为发缘点至颏下的分割点等；15个"黄金矩形"，如躯干轮廓、头部轮廓、面部轮廓、口唇轮廓等；6个"黄金指数"，如鼻唇指数是指鼻翼宽度与口裂长之比、唇目指数是指口裂长度与两眼外眦部距之比、唇高指数是指面部中线上下唇红高度之比等；3个"黄金三角"，如外鼻正面三角、外鼻侧面三角、鼻根点至两侧口角点组成的三角等。除此之外，近年国内学者陆续发现有关的"黄金分割"数据，如前牙的长宽比、眉间距与内眦间距之比等，均接近"黄金分割"的比例关系。专家们认为，这些数据的陆续发现，充分表现人体是世界上最美的事物。

### 4. 日常生活审美化

所谓"日常生活审美化"，就是直接将审美的态度引进现实生活，大众的日常生活被越来越多的艺术品质所充满。如是观之，在大众日常生活的衣、食、住、行、用之中，"美的幽灵"便无所不在，外套和内衣、高脚杯和盛酒瓶、桌椅和床具、电话和电视、手机和计算机、住宅和汽车、霓虹灯和广告牌——无不显示出审美泛化的力量，当代设计在其中充当了急先锋。就连人的身体,也难逃大众化审美设计的捕捉,从美发、美容、美甲再到美体都是如此。可见,在当代文化中,审美消费可以实现在任何地方,任何事物都可以成为美的消费品,这便是"日常生活审美化"的极致状态。

唯美主义的日常生活的审美化还仅仅停留在理论倡导和个人实践方面。而在当代,审美化已经成为普遍的社会生活形式。传统的艺术与非艺术的区别已经不再清晰。艺术与生活的界限已经被"内爆"所抹平。世界上所有的工业机构都要求具备一种审美的维度;世界上一切琐屑的事物都在审美化过程中转变。因此,在当今世界,当一切都成为审美的时候也就无所谓美丑。

日常生活审美化这个话题与人们的现实生活紧密联系,使文学艺术不再是空泛的纸上谈兵,也不再曲高和寡。这就是说,当今艺术的价值已经像癌细胞一样扩散开来,蔓延开去,渗透到社会与个人生活的各个方面。从广告形象到服装设计,从室内装潢到城市规划,唯美主义者在一个世纪之前所梦想的日常生活的审美化已经成为司空见惯的现实,而且其形象化、艺术化的程度远远超出他们当年的想象。

### 5. 重建中国化的"生活美学"

在中国与西方美学界,一段时间以来出现了一种回归"生活世界"来重构美学的取向。这种美学在当代欧美国家被称为"日常生活美学",而在中国则被称之为"生活美学"。生活美学在中国的建构,一方面力图摆脱"实践美学"的基本范式,另一方面又不同于"生命美学"的旧模式。

忘记生活世界,终将被生活世界所遗忘。与其他学科相比,美学更需回归于生活世界来加以重构,这是由美学作为"感性学"的学科本性所决定的。这种美学新构的现实性要求还在于:在全球化的境遇里,人们正在经历审美泛化的质变,这包含着双向运动的过程:一方面是"生活的艺术化",特别是"日常生活审美化"孳生和蔓延;另一方面则是"艺术的生活化",当代艺术摘掉了头上的光晕逐渐向日常生活靠近,这便是"审美日常生活化"。实际上,我们在面对艺术时,一定意义上就是面对生活美学的,而在我们审美化观照生活的时候,一定意义上也是依据于艺术的。然而,当代中西美学所面临的历史语境并不相同。在欧美学界,所谓日常生活美学的当代出场,乃是对"分析美学"占据主流的以艺术为绝对研究中心的强大传统的反动,于是选择了回到"更广阔的世界本身",从而认定在日常生活美学当中欣赏到的属性就是被经验事物的属性,而并非从我们经验的世界当中被抽象出来的对象。然而,我们所谓的生活美学却并不等同于日常生活美学,而是一种介于"日常性"与"非日常性"之间的美学新构。这就是说,生活美学既认定美与日常生活所形成的连续性,又认为美具有非日常生活的另一面,尽管它们在摒弃主客两分思维模式方面是如出一辙的。

追溯本源,在中国本土的丰富思想中,历来就有"生活美学化"与"美学生活化"的传统。在中国古典文化看来,美学与艺术、艺术与生活、美与生活、创造与欣赏、欣赏与批评,都是内在融通的,从而构成了一种没有隔膜的亲密关系。在一定意义上说,中国古典美学就是一种活生生的生活美学,中国古典美学家的人生就是一种"有情的人生",他们往往能体悟到生活本身的美感,并能在适当地方上升到美学的高度。从庄子的"美的哲思"到明清的小说批评,那种生活见识与审美之思的融合,皆浸渍了中国传统原生的美学智慧。

当代中国美学原论的建构往往缺乏本土文化的积淀,无论是囿于"实践—后实践"范式的现代性的建构,还是深描"生活审美化"的后现代话语,显然都太西方了!其实,生活美学从根本上来说恰恰是一种最具本土特质的美学。这可以从中国思想的儒家主干当中得见分晓，儒家美学就是一种以"情"为本的生活美学。在新近发现的"郭店楚简"当中，儒家重"情"的思想取向被重新彰显了出来，所谓"凡至乐必悲，哭亦悲，皆至其情也"，"凡声，其出于情也信，然后其入拨人之心也厚"，"用情之至者，哀乐为甚"。特别重要的是，在《语丛》里出现了"礼因人之情而为之"和"情生于性，礼生于情，严生于礼"的看法，在《性自命出》里又出现了"礼作于情，或兴之也"的观念。无论是"礼生于情"还是"礼作于情"，都强调了礼的根基就在于喜怒哀乐之情，"兴"恰恰就说明了这种情的勃发和孳生的特质。

我们过去对于儒家美学的哲学化解读，往往尽现欧洲哲学研究的色彩，诸如仁学作为儒家美学的哲学基础，或者认定儒家美学的核心就在于美善合一，这种思路显然是一种从西方哲学思维模式来过度阐释儒家思想的结果。然而，从"生活儒学"的角度来解读儒学，似乎更能回到原初的语境来言说问题，儒家美学的基石实际上就是生活践履之"礼"与生活常情之"情"及其统一。从来源上说，这种基本规定一方面直接来自中国古人自身的本性的规定；另一方面，对于中国独特的文化心理结构来说，情更是与"巫史传统"息息相关的，或者说情是间接来自于这种独特传统的。从巫史传统出发，尽管情是主导感性化的方面，而礼则是主宰理性化的方面，但情与礼却具有非常紧密的关联。在原始儒家时代，礼乐相济无疑是儒家美学的主导理念，然而随着乐的衰微，这种统一便被转化为礼与情的合一，而乐对于人而言的内在规定就在于"性感于物而生情"之情。进而可以看到，对于作为感性学的儒家美学而言，情较之礼才是更为根本的，或者说，儒家美学最终就是以情为本的。所以，从生活美学与"情之本体"的角度来重思儒家美学的基本定位问题，无疑是一种新的美学思路。

在孔子本人那里，这种情的实现更多是在诗与乐当中完成的。所谓"兴于诗，立于礼，成于乐"，正是表明不仅诗之"兴"是达于礼的前导，而且礼与仁最高要在乐中得以完成和完善，诗与乐将礼前后合围在中心，孔子正是意识到了乐才是一个人格完成的境界。孔子还谈到："志以道，据于德，依于仁，游于艺"。在这里，无论是志、据还是依都是一种符合于道、德、仁的他律，而只有游，在"艺中游"，才是遵循审美自由规律的自律存在。因而，儒家的审美理想的极致处，并不仅仅是寓美于善，而是在至高自由和人格极境里浸渍和弥漫着审美的风度。按照孔子这种思路，就不仅仅是礼生于情这般简单了，而且更强调的是礼完成于审美化的情当中。由此可见，从孔子时代开始的以情为本的美学就已经走上了生活美学的道路。这对于当代中国美学的建构无疑具有重要的启示意义。

# 第七章　艺术美

　　艺术，作为人类精神文化的一种特殊形态，是人类审美意识的集中体现，也是人类审美能力植根于现实的创造性产物和人类情感的自由表现。因而，艺术是人类审美活动的最高形式，艺术美则是美的最高形态。同时，艺术也是人类保存、传达和交流审美意识的最佳手段，有了艺术，人类千百年来的审美意识才得以记录和保存下来，并世世代代流传下去，成为人类巨大的精神文化宝库。从古希腊的雕塑"米洛的维纳斯"到罗丹的"巴尔扎克"，从中国的《诗经》到莎士比亚的不朽戏剧……无不是人类审美意识的凝聚和积淀。

　　艺术又有广义和狭义之分，广义的艺术指各种技艺，即指人们在完成物质生产、社会活动、精神领域里的任务时所表现出来的高超、熟练的技能、技法和技巧，这是艺术古老内涵的延续和扩展。按照这种界定，精妙的外科手术、高超的球技，与音乐绘画等一样都具有艺术性质。而狭义的艺术即现代意义上的艺术，则仅指精神文化中的艺术创作，即音乐、舞蹈、绘画、雕塑、文学、戏剧、电影，以及书法、摄影等。它们都是直接脱离了功利需要而专门满足人们的审美需要的精神产品。因此，艺术美通常是指精神形态的艺术产品的美。本章所论述的艺术美，是指狭义的艺术美。

　　由于人类的审美实践方式是多种多样的，人类的审美意识也是丰富多样的，并且传达审美意识的物质手段也是多种多样的，因而艺术是多种类的，艺术美也具有多种面貌，多种风格。但是，各种门类、各种风格的艺术，又具有共同的审美性质和审美特征。艺术美是生活和自然中审美特征的能动反映，是艺术家在创造对象中肯定自己的一种形式。艺术美作为美的最高形态，来源于现实，但不等于现实，它比现实美表现得更加集中、强烈、普遍、纯粹。所以，艺术美是艺术家创造性劳动的产物。

## 第一节　艺术美的性质

　　艺术作品是艺术家审美创造的产物，是艺术家借助一定的物质材料和工具，运用一定的审美能力和技巧，在精神与物质、心灵与审美对象相互结合、相互作用的情况下充满激情与活力的创造性劳动的特定成果。艺术作品集中体现了人的审美意识，特别是审美理想；体现了人按照美的规律进行艺术创造的本质力量与能力，特别是对形式美法则的自由运用和自觉创新。这些艺术创造的特点通过艺术美最充分最鲜明的表现出来。

## 一、艺术美是自然美、社会美的升华与转型

艺术美是一种源于生活又高于生活的美。自然美、社会美虽然有着不可比拟的丰富性和生动性，是人自由观照的广大对象，是人类美感的源头活水。但是自然美、社会美在时间和空间中的偶然性、易变性，在现实形态上的粗糙性、分散性，在内部意蕴上的笼统性、多义性，使它们存在美中不足，在许多情况下它们是一种不充分、不完善的美。在对自然美、社会美的审美直观中，因不能完全观照到审美主体的自由自觉的创造性，人的审美需要还没有得到最理想的满足，人们才寻求一种理想的形式来展现自由自觉的创造精神，并在最高层次上完满地实现审美自由观，更大程度地满足自己的审美需要。从主体的内在动因看，艺术的产生与发展演变都以在特定历史阶段和特定社会生活中产生的人类的审美需要为前提。

艺术家在将自然美、社会美转化为艺术美的创造活动中，他的自由自觉的审美创造本质得到了最佳展现。"按照美的规律来创造"是艺术最高的、永恒的定则。在艺术创造中艺术家不仅能够完全自由地以审美的态度来审视和把握审美客体的审美性质和特点，而且能够调动一切手段，自由地对审美客体进行加工改造，创造出艺术的自由形式。艺术作品中的审美客体虽然仍然是有自身鲜明独特的审美特点，但是它的性质已发生了根本改变。艺术家在对它进行提炼、概括、熔铸、再造的时候，主体的心灵化作艺术品的灵魂，赋予艺术作品新的生命质量和生命活力，客体成了主体化的客体，同时审美创造的主体也不再以外在的力量存在，他把主体的丰富审美本质对象化到他的作品中，获得自由的显现。黑格尔说："艺术理想的本质就在于使外在的事物还原到具有心灵性的事物，因而使外在的现象符合心灵，成为心灵的表现。"他还说："在艺术里，这些感性的形状和声音之所以呈现出来，并不只是因为他们本身或是他们直接显现于感官的那种模样、形状，而是为了要用那种模样去满足更高的心灵的旨趣，因为它们有力量能从人的心灵深处唤起反应和回响。这样，在艺术里，感性的东西是经过心灵化的，而心灵的东西也借感性化显现出来。"经过这样的自由创造，艺术美就被升华为"更高、更强烈、更有集中性、更典型、更理想，因此就更带普遍性"的美。艺术美的感性化形式便是在自然美、社会美的基础上借助特定物质媒介的物态化转型。艺术美的物态化转型使艺术获得特殊定性：①艺术是精神产品，具有意识形态的性质，是人类审美意识的对象化。艺术美是现实美的反映，是第二性的美。人的审美意识的个体独特性和现实美的复杂性，表现为艺术作品的独特个性。这种独具的审美精神个性，才是每件艺术作品所独具的审美意义和存在价值。②艺术是物态化存在，必须借助一定的物质媒介获得感性认识。物质媒介的特殊性使物态化的方法与结果产生无限的多样性，形成了艺术美的丰富多彩性和鲜明独特的分类特征。③艺术形象作为自由创造的物态化转型，是多重矛盾自由统一的最高境界。诸如主体与客体、情感与认识、精神与物质、现实与理想、感性与理性、个体与社会、瞬间与永恒、有限与无限、材料与技巧、再现与表现等，集中转化为艺术作品内容与形式的矛盾，通过艺术创造活动达到了高度的自由统一。

## 二、艺术美是心理情感的结晶与迹化

艺术美是心灵化的意识形态美，它证实着人的心灵的丰富性和复杂性。艺术美是"情动于衷"的产物，它展示了人的情感的深邃性和微妙性。黑格尔曾说："只有从心灵生发的，仍继续在心灵土壤中长着的，受过心灵洗礼的东西，只有符合心灵的创造品，才是艺术作品。"他还说："一个艺术家地位愈高，他也就愈深刻地表现出心情和灵魂的深度"。"心灵不

仅能把它的内在生活纳入艺术作品,它还能使纳入艺术作品的东西作为一种外在事物,能具有永久性。"人的心灵是无限丰富复杂的,作为审美意识的心理机制它集中表现为审美情感的运动。古今中外真正懂得艺术真谛的艺术家和理论艺术家,无不把艺术的心灵情感因素放在首要地位而予以特别强调。每个人都使用特殊的字眼来表达这种在艺术活动中的起初而又神秘的主体自由状态,诸如"灵感"、"灵魂"、"胸襟"、"热情"、"激情"、"冲动"、"沉醉"、"想象"、"幻想"……,所揭示都是艺术心灵情感的性质特征和创作规律。俄国文学家列夫·托尔斯泰说:"艺术是这样一项人类活动,一个人用某种外在的标志有意识地把自己体验过的情感传达给别人,而别人为这些情感所感染,也体验到这些感情。"印象派画家雷诺阿说:"绘画作品是艺术家用来表达它激情的手段;它是艺术家发出的一股激流,这股激流会将你卷入到他的激情中去"。雕塑家罗丹断然宣称:"艺术就是感情。"

中国传统艺术理论对心灵情感的作用更是十分重视。文论讲"气之动物,物之感人,故摇荡性情,形诸舞咏"(钟嵘《诗品》)。"情以物迁,辞以情发","情孕所变,神用象通"(刘勰《文心雕龙》)。乐论说:"情动于中,故形于声"。(《乐记》)。画论言"书画之妙,当以神会","本乎形者融,灵而动变者心也"(王微《叙画》)。"外师造化,中得心源"(张璪《历代名画记》引)。"迁想妙的"、"以形写神"(顾恺之《魏晋胜流画赞》),"能令观者目注神驰,为画转移者,盖因情景之妙,笔境兼夺,有感而通也"(布颜图《画学心法问答》)。这些见解,都说明了艺术不同于其他社会意识形态的根本特点是由审美活动的心灵情感性决定的。心灵情感是完成和实现艺术由生活向自身升华、转型的原动力,也是艺术生命活力的原生质。艺术创造中艺术家心灵情感的性质直接影响着艺术作品的审美魅力和价值。

应强调的是,艺术所表达出的心灵情感,是一种高级的审美情感,它是艺术家对现实生活的亲身感受、真切体验、动情认识和审美评价的结晶。它以感性地传达心灵情感的形式运动着,以情动人,在艺术家和欣赏者之间进行着心灵的对话,情感的交流;它又是感性的,审美情感丰富深刻的内在蕴含正是心灵的丰富性的艺术表现。"情理交融"、"寓教于乐",优秀的艺术作品不仅具有感人肺腑的情感同化力量,而且在心荡神摇的情感激变中,不知不觉地净化了人的灵魂,升华了人的情感。艺术家的作用决不应该是歇斯底里状态中发泄自己莫名的隐私之情,也决不应该是纯自然地去记录和照抄别人的普通情感,更不应该是仅凭臆想去制造违真的虚假之情。

### 三、艺术美是内容与形式完美统一

任何艺术作品都有内容与形式两个必不可少的因素。形式是外在的而内容是内在的。面对一个艺术品,首先接触到的是它的形式,然后再去领会它这种形式的内在意蕴,即领会其内容。但真正的艺术品是内容美与形式美的珠联璧合有机统一中的独创与妙创。

艺术美是意蕴美和形式美的高度自由统一。艺术审美形式的感性外观所具有的强烈动情感染力,正是它内在蕴含的精神情感的外化。内在的精神情感只有通过恰当完美的艺术形式才能获得理想的显现。高尔基曾说:"要使一部文学著作无愧于艺术品的称号,就必须赋予它以完美的语言形式。"爱默生也说:"美的精华是比轮廓线条的技巧或是艺术的规则所能叫人领会的更为精妙的一种魔力,那就是从艺术品所放射的人的性格的光辉——一种奇妙的表现,通过石头、画布或音乐,把人性中最深刻最简单的一些特质都表现出来,所以对具有这些特质的人们是最易理解的。"这里,一方面强调了艺术形式的美是艺术美的重要内容,是艺术审美本质的完美形态,优秀的艺术作品必定具有完美的形式,必须重视对艺术形式的美的创造。另一方面又辩证地指出了艺术形式的美就在于它是艺术内容最恰当、最生动、最完善的表现。在艺术发展中，不同的艺术流派，不同的艺术家在处理形式美与意蕴美的关系时虽然表现出不同的倾向和侧重点，但是，真正有审美价值的称得上艺术品的作品，都是意蕴美与形式美双向渗透、双向经纬的和谐体。

中国传统艺术美学中提出的"文质统一"、"形神统一"的重要命题，涉及的也是艺术意蕴美和形式美的关系问题。古典文艺美学对"质胜文则野"和"文胜质则史"两种偏向都是持否定态度的。主张文质并重、形神兼备，即意蕴美和形式美相统一，成为历来衡量艺术的重要审美标准。

## 第二节　艺术美的特征

艺术美的特征是由艺术美的性质决定的。如前所述，艺术美源于现实生活，是经过艺术家加工创造升华的意识形态美，是体现着创造主体审美情感与审美理想的美。艺术美是内容与形式高度统一的艺术形象，是具有审美魅力的美的自由形式。因此，艺术美的特征集中体现在以下几个方面。

### 一、独特性

独特性是艺术美的首要特征。艺术美的独特新颖主要表现在以下两方面。

（1）突破常规，发现或重组他人未曾发现、未曾组合、未曾体验过的新的结构和内容。体现在作品上，从形式到内容都要独出心裁，发他人所未发，道他人所未道。真正的艺术家的任何一部成功的作品，既不重复别人，也绝不重复自己。总是不断追求、不断探索，竭力为社会提供独特、新颖的作品。

比如，鲁迅的《阿Q正传》，不论从剪裁、叙事、人物，还是到所反映的深刻的思想内容，都是独特的、新颖的、前无古人的。

再如，改革开放初期拍摄的电影《小花》，在叙事过程中，吸取了瑞典导演英格玛·伯格曼《野草莓》的意识流手法，在小花寻不到哥哥时，在彩色片中插入了一段表现小花思念哥哥的潜意识的黑白片。不管从摄制技巧，还是表现人物心理，在中国电影发展史上，都是一种独创。为此受到了当时电影界的关注。

（2）从普遍中发现特殊，从平凡中发现出不平凡来　雕塑大师罗丹说："用自己的眼睛去看别人见过的东西，在别人司空见惯的东西上能够发现出美来。"说的就是这一道理。比如，在中国绘画史上，出现过不少画虎的名家，像清代的高其佩，现代的张善孖、胡爽庵等。当代画虎大家姚少华，师从胡爽庵。姚少华画的虎有自己的特色，在继承前辈画虎经验的基础上，有了新的突破。他画的虎，取狮鼻、虎口、猫须，使虎的神韵更显霸气，形体动作更显雄壮，显示出了自己的风格。

### 二、形象性

艺术是对社会生活的反映，但它反映的形式与其他意识形态有着明显的不同。它是以鲜明、具体、可感的形象来反映其深刻的、丰富的内容。从而，人们也只能通过感官来感知艺术作品的形象，再通过自己的审美经验，领悟到作品所包含的深刻意蕴，即内容。所以，形象性是艺术美的第二大特征。普列汉诺夫说："艺术既表现人们的感情，也表现人们的思想，但是并非抽象地表现，而是用生动的形象来表现。这就是艺术的最主要的特点。"可以说，无生动具体、传神动情的艺术形象，就无艺术可言。

由于艺术的类别不同，各种艺术塑造形象的手段也就不同。像绘画、雕塑、工艺美术等造型艺术，它们塑造的都是直观形象，人们通过视觉就可以直接观赏到作品的形象，并从观赏中领悟到作品的内容。比如，齐白石善画虾，人们欣赏他的作品，马上就会被画面上形态逼真、气韵生动的虾的形象所吸引，那脆硬的虾壳，柔软的触须，质嫩的虾肉，一切都那么栩栩如生，特别是透明虾头上的一点墨，显示它刚刚吃过食物，宛如活虾一样。从而，使人们感悟到虾是那么的可爱，生活是那么的有趣。

语言艺术、表情艺术、综合艺术也是如此，都是通过塑造具体、生动的形象来揭示内容的。需要指出的是，要欣赏这些艺术，必须有一定的艺术修养。比如，小说（语言艺术）中成功的艺术形象，也是具体的、鲜明的、生动可感的。外国名著中的唐·吉诃德、安娜·卡列尼娜等；中国古典作品中的贾宝玉、鲁智深；现代作品中的阿Q、骆驼祥子等，都给人留下了难以忘记的印象。

像一提起阿Q，人们就会想起他长着癞头疮，留着一根发黄的小辫子，头戴一顶小毡帽，瘦骨伶仃，孱弱无力的样子。以及他以好似"儿子打老子"的精神胜利法自慰的种种特点。这种形象只能是阿Q，而阿Q也只能是这样的形象。要欣赏小说中的形象，还必须有一定的文化修养，比如，最基本的要求欣赏者必须识字。

所以，艺术通过形象来反映生活，但因各种艺术的类别不同，他们所用于塑造形象的手段也就不同。

### 三、情感性

生活不仅为艺术提供了广泛的素材，也孕育了艺术家们的情感。所以，任何成功的艺术作品，都强烈地洋溢着创造者的情感体验。为此，情感的真实与丰富，是艺术魅力最重要的源泉。无论是艺术创作，无论是艺术创造还是艺术鉴赏，没有强烈的情感介入，就无法进行。情感性是艺术美的最重要的特征之一。艺术能表现情感，更重要的是它能以优于其他任何方式的方式来充分地、自由地展示人们的想象和认识世界的情感欲望和情感力量，充分地、全面地、深刻地表现人类丰富多样的情感。艺术表现的情感是在对自然情感深刻体验后，经过选择、积淀、强化、升华等处理后的情感，其感染力是其他任何方式所无法比拟的。一旦我们进入艺术的情感世界，喜怒哀乐，都是审美体验。

比如，清初有个著名的山水画家朱耷，别号"八大山人"，是明末皇室之后。他画山水，喜画残山剩水，借以寄托他对故国的思念之情。他画飞禽，喜画猛禽，且"白眼向人"，鄙视一切，表达了他冷眼看世界的情绪。

绘画如此，音乐更是以情感动人。像阿炳的《二泉映月》，人们在乐曲形象中，可以强烈地感受到阿炳的凄凉身世，作品中包含着的这种凄凉情感，引起人们无限的哀怜与同情。

对于"情之所感，形之于声"，历史上还有汉代音乐家蔡邕听琴的故事。一次，蔡邕的邻居请他喝酒，当蔡邕走到邻居屋前的时候，听到屋内传来激烈的琴声。他想：既然请我来喝酒，为何琴声中带有一种杀伐之声？于是转身就向回走。主人发现后，马上把他追了回去，问他："为什么到了屋前不进屋？"蔡邕说明了原因后，主人忙解释道：他弹琴时看到螳螂捕蝉，蝉要飞未飞，而螳螂却一前一后，因为担心螳螂有失，想必情之所感，而形之于声了。这是弹琴者和听琴者都诉诸感情的结果。

音乐如此，别的艺术也是这样。巴尔扎克在写《高老头》时，当写到高老头死时，他丢下笔，便号啕大哭起来，一边哭一边说道：高老头死了！高老头死了！他为什么哭呢？因为他把全部情感都倾注在他所写的人物的境遇之中了。

以上都说明，情感性是艺术美的一大特征。

### 四、典型性

艺术美和生活美虽然都是美，但有高低、文野、粗细之分。艺术美虽然源于生活美，但又高于生活美。没有生活美作为源泉，艺术美就成了无源之水，无本之木，但艺术美比起生活美来，表现得更加集中、更加强烈、更加典型、更加带有普遍性。

这就有一个对美的强化过程，即典型化的过程。所谓典型化过程，就是艺术家把生活中不太美、不太典型的东西，按照艺术的规律和艺术家的审美理想，通过去粗取精，去伪存真，然后按照想象和虚构，进行加工和改造，使之成为个性鲜明突出，意蕴丰富深刻的典型形象的方法。

正因为如此，艺术美比生活美更美，更富有理想性。它不但体现了作者对生活美、丑的评价，鲜明的爱憎，而且还体现出作者对理想的追求和向往。

比如，在生活中，存在着各种各样的"精神胜利法"，但并没有引起人们的注意，经鲁迅先生的加工、改造，使各种精神胜利法的特点集中在阿Q身上，从而反映在阿Q身上的精神胜利法就变得格外鲜明、醒目、强烈，成为世界文学长廊中的一个不朽的形象。宋代风俗画《清明上河图》(见彩图39)，画出了街上的行人，集市的繁华，茶肆酒楼，鳞次栉比；郊外，牛犁人锄，一片春耕景象；河道上，船来船往，运输繁忙。有人统计，在525公分的长卷上，共画出了550余人，牲畜60余头，各种车辆20余辆，大小船只20余条，房屋30余栋。画卷展示出了宋代都市、乡村的社会生活和风光。这幅画是对宋代社会都市、乡村的高度概括，是经过作者加工、改造，高度典型化的结果。它不仅具有美学价值，还有历史价值。

### 五、理想性

艺术美是一种创造美，在任何成功的作品中，都融入了创造主体的目的和要求，愿望和理想。所谓理想性，就是体现在作品中的创作主体的这种目的和要求，愿望与理想所要达到的程度。

艺术美这种理想性的特点，主要表现在以下两方面。

第一，体现在创作主体的强烈的爱憎感情上。倾注在艺术作品中的爱与憎，是艺术家感情的投入，反映了艺术家们对某种理想的渴望和追求。

比如，杜甫的《石壕吏》，以及他的名句"朱门酒肉臭，路有冻死骨"。表达了作者的对压迫者的憎，及对被压迫者的同情，显示出作者对社会安宁、人民安居乐业的渴望。

齐白石在日伪占领下的北平生活时，曾画过一只螃蟹，下面写了一句话："看你横行到几时。"很明显，齐白石是借螃蟹痛斥日伪的横行霸道、为恶人间，表达了将日本帝国主义早日赶出中国去的渴望。

第二，理想性表达了创作主体对美的追求上。前面讲过，艺术美来源于生活美，但比生活美表现得更加集中、更加强烈、更加鲜明、更加完整，这其中体现了创作主体对美的更高层次的追求。这种追求体现在对生活美的去粗取精、改造加工的过程。而这种过程又是在创作主体的美学理想指导下进行和完成的。

比如，电影《林家铺子》，在塑造林老板这一人物形象时，编导者在充分尊重原著的基础上，对林老板这一人物形象的两面性进行了加工改造，从而使这一人物形象更加典型、更加具有代表性。我们前面所讲过的鲁迅塑造的阿Q、姚少华画的虎、齐白石画的虾……哪一个不是他们对美的更高追求的结晶，哪一个不是他们审美理想的具体体现？

## 第三节　艺术美的审美功能

经过艺术创造实践，把现实生活中的自然美加以概括和提炼，集中地表现在艺术作品中的美。在美学史上，由于美学家的哲学观点不同，对艺术美的认识也不相同。黑格尔从客观唯心主义出发，认为艺术美是历年在高级发展阶段上的美，是美的高级形式；他主张艺术美高于自然美，宣称艺术美是真正的美，它是"由心灵产生的再生的美，心灵和它的产品比自然和它的现象高多少，艺术美也就比自然美高多少"。车尔尼雪夫斯基则从形而上学唯物主义出发来批判黑格尔，主张自然美高于艺术美，认为"客观现实中的美是彻底的美的。""艺术创作低于现实中的美的事物"，艺术只是生活的苍白而不准确地反映。马克思主义美学认为，艺术美是美学研究的主要对象，艺术离不开形象，因而艺术美主要的是艺术形象的美，它同艺术形象一样也是源于现实生活，同现实生活中的形象一样具有生动性和丰富性等特征，但它又跟艺术形象一样不同于现实生活，它是艺术创造的人类审美活动的结晶，是现实生活的典型概括，因此现实生活中的美更集中，更典型。

与美学中的其他重大问题一样，美的分类，也是美学史上一直没有规范解决的问题。我国美学教科书中常见的是根据审美对象自身性质的分类，如自然美、社会美、艺术美、形式美等。这种分类最大缺陷是把"美"的分类变成对"美的事物"的机械归类，没有也无法揭示美自身的不同生成特征和规律，因而，也无助于对客观美的认识、分析与把握。这与传统美学对美的性质的机械理解相关。从系统美学角度讲，美是不能脱离审美关系系统而独立存在的，美只是审美关系中客体的系统质。在现实中，离开特定审美对应关系和审美主体，离开特定审美距离和审美环境，客体便无所谓美或不美。美绝不是客体固有的自然质或社会功能质。因此，美的分类是不能脱离开审美系统的。当然，如果我们根据科学抽象原则，设定人类主体为审美主体，同时将审美系统的诸要素——审美距离和环境等"悬置"，客体或客体因素的审美价值或美依然是可以相对确定，并进行分析研究和分类把握的。但显然，这种抽象的美的分类，绝不是依据客体自身的特征与性质，而是依据审美关系生成的性质。据此，可将美划分为，前文化美，文化美与复合美三大类。笔者认为这一新的分类方式既有助于美学学科的规范，也有助于我们对美学和艺术现象认识的深化。

审美系统中的主体是人，而人的生命从属于"双重关系：一方面是自然关系，另一方面是社会关系"。人的生命本质的这种两重性，使审美关系的生成也分为性质不同的两大类，即前文化审美关系与文化审美关系。所谓前文化审美关系，就是客体因对主体之物理、生理、心理结构或需求的同构或满足而建立起的审美关系；所谓文化审美关系，就是因客体所包含文化社会价值因素为主体意识自觉把握和肯定而建立起的审美关系。由于在大多数情况下，这两类审美因素共存于现实审美关系中，因此，又形成第三类，即复合审美关系。这三大类审美关系所生成的便是前文化美、文化美与复合美。

所谓文化美，也就是传统美学所讨论的美，即由"人的本质力量对象化"所生成的美，所物化和表现在客体身上的文化审美价值。文化审美关系发生于人类与动物相区别的漫长进化过程中，生成于人类类意识、类自觉的形成和体现类自沉的自由创造——"劳动"的过程中。文化审美既伴随人类类本质生成而生成，又体现着人类的文化特征。动物能本能地趋利避害，建巢筑穴，但却不能像人类那样，顺势利导，化害为利，能动地为自己创造更新更美的生活环境，因此，动物没有"文化"，也不会对客体内含的"文化"有任何兴趣。甘肃的"阳关"遗址，甚至连鸟儿也不愿栖息。但对人类来说，先民们艰苦创造的文化遗痕，是自然界、动物界任何精妙建构所不可比拟的，是世界上最美的存在。这便是"阳关"文化魅力之所在——它所凝聚的是中华文明沉积千百年的历史，它所唤醒的是中国文人代代承传的思古怀古情结。文化审美是人类的"专利"，也是审美的本质构成。

所谓前文化美，系指客体因满足主体潜能本能需求而获得的审美价值。当然，这种前文化美的获得，只能是在人类审美系统整体生成存在的条件下。因为从严格意义上讲，如果仅仅停留在物理、生理、心理水平上，并不存在主客体关系或审美关系，而只有动物与自然的适应关系。动物与自然是直接同一的，它们之间不存在对象性的关系，更不存享受性体验自己潜能、本能的"审美关系"。蝶恋花肯定不是审美；一只母猴喜欢上另一只公猴，当然也不是审美。但人类在从消极适应自然到能动改造自然的漫长过程中，一面不断改造自身的感官结构，生成"有音乐感的耳朵、能感受形式美的眼睛"，一面丰富发展自身的感觉，使之"成为人的享受的感觉"，从而将人的本能潜能需求从被动性、适应性动物水平提升到能动性、主动性的水平，并伴随着肯定自身本质力量的文化审美关系的生成而获得审美性质，使前文化动物性适应关系成为人类审美系统的构成部分。因此，同样是对色彩和花的喜爱，人恋花成为高雅的审美活动。虽然是与猴子"同宗"，人对异性的关系便具有审美意义，甚至如保加利亚学者瓦西列夫所比喻的，人类性本能是为绚丽多彩的美提供无形琼浆的生命之根。

这里，所体现出的正是系统整体性原则：在系统整体生成之前，构成元素或子系统本身并不能获得系统属性；但在系统生成之后，系统之元素或子系统则作为系统的构成部分而获得系统属性。因此，尽管从生物自然发生史角度讲，人类前文化关系生成在前，文化关系生成在前，但从人类文化发生史角度讲，则是文化审美关系发生之后，前文化审美关系才得以存在，因为只有文化审美生成才意味着人类审美系统的建立，前文化审美关系才能作为人类审美系统的有机构成部分，相对独立地存在。

传统美学之所以没有划分前文化审美与文化审美，其中一个重要原因是两者在表面上是没有任何区别的，都是一种主客体对应关系结构。一个人欣赏一朵花同另一个人欣赏一把石斧，很难看出有什么不同。但如果深入考察一下便会发现，这两种审美关系中的主、客体因素及其相互结构动因是有着显著差异的。在前文化审美中，审美关系是由客体，譬如"花"的形象形式刺激主体生理心理机制，满足主体潜能或本能需求而建立的。某个个体能否与某个客体建立前文化审美关系，完全取决于主体生理心理机制是否健全、取决于客体形象形式能否吸引或激起主体好感。若主体生理心理机能残缺，比如色盲耳聋，那么，任何绚丽的花朵、和谐的旋律对他都没有美的魅力；若客体形象丑陋结构失衡，比如瞎眼跛腿，那么，它对任何健全的主体也不会产生美的魅力。在这种纯粹前文化审美关系中，任何美的理性概念都是没有意义的。即使人们交口赞美，色盲的人对花也无动于衷；即便某位盲公品格超众，他的外在形象也无法使人赞美。这表明，在前文化审美中，人类之所以对客体产生不同的好恶选择和美丑感觉，其内在生理心理机制只能从人类的动物进化史中去寻找。人类前文化审美能力并不需文化修养或审美教育而获得，其相应的美感与动物性的快感生成机制也没有本质的区别。当然，一般说来，纯粹的前文化审美在实际审美中并不占优势，像艺术中所谓的"有意味的形式"，便因内含丰富的文化因素，故不属于纯前文化审美。

纯文化审美与前文化审美正相反，其审美关系是超越生理心理感官水平，与人的潜能本能需求无关，纯粹由主体文化意识理性觉悟体察到客体，譬如"石斧"是因内含着文化社会价值而建构的。某个个体能否与文化客体建立文化审美关系，完全取决于主体文化素养的社会觉悟，取决于客体内含文化因素对主体是否具有足够的价值引力。设若主体缺少必要的文化科学修养，是一个文盲科盲，那么，任何具有文化科学价值的文物，对他也没有美的引力；同样，若客体并不蕴含丰富的文化价值，比如寻常可见的石块，那么，它们也是不会对文化主体产生审美引力的。在这种纯粹文化审美关系中，客体的外在形象是没有直接意义的。假古董伪文物，即使具有华丽或古朴的外表，但一经专家验证是赝品，其文化美的吸引力也便即刻消失。这表明，在文化审美中，人类之所以对文化客体产生审美兴趣，其内在发生机制只能从人类本质、人类觉悟中去寻找；人类的文化审美能力不是与生俱来的而是靠文化修养或审美文化教育获得的，其相应美感实质上是一种属人的自豪感或充满类意识的愉悦感。相对说来，纯粹的文化审美在现实审美中更是不多见的，即使锈痕斑斑的战国兵器，断壁残垣的秦代长城，也总是或多或少具有某种感性魅力，不能归属于纯文化审美。

我们将前文化审美与文化审美两相对照，它们之间之特征差异便看得更为清楚了：从客体角度来讲，前文化审美侧重的是外在形象形式，譬如"花"，其形象形式具有相对独立的审美意义；文化审美侧重的是内在本质内容，譬如"石斧"，其形象形式不具有独立的审美意义。从主体角度来讲，前文化审美中所激活的主要是感官，是主体对"花"的感性直觉；文化审美中所激起的主要是意识，是主体对"石斧"的理性反应。虽然文化审美中由于人类对某些价值因素的理性反应（如对人文、人性价值的反应），已经在"类"生成过程中千百亿次地重复而化为一种文化本能或社会良知，积淀成为一种群体文化无意识，使这种理性反应同样会表现为一种感性直觉，表现为一种审美直觉，但这只是表面的类似。在这里，一个很明显的划分理由便是，在前文化审美中，主体之好恶除去归咎于主体潜能本能结构之外，是无法用理性概念去分析说明的，而在文化审美中，这种关系建立之因缘却是可以借助理性概念加以解释说明的。譬如，我们对花的欣赏无需理由，对花的生物学"合目的性"分析甚至有害于对花的欣赏。但我们对石斧的欣赏却需要理由，对石斧的考古学"合目的性"分析绝对有利于对石斧的欣赏。而这正体现了两类审美关系的不同特征：在前文化审美中，客体之审美价值直接存在其感性形象身上，主体进入审美角色经常是一个不加理性判断的感性直觉反应过程，因此，前文化审美是直接审美、非理性审美、受动审美、无中介审美、形象审美；而在文化审美中，客体之审美价值在于其结构中所包含的文化社会价值，与其感性形象并非直接同一，主体必须经由理性确证文化社会价值存在并被其所吸引，才能进入审美角色，因此，文化审美是间接审美、理性审美、能动审美、中介审美、内含审美。

关于两类不同性质审美之间的这种差异，美学史上的先哲们已经有人涉及了。如英国18世纪著名美学家哈奇生所谓的绝对美与相对美，实际上就是试图概括前文化审美与文化审美之不同特征。前者指事物本身某种性质令人感到美，后者是由观念联想而感到的美。康德对纯粹美（自由美）和依存美的划分："前者是事物本身固有的美，后者却依存于一个概念"。但由于传统美学中"美"是一个浑一的概念，根本不可能从审美关系的内在结构分析中给予这种划分以科学根据，因而，只能凭借经验或理论作出主观裁定，使这种主观的划分不仅没有揭示审美现象内在规律，反而使美学理论陷入迷津或悖谬之中。

基于审美发生的性质，区分文化审美与前文化审美，对于我们认识审美现象，尤其是某些所谓"自然美"和"形式美"的生成规律是非常重要的。传统美学一大误区是把低层次的审美现象，统统提升到文化层次上阐释，将所有自然美都千曲百拐地归结于"人的本质力量对象化"。譬如阐释月亮的美，一定要先联想为"白玉盘"之类，再将"白玉盘"归结为劳动者的创造，最终让月亮间接地被"人化"。这样做的结果恰恰是把简单问题复杂化，使美的规律扑朔迷离，难以把握。达尔文在论及对人类生理结构功能认识时曾说过，必要时"我们就得在哺育动物的进化阶梯上下降到最低的几级才行。"对许多属于前文化审美现象的解释也是这样，当我们把它下放到人类结构的低层时，其实是非常简单的：所谓月亮之美，就在于它的清晖在夜色中悦目，适宜人的潜能需求；而一轮圆月，还有着视觉最容易接受的简捷形式——圆形。这便是不熟读唐诗，缺少人文修养的人们同样赞赏月亮美的原因。类似情况还有花之美。由于普列汉诺夫的征引，格罗塞在《艺术的起源》一书中有关原始部落人对花冷淡的事实广为人知，他们"从不曾用花来装饰自己，虽然他们住在遍地是花的地方"。由此，便很容易得出花之美产生于劳动的结论，使花之美具有文化美属性。其实，这也是将审美发生论与审美本体论混淆而产生的错觉。从发生论角度讲，人类对花欣赏的事实的确是发生在人化自然的劳动实践中，但人对花的喜爱倾向和欣赏能力，却是动物人在物种进化过程中就早已经从祖先那里继承下来并自然具备的，只是在向人生成的漫长过程中，由于生存维艰而暂时蛰伏起来成为潜能罢了。一旦劳动实践使人类的这些潜能被重新解放出来，它便作为前文化审美需求而存在，相应的，花之美便也存在了。因此，现代人欣赏花，根本无需想到什么劳动、丰收、果实之类，恰恰相反，那些为人类所培养和喜爱的花卉，几乎统统是"花"而不实的。

实际上，构成人类审美基础的诸多视觉或听觉形式美元素，也大都属于这类前文化审美发生现象。譬如"对称"。"对称"在形式美中的重要地位是难以动摇的，所谓"反对称"、"不对称"，依然是以"对称"的存在为前提的。但人对"对称"美肯定的最根本原因还在人自身结构的对称。普列汉诺夫早就猜测到这一点：对称规律的根源是什么呢？大概是人自己的身体的结构以及动物身体的结构。只有残废者和畸形者的身体是不对称的，他们总是一定使体格正常的人产生一种不愉快的印象。因此，欣赏对称的能力也是自然赋予我们的。我们不妨作这样的奇想，假若人的身体，尤其是人的眼睛不是横向对称的话，比如是上下对位或者是像比目鱼那样两只眼挤在一边，那人类肯定不会对"对称"有如此执著的偏好了。再如"黄金分割"。"黄金分割"律是自然界普遍存在的神秘规律。就视觉之"黄金分割"矩形来说，它之所以是人们乐于接受的好图形，以至从普通书籍外形到各类建筑结构几乎无处不在，就在于它与人类静观视野结构相对应。假如人的上下视域宽、左右视域窄，这种横向黄金分割图形便决不会如此受欢迎了。在人类听觉系统中同样存在这种结构"共振"现象。譬如单一频率的"单调"音响或杂乱频率构成的"噪声"之所以令人不快，和谐的乐音之所以令听觉快适，都与人耳的物理结构和声学性质相关。有研究材料表明，美声歌唱演员声音之所以悦耳，就是因为其从声带"共鸣区"发出的响亮声音能进入人听觉器"最佳可听区域，使声音明快、响亮"。因此，所谓"美声唱法"，实质上就是歌唱家对自己的发声器按声学规律进行自觉训练的一种唱法。

由于客体对主体感官结构的适应或同构而生成这种前文化审美规律，通俗地表达，可借用爱迪生的一句话："也许并不是这块物质比另一块物质具有更多真正的美和丑，因为我们人如果构造成为另一个样子，那么现在使我们嫌恶的东西也许会使我们爱好。"狄德罗作为唯物主义美学家，同样发现并强调了这一看似简单却往往被忽略的真理。他明确指出，美的客体关系结构、安排，"这只是对可能存在的、其身心构造一如我们的生物而言，因此，对别的生物来说，它可能既不美也不丑，或者甚至是丑的。"尽管我们可以感知或发掘由自身躯体的物理或生理结构制约所产生的生理本能、潜能需求，但这种结构关系本身却显然是我们自身所无法觉察或改变的，是不以我们的主观意志为转移的，而这不正是为客观美论或唯物美论奠定了最坚实的基石吗？不过，应当再次强调指出是，虽然前文化审美与文化审美可以从性质表征上将其明确分开来，但在现实审美中，以纯粹形态存在的前文化审美与文化审美皆不多见。前文所谓形式美，也只是构成客体的审美因素而已。由于人类所面对的客体，绝大多数都是"人化"客体，都内含着相应的社会文化因素，甚至连月亮、太阳等纯自然客体也往往被染上人文色彩。由于人类所创造的社会文化客体，绝大多数都具有"物质"躯壳，都表现为一定的形象结构，甚至连文字符号等纯文化客体也无一例外地具有某种自然形式。同时，又由于作为主体的人类，本身就是感性与理性、感官与意识的统一体，任何感性反应都在理性监控之下，任何理性反应都需经感性表现。因此，只要审美主体从前文化客体中"发现"文化意蕴存在，"觉悟"到某种文化社会价值引力，便即可会有文化审美并生；或者，只要审美主体被文化客体形象的某种感性魅力或形式所吸引，便立即会有前文化审美产生。这便是通常情况下复合美占据优势的原因。

　　复合审美的特征也是前文化审美与文化审美特征的汇总。审美客体是形象形式和本质内容的统一体；审美主体的感官感性与意识理性"全方位"调动；主客体关系结构既有直接性又有间接性，既有"中介"又无"中介"，如此等等。在现实中，最典型地体现复合美特征的莫过于艺术美了。艺术美由艺术内容美和艺术表现美构成。在艺术内容构成中，既有作为反映者所摄取的大千宇宙形象物貌，有前文化审美价值因素，亦有现实现象中所蕴涵的社会道德伦理，有文化审美价值因素，其复合美特征突出。但由于这种复合美只是对现实存在的复合美因素的集中再现或表现，毕竟不是艺术美的本质构成。艺术美的本质在于艺术的表现美。借用一句常用的话说就是：艺术的本质不在于"表现什么"，而在于"怎样表现"，即艺术家的艺术创造，下面我们便集中于此作些例析。

　　尽管不同艺术门类中的艺术媒体不同，符号系统不同，艺术文化审美特征也不相同，但各类艺术家都要借助特殊艺术媒体和艺术符号对前文化审美形式因素（色彩、乐音、对称、均衡等）充分发掘运用，使作品既具有丰富的感性形式，同时又能塑造出丰富的艺术形象，传递丰富的文化社会信息。譬如中国现代国画家，不仅墨有七法（黄宾虹），而且彩用七色，创作出一幅幅江山多娇，百花争妍的生动画卷；画卷中不仅有传统笔墨情趣，而且色墨交响，充满现代气息，寄寓着画家高逸情趣和哲理意味。显然，正是在这种艺术媒体操作和艺术语言运用、艺术表现形式中才体现出创造者的智慧，才表现出艺术家的才气，才产生出艺术品的文化审美价值。所谓内行看门道，对艺术品来说"看"的就是艺术家形象创造中这种化难为易、举重若轻、灵活自由、大胆独创的技巧运用奥妙，就是如何做到"难能为美"。如欣赏国画，画家一笔一墨、一丘一壑、一花一叶的背后，都有着无穷奥秘，有些甚至可能让人看到画家几十年的笔墨工夫，看到中国文人画几百年的承传轨迹。但对于普通观众来说，色彩就是色彩，形象就是形象，他们的目光往往被由自然物质媒介所构成的艺术形象躯壳所挡住了，他们的注意力为艺术的感性魅力所吸引了，因此，他们所欣赏的主要是艺术的前文化审美价值和艺术的惩善扬恶之类内容。所谓外行看热闹，"看"的就是艺术形象或形式的构成,是否新奇,是否好看,是否刺激,是否能引人入胜以及善恶报应的大团圆结局等。对于形象背后的艺术家所匠心运用的高难技巧,所寄寓的丰富内涵,则无法理解,或根本不感兴趣。因此,在艺术评价中之所以内行与外行尺度难以统一,就在于两者的着眼点和标准不同,所着重欣赏的艺术美的层次不同,一个侧重文化美,另一个侧重前文化美。

譬如像建筑,建筑师们对新建筑的审美标准包括建筑的观赏功能与使用功能,但他们主要的着眼点是放在建筑的语言风格、建筑的内在结构与外部环境处理、建筑的新材料新技术运用,以及建筑的使用观赏功能与建筑语言风格的协调统一上。而对大众来说,对这些标准一律不了解,甚至永远也不想了解,他们只是从建筑是否好看、是否新颖,甚至体量是否大等方面去评判,这怎么能与专家尺度趋同呢?电影是最大众化但又是最技术化的艺术,编剧、导演、演员、摄影、美工、服装、道具、特技、化装、灯光、音响、作曲、演奏、配音、录音、剪辑等,哪一个部门没有自己一整套技术要求?哪一部门的技术水平不影响电影的整体艺术效果?比如剪辑吧,不表不演只凭"剪刀"一把,却能"剪"出惊心动魄的画面效果来!但这诸多门类中的技术形式法的美学意义又有多少观众知道呢?像由镜头景别、运动、角度、组接等电影语言所构成的电影独特的叙述规则,又有多少观众能看出门道呢?大众所重视的是电影的娱乐功能,情节是否紧张、刺激、感人,明星是否漂亮、性感、年轻等。有时满足观众这种需求的影片几乎可以说不费什么事,往绝处编一个让人悲痛欲绝的故事再加几个著名影星即可——港台流行影视剧足可为证。当然,叫好又叫座的电影也有,但那要求编导必须兼顾两类对象,兼顾两种不同的审美规律,使作品具有丰富的复合美,这当然是很难做到的。

在古典艺术中,艺术家所追求的就是前文化美与文化美高度和谐统一的复合美,艺术家艺术创新的重点在于给人从感官到心灵的和谐享受。著名的古典艺术家对人类艺术潜能创造性地发掘、发现或运用,几乎达到了令人的叹为观止的完美水平,并且借助这近乎完美的艺术形式表现出人类对真善美的共同追求。达·芬奇的《蒙娜丽莎》、贝多芬的交响曲便是人类古典艺术的巅峰。艺术中前文化美与文化美的自觉分离主要源自现代主义。现代主义反传统、反和谐,就是减少前文化美的比重,强化艺术的文化社会价值内涵。那些丑陋割裂的视觉形象,就是让观众视觉受刺激,心灵受震撼;那些艰涩玄奥的文学作品,就是让读者不能本能地好好和通畅地阅读,而要去反复琢磨和理解,以至评论家们只能白天硬着头皮读呀评呀,晚上躺着去看"前现代"或后现代的通俗小说以休息大脑。作为反拨,或作为电子工业时代的产物,后现代主义的"大量文化",或"受众文化"则侧重于艺术的前文化层次,专门为取悦大众而批量制造那些缺少思想深度,没有丰富营养,膨化松软的文化快餐食品,以满足大众的感官需求。有青年学者将此称为"幸福的感官化",是很形象而切入本质的。如何防止这种"受众文化"戕害真正的审美文化,如何提高这种能"大众化"的"文化"的艺术品位,是当代"审美文化"研究的重要课题。如果逻辑或历史地推导,面向21世纪,我想,我们应当会迎来新的追求和谐复合美的"'后'后现代"或"'新'新古典主义"艺术的。

艺术美是作为人类审美意识的集中体现而存在的。人的审美活动可以通过多种途径来实现,但艺术美是对人施加审美影响的基本手段。在当代社会生活中,随着文化水平的不断提高,人们对艺术发生着越来越大的兴趣。艺术美的审美功能突出表现在以下几个方面。

## 一、娱乐功能

艺术是人的一种主观行为,这种主观行为属于娱乐游戏的范畴,这似乎是人们的共识。因为,离开了任何形式和内容的艺术活动,人类的基本生命活动都是能够正常维持的。那么,是不是人们所有的娱乐游戏活动都能够称为艺术呢?显然不是的。如小孩子掏鸟窝、摸鱼、斗蛐蛐等许多与之类似的娱乐游戏活动就不能称为艺术。而弹琴、作诗、画画、唱戏等许多与之类似的娱乐游戏活动就能够称为艺术。这是人们的共识。尽管不能够把娱乐游戏活动都称为艺术,却能够把艺术确定为娱乐游戏的组成部分,确认为娱乐游戏活动的一种方式,这在逻辑上是不会有问题的,也不会有人提出异议的。

艺术与其他门类不同,它不是以事实和逻辑诉诸于人,而是以直观的形象、浓郁的情感来打动人。它不是直接告诉你什么知识、道理,而是先让你受到感染,觉得愉悦,在这种审美享受中,不知不觉地受到教育,获得知识,即"寓教于乐"的方式。这就是艺术美的娱乐功能。比如,我们在欣赏画、电影、戏剧时,开始时并没有什么明显的目的,但在欣赏过程中,被对象的形象、情感所感染,所陶醉,不知不觉与审美对象融为一体,从而渐渐悟出对象所渗透的丰富内涵。艺术是一种虚的实体,它以其心物一体的巧妙创造,显示着人的智慧机巧,从而使主体摆脱了单纯的占有欲,体验到自由的生命运动,体验到生命力自由的发挥,达到精神的快适和心灵的自由。在这种愉悦体验中,既有对形式的赞美和情感意味的共鸣,又有洞察真理的欣慰,还有对某些压抑性的情感的净化。并且,这种体验贯穿到心理结构的各个层次,使多种因素相互作用,产生一种深沉博大的快乐享受,最终上升为精神人格的激动和领悟。因而,这种愉悦性,既"怡情",又"养性"。

应注意的是,从艺术中获得的审美愉悦是复调的,不是单一或单纯的喜悦和和谐感。它包含了人类情感从最低音调到最高音调的全音阶,喜、怒、哀、愁、忧、悲、急、疑、惊等。如卡西尔所说:"在每一首伟大的诗篇中,……我们确实都一定要经历人类情感的全域。"它是我们整个生命的颤动。在艺术体验中,连负面情感和情绪都被熔铸为一种审美心境,变得高尚而开朗,成为一种超越感,一种对人生、历史、宇宙的领悟,成为一种深蕴着大喜悦的人生感、历史感、宇宙感。

## 二、认识功能

艺术以生活为原料,按照艺术家自己的审美理想所重新创造出来的新的生活。因此,艺术作品中包含了丰富的社会生活的真实感受和创作主体的真实体验。因此,成功的艺术作品,不仅使人获得美的享受,还起到一种认识和启迪作用,主要表现在以下两方面。

一是对自然和社会的认识。社会生活是纷繁复杂的,它们都是艺术作品反映的对象,所不同的是,反映在艺术作品中的社会生活,比原生活更加集中、更加典型,且融入了创作主体主观上的体验和观点。所以,欣赏艺术作品,可以帮助人们更加深刻地了解社会、认识人生。正因为如此,恩格斯评价巴尔扎克《人间喜剧》是"比当时所有职业的历史学家、经济学家和统计学家那里学到的全部东西还要多。"毛泽东说:"《红楼梦》是当时社会的一部百科全书。"

二是能帮助认识人的丰富复杂的精神世界。艺术对社会有认识作用,但这种认识作用是通过描绘人的命运、刻画人的精神世界来达到的。因而,艺术美的更直接、更重要的作用是认识人与人类自身,认识人的复杂的精神世界。

人都有意识、有理智，这就构成了人们丰富的内心世界，但人们对自己的内心世界是不是都有清醒的认识呢？应该说不能。而艺术恰恰有这方面的认识作用。高尔基说："我的外祖父是一个残暴而又吝啬的人，但我对他的认识和了解，从没有像我在读了巴尔扎克《欧也妮·葛朗台》之后所认识和了解的那样深刻。"所以，艺术作品可以使读者和观众了解自己在他人身上没有看见的或并不知道的东西。

### 三、教育功能

成功的艺术作品都浸透着艺术家主观上的生活体验、审美评价、爱憎情感、是非标准。所以，对读者和观众都有一种强烈的思想、道德、情感等方面的教育作用。

像巴金的《家》，曾教育和鼓舞了不少青年走出了封建家庭，踏上了革命之路。

艺术的这种教育作用，不是耳提面命式的，而是通过以情感人，审美感化的途径，使读者或观众在不知不觉中受到鼓舞和教育。

### 四、调节补偿功能

艺术创作不仅需要社会生活做原料，还需要创作主体的主观投入，才能在创作过程和创作结果中体现出创作主体的目的与要求，理想与愿望，乃至潜在的本能和欲望。因此，作为一种"自由的精神产品"，艺术美既有真实地再现社会生活的"客观反映"因素，又有真诚地表现主观情感欲望的"主观表现"因素。这就是说主体在现实生活中获取不到的东西，可以通过创造和欣赏的过程，获得替代性的精神满足。用精神分析学派的心理术语，就是获得"补偿作用"。

在现实社会中，充满了矛盾：主观与客观、精神与物质、理想与现实、情感与理智、显意识与潜意识……为了缓解这些矛盾与冲突，社会生活中各种因素都发挥着自己的作用，其中就有艺术。

由于艺术创作中浸透着创作主体的强烈的主观因素（对社会矛盾及其缓解的看法），因而，艺术作品有着明显的调节和补偿作用。

在现实中，精神分析学派认为：任何个人都有某种生理或心理的缺陷或不足，因而，都有某种自卑感和不安感；但任何个人都有追求优越的愿望和目标，如果他在某一方面通过努力获得了突出的成绩，就会弥补或减轻个人的某种缺陷所引起的生理或心理的不安感或自卑感。这就是补偿作用。

艺术虽没有现实补偿来得那么实在，但它也可以创造一个理想世界、幻想世界，甚至是梦想世界，使创作者和欣赏者进入一个"忘我的幻想"世界，暂时忘记痛苦和烦恼。这是一种在想象过程中实现的"替代性"的精神满足，是对不如意的现实的精神补偿。在中外名作中，这种补偿因素是十分明显的，像我国传统的"清官"戏剧，关于包公的许多艺术作品，都有这种作用。

艺术作品中的这种"补偿功能"，内容是十分复杂的，有理想、有幻想、有梦想，有愿望、希望和要求。在这些补偿中，有的可以实现，有的则永远不能实现，给人的只是一种精神满足，但不管如何，总是对不如意的现实生活的一种精神自慰。

值得指出的是，这种补偿功能不能无端夸大，从而影响了艺术的娱乐、认识、教育功能在艺术作品中的协调作用。

黑格尔曾说："我们在艺术里所欣赏的正是创作和形象塑造的自由性。""艺术的真正职责就在于帮助人认识到心灵的最高旨趣。"罗丹也说："艺术，是人类最崇高的使命，因为艺术是锻炼人自己了解世界并使别人了解世界。"艺术文化作为审美文化的核心与规范形态，它对审美文化的发展起着主导性的作用，人类审美意识的完善和个体审美心理结构的建立，直接依赖于艺术精神的导引，依赖艺术活动的哺育。

"把我们的胸襟像一朵花似地展开，接受宇宙和人生的全景，了解它的意义，体会它的深沉境地。"艺术美唤起欣赏者审美体验的过程，就是他的审美能力提高的过程；欣赏者面对艺术品展开审美想象的过程和逐渐领悟到艺术品的内涵的过程，也就是他的审美能力逐渐发展起来的过程。通过优秀艺术作品的陶冶，个体逐渐建立起比较高的审美标准和审美理想，从而抛弃那些廉价的"俗美"。总之，我们应该像柏拉图所提倡的那样"寻找一些有本领的艺术家，把自然的优美方面描绘出来，使我们的青年们……天天耳濡目染于优美的作品，像从一种清幽境界呼吸一阵清风，来呼吸它们的好影响，使他们不知不觉地从小就培养起对于美的爱好，并且培养起融美于心灵的习惯。"

## 第四节　艺术美的分析

### 一、美是一种价值

没有疑问，美是一种价值。价值是来自人对于事物的一种区别、选择和评价性判断。判断有两类，即肯定型与否定型。价值判断也有两类，例如：美/非美（丑）好/非好（坏）善/非善（恶）。一种美学中的价值，来自主体对于对象之意义，所给予的一种选择和估量。在价值的选择和评估中，不仅映射出对象，而且映射出主体自身。价值不仅可以选择，而且可以比较，所以价值有程度——即量的差别。极端的不美是丑，但在非美与丑之间，有非美非丑。各种美的范畴，也都可以作比较，从而显示出从程度到意义的差别，例如：优美、典雅、精巧深刻、崇高、伟大等。

### 二、美不能以物理手段观测出来

美的范畴最初是从人对事物的肯定判断中产生出来。但美既不是一种对象，也并非对象的某一特定的性状。美所表示的，是事物的一种非实有的属性。什么是非实有属性呢？我们说某物大、小、轻、重、长、扁、方、圆、黑、白、黄、绿，这些都可以通过物理手段测量和规定出来，这些性状是可观测的物理属性。因此我们说，它们是事物的实有属性。但如果我们说某物美或丑，崇高或滑稽，粗俗或高雅等，这些属性就不是物理手段所可观测的，所以它们并不是事物物理性的实有属性。事物被赋予美或丑的规定，是来自主体作为评价者的一种判断。美、丑之类性质，有时看起来似乎存在于对象自身，但实际上，它们却只是一种表现着人性的属性。这种属性并非事物自身所固有，而是由于人类对事物的某些特征赋予了特殊的形式性意义。英国哲学家洛克在认识论中，把对象的性质区分为两类。第一类性质，是与人无关的实在性客体；第二类性质则与人的观测有关，是一种相对实在的客体——如声、色、气、味。那么，美与丑，可以算作是既不同于第一类，也不同于第二类的第三种性质。

### 三、美的基础是感知

"美"在语言中是一个模糊的价值指号。这个指号的深层结构中具有歧义，这是它难于被定义的原因。产生这种深层歧义的原因在于以下两个方面。

一方面，美是主体对自身中所体察到的某些感受和感情的一种表达；另一方面，这种表达，又是以评价客体的方式作出的，因此仿佛是发自对象本身的。换句话说，当我说对象 A 美时，似乎在指出对象 A 具有一种性质，这种性质可以用"美"这个代号来表述；但实际上，这一陈述却又是我对我自身一种感受状态的陈述。对象 A 打动我的眼、耳和心灵，使我愉快，使我被打动。实际上，当我说 A 美时，就是在陈述：我感觉，我认为——A 很美。由此可见，美的基础是感知，没有感知者就没有美。值得注意的是，美学一词起源于德语中的"Asthetik"，这个词源于希腊文，其词根则是——感知。所以黑格尔曾说，美学一词"比较精确的定义正是研究感觉和感受的科学。"感知是纯粹个人性的。无论任何一种美，如果你未尝亲身感受和体验到，你就有权拒绝承认。没有任何一种权威，任何一种科学，可以通过逻辑证明或其他超感知的证据，能使人相信一种事物美。美作为一种价值判断，是不能通过三段论证的，这是它与善和真这两种价值的不同之点。善和真都由具有普遍性意义的原理所规范，唯有美是仅仅存在于个人化的感性知觉之中。因此美感本身的结构中就具有一个非理性的层面。正因为如此，西方某些现代美学家认为美学的课题，应当研究人类的审美经验，这并非没有道理。

### 四、美的愉悦感来自人类的文化意识

美具有三大类型，即：自然美、人体美、艺术美。我们首先讨论自然美。自然美来自人类对于自然界的审美经验。这里很容易形成一种错觉，就是认为自然物自身中具有一种美的性质，或者说可以被规定为美的实在性状。这种错觉是可以理解的，但它已被证明是经不起严格分析和批评的。实际上，所有关于自然美具有实体性（或客观性）的说法，其根据都在于：自然物形式上具有某种特征，例如整齐、对称、有序、纯净或者色彩缤纷，普遍为人们所喜爱。因此在某种意义上，人们认为这些形式都是"美"。"材料在形状、颜色、声音等方面的抽象的纯粹性被看成为本质的东西。例如画得笔直的线，毫无差异地一直延长，始终不偏不倚，平滑的面以及类似的东西。由于它们坚持某一规定性，始终一致，而使人感受到一种满足。天空的纯蓝，空气的透明，平静如镜的湖以及平滑的海面，也因为同样的缘故而使人愉快。单就它作为一种纯粹的声音来说，也就产生出一种动人的想象力。"但我们又可以注意到，如果说某些自然对象，由于整齐、对称、纯净，而能够使人获得美感的话，那么某些人工创作的对象，有时却正由于形式上过于整齐一律而令人感到厌倦和单调，从而被认为是创造力的贫乏。例如曾有人指出，北京旧式居民楼的那种齐一化盒式设计，是极其缺乏美感的；而在中国古典文学中，晚期骈体文赋所追求的那种文句整齐对称，也同样令人在形式上感到极其单调呆板和僵化。由此可见，整齐、对称、单纯等抽象形式，虽然在某种条件下可以作为美感的构成元素，但在另外条件下也可以构成非美感的元素。因此它们绝非美的价值本身，更不是产生美感的充分必要条件。

那么为什么，当某些自然物呈现出这种整齐、对称、纯净的抽象形式时，我们却能够获得一种审美的感受呢？为什么我们会因而赞叹和喜爱这些自然呢？答案是，对这种形式的愉悦感，来自人类的文化意识，而并非来自人类的自然感情。这种文化意识表现为我们内心中的一种惊叹：我们惊叹，为什么一种本身无理性，并且未经过理性设计和雕琢的自然物，却会在形式上呈现出一种仿佛出于理智设计和精工雕琢，甚至优于这种设计和雕琢的外观！当我们观赏一个大溶洞的钟乳岩时，当我们俯瞰那平滑如镜的海面、或仿佛被神力所推动而变幻万状似乎具有人类感情的怒海时，或当我们登高纵目，面对那蜿蜒龙走，翠拥碧绕的如海

苍山时，我们所体会到和所惊叹的，正是这种呈现于自然之中，而又超越于自然之上的那种设计和创造力！再举一个例子来说，一块钻石晶莹的色彩和它那极具整齐平滑的晶体棱面，令人惊叹不已。如果其形状愈大，则这种惊叹也就越大。因为我们从直观上难以置信，更不可理解，这种丝毫未经过智慧设计和巧匠雕琢修磨的天然石块，为什么竟然会呈现出一种如此绚丽的色彩和如此精确巧妙的形式结构？以致它超过于巧匠智慧和技术的制作。天然宝石应当是产生于偶然的，而在这种偶然中产生的自然物，我们却发现了一种超偶然的有机构造——就是这种发现令人惊讶和愉快。但是反之，对于一块具有同样形状的人工钻石，在审美上就不会令我们产生同样的惊叹和感受，因为在我们看来，它的色彩和形式是经过人工设计和加工，它应当如此，因此是理所当然的。又如天空中那种纯净碧蓝的色彩，它似乎经过造物主有意识的选择和澄清；三峡夔门两岸那仿佛被利斧劈开而后磨光过的巨型危岩，田野及花园中那些仿佛精心剪裁镶嵌制作的奇花异卉，以及仿佛一幅泼墨与写意画似的大理石花纹等。这些自然物之所以令人惊叹，之所以被我们认为具有一种特殊的美——其根源都在于这一点。总而言之，自然物之所以美，是由于主体在其中获得了一种超自然理性的发现。而这种超自然理性的深层结构，却来自人类的文化意识。因此缺乏这种文化意识的人，就不可能感受到自然物中这种内在和谐统一的理性结构，就不可能感知自然美（即使这种美就在他身边）。

### 五、美的价值具有超越性

我们再来讨论艺术美。

在希腊语中，艺术一词兼有两种含义：①美的作品；②创造、技巧、技艺。

艺，在古汉语中本义为植，为治（《广雅·释诂》）。善植善治者有技能，所以也具有技巧和美的含义。中西方语言中关于艺术的语义，都从语源上解释了艺术一名的由来，是十分耐人寻味的。事实上，艺术品就是具有审美价值的人工技术制品。这里我们又可以得到一点启示，当我们称赏一部艺术作品优美时，往往是蕴涵着两层意义。①浅层的意义：这一作品的表现形态非常优美；②深层的意义：这件作品的制作技艺非常优美。

这是两种不同的评价。前者对物，对作品；后者对人，对艺术家。通过艺术美的这种双重评价，我们就可以理解美学中那个古老的悖论：为什么美的艺术可以表达上种丑恶？对于艺术来说，问题并不在于表现对象的丑恶，而在于必须对丑恶作出卓越的表现。事实上，艺术家如果对于丑恶的对象能够显示出高明的表现技巧——那么无论所表现的是蛇、是苍蝇、是狼，还是死亡、凶杀（列宾的名画《伊凡雷帝之死》）、罪行（《麦克白夫人》）、恐怖或者地狱，其作品都可以闪耀出一种高超的美，令人获得强烈深刻的审美经验。对这种奇特的审美经验，我们可以用意义的层级性作出解释。丑恶，只是题材的丑恶，它只构成艺术作品的表层形式；而优美，却来自艺术家的智慧和表现力的超绝，它形成了艺术作品的深层结构。由此我们可以意识到，美的价值具有超越性。在自然美中，它超越于自然，达到仿佛拟人化的理性结构。而在人类的艺术中，它又超越了人类，仿佛回到了本色的自然。

### 六、人类文化对其审美对象具有选择性

我们必须注意审美价值与其他文化价值的冲突与协调。许多作品尽管制作精美，但我们看后却有一种不舒服的感觉，其原因就在于作品提示了为一种文化价值所不能接受的东西。在这种情况下，不论作出这种表现的技艺是何等高超，人们仍将厌恶它。米开朗基罗为梵蒂

冈大教堂所画的《末日审判》，曾被遮盖多年，因为他画出了当时人性所羞于看到的身体。《红楼梦》、《金瓶梅》在中国都曾成为禁书，其原因与此相同。艺术作品在表现方式上，根据表现的难度，可以使其创造价值得到较为客观的评价；但在表现的对象上，人类对其所作的选择却是非常主观的。事实上，艺术作品常常会承受到来自社会文化价值传统的强大批评性压力。

### 七、审美价值涵括三个层面

认识到审美经验的多层级性，可以使我们注意到传统美学的一个严重疏忽，这就是仅仅把"优美"看作审美的价值范畴，却没有意识到艺术美的价值包含着一系列程度不同的评价阶梯。其中至少有两个高于优美的重要范畴，是不能忽视也不应被忽视的，这就是"深刻"和"崇高"。深刻这个概念虽然早已被用作评判艺术作品，特别是文学作品思想和文化深度的范畴，但至今尚未被列入正式的审美范畴。而作为审美范畴的"崇高"，虽然早在希腊和罗马时代即已形成，但其真正语义也一直是模糊的。

奥古斯都时代（公元前27年—公元14年）的罗马人凯西留斯写过《论崇高》，但此书后来佚失了。其后有希腊人朗吉努斯续写了一部同名的著作《论崇高》。在此书中，他将崇高看做一种数量性的范畴，其含义接近于我们所常说的"伟大"（但伟大一词，在汉语中既有量的规定——"大"，亦有质的规定——"伟"，即不平凡）。在康德和18世纪英国著作家博克的著作中，崇高这个范畴再度引起了注意。博克把崇高看作是一种存在于美之外，与美无关的东西。他认为崇高感来自人类在欣赏那种描述痛苦和丑恶的艺术作品时得到的感受。他的理论深刻之点，是注意到审美经验与人类道德感情的一致；但总的来说，其理论是模糊的、肤浅的。康德在其早年的美学著作《关于崇高感和优美感的考察》（1764）中，推进了博克的理论。康德论述说，夜晚是崇高的，白天是优美的。崇高的东西使我们激动，优美的东西使我们爱慕。崇高的东西往往是宏大的，而优美的东西则往往是纤小的。无须劳神费力的行为轻松优美，历尽艰难困苦却使人感受到崇高。女人的智慧是优美的，男人的智慧是深沉的，而这种深沉则是崇高的另一种形式。康德的这篇论文完全以一种轻松的散文体写成，很优美，但缺乏深度。在他看来，崇高事物与优美事物的区别，也仅是一种数量性的区别。但我认为，优美与崇高的区别不仅是一种程度（量）的差别。优美、深刻、崇高，它们所评价的，是对象的不同方面。

——优美所评价的是形式；
——深刻所评价的是作品的理性意义；
——崇高所评价的是道德价值。

兼有这三者的艺术作品，我认为就可以称作"伟大"。在这里，我们可以看到这三个审美范畴与艺术三个层面的对应关系：形式句法层面——优美；思想意义层面——深刻；道德文化隐义层面——崇高。优美所评价的是表现和形式，而深刻和崇高，作为审美价值，却体现了艺术在文化中内在的价值品格和价值理想。在这个意义上，传统的真、善、美三个概念，实际上在艺术审美经验中得到了融合。

### 八、性选择是人体美的起点和终点

人体美构成是由自然美向艺术美过渡的一个中介区域。人体美也可以分成两个层次，一是天然形体的美，二是经过修饰的形态美和显现出性格、思想、教养、风度的文化性优美。

就第一层面来说，人体美是一种自然美；就第二层面来说，人体美不仅是自然美，而且也是一种文化价值的显现，是人对自我的重新塑形，这乃是一种文化美。从美的历史观点看，人类的自我装饰，可能正是文明与艺术的最初起源。在这里，可以看到美的概念的逻辑发展：自然美→（自然）人体美→（人体）装饰美→艺术美。我们首先来讨论人体美的第一个层面，即人体直观形式的美。黑格尔在他的《美学》中说过，"自然美的顶峰是动物的生命美。而最高级的动物美正是人类形体的优美。他来自肤色、光泽、毛发、轮廓与匀称的结构，人体上处处都显示出人是一种敏感而生气灌注的整体。他的皮肤不像植物那样被一层无生命的外壳遮盖住，血液流行在全部皮肤表面都可以看出，跳动的有生命的心好像无处不在，显现为人所特有的生气活跃，生命的扩张。就连皮肤也到处显得是敏感的，显现出温柔细腻的肉与血脉的色泽，使画家束手无策。"在这种意义上的人体美，是一种无机性的自然美。我们赞叹人体结构的精巧、比例的匀称、色彩的滋润，那么也正如我们赞叹一块宝石、一个钟乳岩洞，所赞叹的只是自然理性的巧夺天工。这种人体美的欣赏，需要一种很高的文化意识，需要一种澄澈的理性，才能发现和感受它。从世界历史看，古代民族中只有希腊人对这种高雅的人体美获得了崇高的鉴赏力。而其他多数民族，却羞于面对赤裸的人体，他们浓妆厚裹，层层包围，在一种恐惧罪恶的意识下，自然人体实际上被认为是一种丑。直到今天，我们中国人也还未能从这畏惧邪恶的犯罪意识中解脱出来。赤裸的人体仍然是一种中国人所羞于面对的"丑恶"。如果我们反思人类对人体美的最初知觉，那么就毋庸讳言，在较低级的文化中，人体美之所以被注目，乃是由于自发性择优需要的性意识和性心理。摆脱这种性心理而以纯美的态度面对人体，所需要的是一种高级形态的文化情感——性意识的冷静和超越。达尔文在论述人类的性选择时曾指出："魅力最大而且力量较强的男子喜爱魅力较大的女人，而且被后者所喜爱。""妇女不仅按照她们的审美标准选择漂亮的男人，而且选择那些同时最能保卫和养活她们的男人。这种禀赋良好的配偶，比禀赋较差的，通常能养育较多较优的后代。……这种双重的选择方式似乎实际发生过，尤其是在我们悠久历史的最古时期更加如此。"这就是说，人体美是人类性选择的一种方式。因此，人体美本来是一种性优异的评价。正因为如此，在未开化的原始民族中，形体美比相貌美更具有意义。对男子来说，形体美意味着宽阔隆起强而有力的肌肉，标准的身高和体形，这显示了体魄的强健和力度。而对女子来说，形体美的主要标准取决于女性的第二性征的发育程度——丰满的胸部和臀部，以及匀称的体态。人体自然美与人类性意识的关系，尤其表现在这样一点，人们只在很有保留的意义上才会说儿童（无论男童或女童）的体形美。这也就意味着，在性征发育上不成熟的男女，似乎不具有人体美。

### 九、人体装饰标志着艺术美的起源

人体自然美与性意识有关，在这方面还表现为一种普遍的心理。这就是，当人体天然具有某种吸引人注意的自然特征时，只要这种特征在一种文化中被认为是好的，那么人会着意爱护，而且将非常愿意在异性面前突出和夸张它。达尔文曾指出："人类的男性类人猿祖先之所以获得他们的胡须，似乎是作为一种装饰以魅惑或刺激女人。而且这种性状只能向男性后代传递。女人失去她们的体毛，显然也是作为一种性的装饰。不过她们把这种性状几乎同等地传递给男女双方。大约是同样的理由使女人获得了比较甜蜜的声音，而且比男人相貌漂亮。各个未开化部落的人们都赞美自己的特征——头和脸的形状，颧骨的方形，鼻的隆起或低平，皮肤的颜色，头发的长度，面毛和体毛的缺如，以及大胡子等。"在中国人传统的相貌美观念中，把大眼、高鼻、小嘴以及皮肤的无斑和纯净，看作必要条件。但这些，也恰恰正是人类脸部最突出的特征。当人在自然相貌和形体上缺乏对于异性有吸引力的突出特征时，就往往采用装饰和化妆的方法，以制造出某种引人注意的形象。在这种装饰和化妆中，人体自然美由于社会化需要而转变为一种人工性的美。其实这种人体装饰的起源，往往标志着艺术美与文明的起源。考古学家告诉我们，一直上溯到距今 50 万年前的山顶洞人时代，在他们的遗骨边，发现了装饰用的骨珠和饰物。达尔文还曾经描述过人类装饰自身形体的各种奇特风俗：在我们来说，赞人之美，首在面貌，未开化的人亦复如此。他们的面部首先是毁形的所在。世界所有地方的人都有把鼻穿孔，在孔中再插入环、棒、羽毛或其他装饰品的爱好；世界各地都有穿耳朵眼的，而且套上大大小小的装饰品的爱好。南美的博托克多人（Botocudo）和伦爪亚人（Lenguas）的耳朵眼都弄得如此之大，以至下耳后会触及肩部。在北美、南美以及非洲，很多人不是在上嘴唇就是在下嘴唇穿眼，博托克人在下嘴唇穿的眼如此之大，以至可以容纳一个直径 4 英寸的木盘。身体的任何部分，凡是能够人工变形的，几乎无一幸免。其痛苦程度一定达到顶点，因为有许多手术需费时数年才能完成（包括文身）。所以需要变形的观念一定是迫切的，其动机是各式各样的。男人用颜色涂身恐怕是为了在战斗中令人生畏，某些毁形也许同宗教仪式有关；或作为进入青春期的标志，或表示男子的地位，或用来区别不同的部落。在未开化人中，相同的毁形样式流传很久。因此，无论毁形的最初原因如何，很快它就会作为截然不同的标志而被重视起来。但是，自我欣赏、虚荣心以及企图博得异性赞赏似乎到处都是最普遍的动机。

### 十、面相表情可以表现人的性格

人体外部装饰艺术，使人体美由自然美转变为文化美、艺术美。但这种美，就其与人类性心理直接相关而言，是显然属于一个低俗的层级的；但是另一方面，人的美还可以达到一个更高的层级。在这一层次上，人并非通过外部的装饰，而是通过精神和内在性质的修养和陶冶，获得一种具有崇高感的优美。这一点迄今尚鲜为人知，因而更值得研究。人的相貌是天生的，但人的仪表却是后天的，是可控制也可以转变的。人的面部表情和姿容举止展示着人的心灵和感情；而持久、习惯的表情可以深深地烙印在脸上，成为一种后天的相貌，展示出内在的精神风貌以及品格和人格。这一点达尔文也曾经指出过。他说：凡是承认性选择原理的人都将会引出一个明显的结论：神经系统不仅支配着身体的大多数现有机能，而且间接地影响某些心理属性以及各种身体构造的连续发展。康德也说过：人们认为，一个完全合规则的脸，画家请他坐着做模特儿的，是未必能够格称作美的。因为这脸可能并不具有显示性格的有力特征。当然，如果这种特征夸张过分，使破坏了标准观念（合于目的的形式），这就将变成漫画。但经验表明，一张非常标准化地合乎规则的脸，在性格上可能常暴露着一个极端平庸的人。我猜想假使从精神方面，显示不出一种有力突出的表情特征，那么这虽然能构成一个没有毛病的脸相，却不能产生人们所称作天才的人物。在这里，康德所谓"合于规则的脸谱"，其实就是指具有自然美、天然美、比例匀称、面皮白净的那种小生气派。他认为，这种相貌的天然美——特别对于男子更是如此，并不是真正的优美，这是极深刻的见地！因为对于人类来说，有一种更高级的美——康德称之为"天才"的美，实际上就是显示着才能、修养、性格的仪态端方之美，是人类更应该追求，而且也可以追求到的。毫无疑问，表情能表现人的性格。特别是人的目光常常刻画着性格上的特点。嘴部线条与鼻部之间的三角区，是言笑以及各种表情语言最富特征的表现区。根据线条的各种变化，人们可以清晰地抓住那些最微妙的情绪——微笑、嘲笑、严肃、轻蔑、不满、激动、愤怒等。某种经常的表情会成为习惯，并在脸部凝结出持久的线痕和神气，这种表现也就是人们通常所说的神气或神貌。神貌是性格的典型表现，而优美的性格必然具有优美的神貌（这并不意味着自然相貌的优越）。神貌超越了人体、脸相的自然结构，而显示着一种或正直或邪恶、或和善或阴险以及或敏锐或迟钝、或机智或愚笨、或幼稚或老练的精神。在这一意义上，我们可以说，神貌显示着人品，一张成熟的面孔，是性格与人格的综合象征。经验的密度、知识的厚度、思考的深度，是否具有创造力和个性，以至资质愚笨或机敏，善良还是险恶，所有这些，都能显示在人的相貌特别是眼睛和神气中。而这种相貌仪容，既是天生的，又是后天由性格、精神和人格所塑形的。美国政治家林肯曾说过一句名言："人过了40岁就该对自己的面容负责。"日本经济学家、教育家小泉信三也曾说过：精于一艺或是完成某种事业之士，他们的容貌自然具有平庸之士所不具有的某种气质和风格。读书亦能改变容貌。读书而懂得深入思考的人，与全然不看书的人相比较，他们的容貌当然不同。潜心研读伟大作家、思想家的巨著，的确会使一个人在仪容举止上变得与别人不一样。完成某种大业的人，自有其风度。即使不与他有所深谈，只要与他站在一起，就能让人感受到这一点。此即所谓人格的想象力。这真是极为精辟之论！这种相貌和气质的美，已经超越了单纯的人体自然美。它是后天的美，是一种通过人格修养而可后天获得的文化美。在这方面，我们可以在近代中国人中举出两个伟大的范例：一是孙中山，一是周恩来。他们的形象都体现了人类精神性格美的典型风范。从他们的风貌中，我们可以辨识出那种超凡、刚毅、明哲、深沉和坚忍的品格和精神。

**思考题**

1. 如何理解艺术美？
2. 谈谈艺术美的特征及其表现？
3. 艺术美的审美功能突出表现在哪几个方面？

---

**知识链接**

### 1. 艺术家

艺术家指具有较高的审美能力和娴熟的创造技巧并从事艺术创作劳动且有一定成就的艺术工作者。既包括在艺术领域里以艺术创作作为自己专门职业的人，也包括在自己职业之外从事艺术创作的人。

艺术家是社会分工的产物。在人类早期阶段，精神生产与物质生产尚未分离的时候，技术娴熟的工匠就是早期的艺术家。尔后，随着生产的发展，社会分工中体力劳动与脑力劳动的最后分开，使艺术生产成为一个独立的精神生产部门，从而为专业艺术家的出现提供了客观条件。同时，人类长期的劳动实践还为艺术家的出现创造了主观条件：一方面，它创造了艺术家的审美的感官、灵巧的肢体、健全的心理结构、熟练的技巧、能力等；另一方面，它创造了人的丰富复杂的精神世界，创造了整个社会对艺术不可缺少的审美需求。没有这种需求，也就不可能有艺术家的产生。

艺术家是进行艺术创作的主体。作为创作主体所具有的构成因素中，发达的审美感受能力、创造性的想象、丰富的情感和娴熟的艺术表现技巧是艺术家的主要内涵。丰富的生活经验和对生活的敏锐而深刻的洞察力是艺术家必须具有的素质。对人生的严肃态度、对人类命运的巨大责任感是艺术家的主要道德品格。艺术天赋对于艺术家来说，也是十分重要的。成功的艺术家总是具有某种突出的艺术天赋。就某些艺术种类如绘画、舞蹈、音乐来说，创作主体艺术天赋的重要性显得尤为突出。伟大的艺术家是人类灵魂的工程师。因此，艺术家应该是具有较高思想修养和良好艺术修养的人。伟大的艺术家同时也是思想家。艺术家的思想在艺术作品中是通过血肉丰满的艺术形象表现出来的，这就比抽象的理论更富有生动性。艺术家对社会实践具有极大的反作用力。这种反作用力主要是通过艺术家所创作的艺术品来实现的。它既可能给人以心灵的安慰，也可能给人以精神的鼓舞；既可能给人以虚静恬淡，也可能给人以骚动不安；既可能使一个民族的精神稳固和加强，也可能使它解体和涣散；既可能提高一个时代的趣味，也可能败坏一个时代的趣味；既可能对一定的社会起"润滑"作用，也可能对一定的社会起"摩擦"作用。如果说，科学家给自然以秩序，伦理学家给社会以秩序；那么，优秀的艺术家则给精神以秩序，在一个想象的空间里，给整个宇宙以最后的自由与和谐。

随着社会文明程度的提高，参加艺术活动的人也将越来越多。为了适应社会不同层次、不同阶级的艺术审美需要，于是便有了所谓严肃的艺术家类型和通俗（流行）的艺术家类型之分。这种现象广泛地见之于各个艺术领域。此外，还存在着一支人数众多的艺术家类型，即民间艺术家。这一类型艺术家的存在，与民族传统、民族审美心理和趣味、民间工艺、风俗等密切相关，也是艺术家队伍中一支不可忽略的力量。因此，在进行美学或艺术学研究时，无论对哪种类型的艺术家都不应该忽略。

### 2. 艺术创作

艺术创作指艺术家以一定的世界观为指导，运用一定的创作方法，通过对现实生活观察、体验、研究、分析、选择、加工、提炼生活素材，塑造艺术形象，创作艺术作品的创造性劳动。艺术创作是人类为自身审美需要而进行的精神生产活动，是一种独立的、纯粹的、高级形态的审美创造活动。艺术创作以社会生活为源泉，但并不是简单地复制生活现象，实质上是一种特殊的审美创造。艺术家是艺术创作的主体，其生活积累、思想倾向、性格气质、艺术修养是艺术创作得以顺利开展和最终完成的基础和前提。艺术家创作艺术作品，总是从特定的审美感受、体验出发，运用形象思维，按照美的规律对生活素材进行选择、加工、概括、提炼，构思出主观与客观交融的审美意象，然后再使用物质材料将审美意象表现出来，最终构成内容美与形式美相统一的艺术作品。艺术创作的动机，大致有以下四大类：泄情动机；兴趣动机；成就动机；私欲动机。在各种各样的创作动机中，只有符合艺术创作活动的审美性质和规律的，才能创作出真正的艺术作品。艺术创作与艺术欣赏、艺术批评彼此制约，有着紧密的联系。艺术创作是艺术欣赏和艺术批评的基础和前提，为欣赏和批评生产对象。没有艺术创作，就没有艺术作品，也就没有艺术欣赏和艺术批评。艺术欣赏和艺术批评对艺术创作又具有反作用，具体表现为：艺术欣赏以"消费"的形式刺激艺术"生产"，从"消费"方面赋予艺术"生产"以实现社会价值和功能；艺术批评则从理论上指导、影响艺术创作，从而沟通创作与欣赏的关系。艺术创作是十分复杂、艰巨的精神劳动，它要求艺术家必须具有高尚的思想情操、深厚的生活积累、丰富的审美经验、出众的艺术才能和娴熟的艺术技巧。

### 3. 艺术品

艺术品是艺术活动的产物和对象，是艺术家有目的活动的产品。它不同于简单的模仿，在艺术创作过程中，艺术品是艺术家心灵产生和再生的美，凝聚了艺术家的观念、情感，艺术家把没有生命的自然物质灌注了生气，使其有了生命、精神、灵魂。所以，艺术品是艺术家劳动实践的结果，它来源于自然，又高于自然，映印着艺术家心灵的自由。

现代艺术实践使得"艺术品"的概念范围越来越大，冲击着种种传统艺术品概念的界定。面对现代艺术，美国著名分析美学家布洛克站在后分析美学的立场上，从艺术品与人的意图，艺术品的非功利性，艺术品与艺术习俗，开放的艺术品概念四个方面，重新界定"艺术品"的概念，提出艺术品是由人的特殊意图造成的；艺术品是从事物的非功利性审视的产物来为现代艺术寻求美学的辩解。

艺术品分为很多类，陶艺、国画、抽象画、乐器、雕刻、文物雕塑、砂岩、仿砂岩、摆件、铁艺、铜艺、不锈钢雕塑、石雕、铜雕、玻璃制品、吹瓶、琉璃、水晶、木雕、花艺、花插、浮雕……

# 第八章　门类艺术美学

艺术分类是人类艺术实践和理论发展到一定时期的产物，是人类艺术发展繁荣的重要标志。每个时代都有属于每个时代的艺术，艺术分类同时也是艺术本质的基本体现。迄今，还没有公认的艺术分类标准。在近现代艺术理论中艺术的门类有多种方法：以艺术的存在形式分，有空间艺术、时间艺术和时空综合艺术；以艺术诉诸人们的感觉方式分，有视觉艺术、听觉艺术、视听艺术和想象艺术。按不同的标准，可以分列出若干不同的艺术门类。目前，我国流行的艺术分类的原则，依据艺术是审美意识的物态化，即对象化的认识，认为可把艺术分为以下四大门类。

① 表现性的、动态艺术——表演艺术（音乐、舞蹈）。
② 再现性的、静态艺术——造型艺术（绘画、雕塑、建筑、工艺美术、书法）。
③ 兼有表现和再现的特性、在想象中具备时空存在形式的艺术——语言艺术（文学）。
④ 再现性的、动态艺术——综合艺术（戏剧、电影、电视）。

本节按后一种划分法，探讨表演艺术、造型艺术、语言艺术及综合艺术诸门类的美学特征及其审美价值。

## 第一节　表演艺术的美

### 一、表演艺术的含义

表演艺术是通过人的演唱、演奏或人体动作、表情来塑造形象、传达情绪、情感，从而表现生活的艺术。代表性的门类通常是音乐和舞蹈。有时将杂技、相声、魔术等也划入表演艺术。

#### 1. 音乐

音乐是用有组织的乐音来表达人们的思想感情，反映社会现实生活的一门艺术，音乐以声音为物质媒介，以时间为存在方式并且诉诸听觉。音乐不像绘画、雕塑等造型艺术那样，能够直接提供空间性并且在时间中凝固不变，它在时间中展开并完成，具有时间上的连续性和流动性。同时，声音对应于主体的听觉器官，人们对音乐的把握主要是靠听觉来完成的。所以，音乐又称听觉艺术。

音乐以声音为物质媒介，声音的非造型、非语义的性质，决定了音乐是一种抽象的非描写的艺术。音乐不能描绘、造型、叙事和写景，不能提供空间的视觉形象，也不能说明思想与概念，生活中大量的视觉形象也难以用声音再现。但是，音乐却擅长表现人的情感、情绪的状态及运动过程。因此音乐主情而不主形，是情感的艺术。受表现媒介的制约，音乐表现的情感往往是微妙、复杂而宽泛的，甚至只是某种抽象的情绪本身。音乐形象是欣赏者心灵建构的高度自由的表象，带有极大的抽象性、不确定性。

构成音乐组织的声音，不是自然界中杂乱无章的噪声，而是经过选择提炼、加工概括的有组织的乐音，是人类的直接创造物。包括节奏、旋律、和声、调式、调性、复调、曲式等，统称为"音乐语言"。音乐家就是利用它们，创造无限丰富而又有感染力的情景氛围，传达某种情感的。

### 2. 舞蹈

舞蹈是人体动作的艺术。它通过有节奏、有组织和经过美化的流动性动作来表情达意。舞蹈表情、舞蹈动作、舞蹈构图是舞蹈艺术的三要素。舞蹈表情运用舞蹈手段表现出人的各种情感，是构成舞蹈形象的重要因素，也是观众进行欣赏，获得共鸣的桥梁。舞蹈表情不仅指舞蹈者的面部表情，还包括了由人体各部分的协调一致，以及有节奏的动作、姿态和造型所传达的情感。舞蹈动作，是舞蹈艺术最基本的表现手段，是经过艺术提炼、组织和美化了的、富于鲜明节奏感和韵律感的人体动作，它来源于对人的各种生活或情感动作以及大自然各种运动形态的模拟，但又是对现实生活动作及大自然运动形态的提炼、凝聚与升华。在长期运用中，逐渐脱离了与生活的联系而具有独立的形式美价值。程式化和虚拟化是舞蹈动作的基本规定。程式化是舞蹈发展到较为成熟阶段的产物，是遵循形式美法则在实践中完成的。如古典芭蕾舞中的"空转"和各种脚尖动作，均有严格的规范与程式。程式化丰富和提高了舞蹈动作的表现手段，使舞蹈动作显得规范整齐，活泼自然，并较为稳定地传达一定的情感意蕴，也有助于舞蹈风格的形成与稳定。虚拟化是以艺术的假定为前提的，它使舞蹈动作克服了再现性的成分而成为表现性动作。舞蹈构图是舞蹈表演在一定空间与时间内，对色、形、线等各个方面关系的合理布局，包括舞蹈队形的变化形成的图案和静态造型形成的画面。构图是形式美法则的运用，对表现主题、创造意境、渲染气氛和形象塑造均具有重要意义。上述三要素不是孤立的，而是以人物内在情绪和心灵贯穿起来，构成有机的艺术整体，从而实现"舞以宣情"的目的。

舞蹈以高度虚拟化和程式化的动作来表达情感，舞蹈情感不是直露的、写实性的，而是含蓄的、写意性的。具有某种朦胧、宽泛的色彩，这使舞蹈艺术境界具有某种空灵感与不确定性，有利于人们在观赏舞蹈时拓展想象的空间，获得较大的审美愉悦。

## 二、表演艺术的审美特征

音乐、舞蹈是人类艺术产生较早的门类。按照中国古代音乐理论著作《乐记》的说法，音乐、舞蹈在发生学上是同源的："诗，言其志也；歌，咏其声也；舞，动其容也。三者本于心，然后乐气从之。"说明诗、歌、舞都是根源于人心，适应人类表达情感的需要而诞生的。因此，音乐与舞蹈尽管由于艺术媒介的传达形式不同而有"咏其声"、"动其容"的区别，但共同的审美特征是明显的，甚至有"舞者，乐之容"的说法。歌、舞同体，歌、舞相依，是这两种艺术的传统关系。它们共同的审美特征如下。

### 1. 强烈的抒情性与表现性

抒情与叙事、表现与再现，是艺术的两大功能。各类艺术由于再现与表现的各有侧重而形成再现性艺术与表现性艺术。再现性艺术以模仿、叙述生活为主要功能，着重反映对象的客观特征；表现性艺术着重表现艺术家的主观感受，以抒发内在的情感体验为目的。音乐、舞蹈在再现性与表现性艺术的划分中，属于表现性艺术。音乐、舞蹈主要不是用来模仿对象，再现生活，而是用来表现内在情感体验的。在表现内在情感体验上，又往往以抒情为主要方式。音乐、舞蹈长于抒情与表现，而拙于叙事和再现。抒情与表现，既是音乐、舞蹈的特长，也是其自觉的审美追求。

音乐艺术的最大特点是表现宽泛的、含蓄的情感，表现人的一种理想和追求。音乐的抒情性特征，历来为中外美学家所认识。钟嵘讲："气之动物，物之感人，故摇荡性情，形诸舞咏。"在西方，早在古罗马时期，朗吉弩斯就认识到和谐的乐调"能表达强烈的情感"，法国启蒙思想家卢梭认为："音乐家的艺术绝不在于对对象的直接模仿，而是在于能够使人们的心灵接近于对象存在本身所造成的意境"，法国作曲家、音乐理论家莱修埃尔认为，音乐"乃是表达与人心联系最紧密的感情"，莱布尼茨把音乐看成是"心灵的算术练习"，费尔巴哈则强调"音乐是感情的一种独白"。黑格尔对音乐的审美本质做了更充分的阐释："音乐的基本任务不在于反映出客观事物而在于反映出最内在的自我，按照它的最深刻的主体性和观念性的灵魂进行自我运动的性质和方式。"，"音乐是心情的艺术，它直接针对着心情"。上述论述的着眼点是一致的，他们都看到了音乐的抒情特性，音乐在本质上不是再现性艺术而是表现性艺术。音乐在表现情感的强度、力度往往是其他艺术所不及的。

舞蹈在西方向来被认为是情感产生的运动，美国现代舞先驱邓肯认为"真正具有创造性的舞蹈家，自然不是模仿，而是用自己创造的，比其他任何东西都更伟大的动作来表达情感。"我国魏晋时期阮籍则以"舞以宣情"高度概括了舞蹈的审美本质。和其他艺术比较，舞蹈的抒情表现为直观性和过程性的统一。成功的舞蹈作品总是抓住表现最浓烈、最冲动的瞬间，情动于中而形于外，将无形的情化作可视的"形"，从而拨响观众情感的琴弦。情感构成了舞蹈艺术的生命。闻一多认为，舞"是生命情调最直接、最本质、最强烈、最尖锐、最单纯而又最充足的表现"，这也就是舞蹈的表现性与抒情性而言的。

当然，情感性是文学艺术的共同特征。但绘画、戏剧、叙事类文学作品中的情感是融入叙述的事件、描摹的对象之中的，是叙事中情感渗入，遵循再现的逻辑。音乐、舞蹈所传达的则是情感本身。音乐之声、舞蹈之形，作为情感的载体，不必遵循再现的规律而可以直接披露人的心灵、意绪。匈牙利著名音乐家李斯特讲，"音乐是不假借任何外力，直接沁人心脾的最纯的感情火焰"，黑格尔认为它能"直接渗透到一切心灵运动的内在的发源地。"舞蹈的动作本来就是情感孕育而成的，是情绪性的动作，它要求"直接传达而不要转弯抹角"。这说明音乐、舞蹈是把表现情感作为目的的，其表现手段与表现目的是高度合一的。

音乐、舞蹈表现情感的强度、力度往往是其他艺术所不及的。我们聆听贝多芬的《热情奏鸣曲》，乐曲的激情如即将喷吐的熔岩，以巨大的力量，似要征服一切。舞蹈在表现强烈的情感方面，甚至胜于音乐。所谓"言之不足，故嗟叹之，嗟叹之不足，故咏歌之，咏歌之不足，不知手之舞之，足之蹈之也。"在众多的艺术中，舞蹈是最适宜表现人类激情的艺术。看过电影《巴黎圣母院》的人都不会忘记艾斯梅拉达在广场上那段极富诱惑力的独舞，那柔软摆动的腰肢和瞬间大幅度的强烈的扭甩令人销魂心动，把吉卜赛民族火辣辣的性格表现得淋漓尽致。再如黄土高原上的"威风锣鼓"，借粗犷、剽悍、雄健的舞姿，一下子宣泄了生命的激情和活力。

此外，音乐、舞蹈在表现情感的细腻程度方面也有其特长，这是因为音乐、舞蹈的表情是非词语、非概念的。它们始于词尽之处，妙在无语之中。许多用语言难以说得清楚明白的精神状态和情感体验，用音乐、舞蹈形式则可以表现得细致入微、酣畅淋漓。如舞蹈《天鹅之死》，伴着圣桑那如泣如诉的大提琴曲，受伤的天鹅抖动着翅膀，像云一样轻柔，梦一般缥缈，萦绕一丝将断的生命，流露出无尽的悲伤和痛苦。舞蹈家如行云流水的碎步，似碧波荡漾的手臂，把天鹅受伤时难熬的痛楚，渴望生存的依恋之情，临死前的呐喊挣扎，表现得层次鲜明，细腻自然，在诗意的环境里给观众以巨大的感染。音乐甚至可以把情感的色调、情感的类型（或悲或喜，或愁或忧）以及情感的强弱、起伏、快慢等表现得极其准确、细腻，以致叔本华认为音乐是"一切艺术的目的。"

当然，正因为音乐、舞蹈的表情是非词语、非概念的，所以，音乐、舞蹈表现的情感并不如语言文学那样，具有清晰可辨、具体明确的内容。它往往带有极大的宽泛性和朦胧性，带有"只可意会，不可言传"的特点。我们不能硬从音乐中寻找"情感赖以产生的那些根据"或从舞蹈中获得明确具体的思想内容。

音乐、舞蹈的强烈抒情性与表现性，根源在于两者的物质媒介。音乐的媒介是声音，声音是非造型非语义的，它不能像绘画、戏剧、电影那样再现生活，却与人的心灵、人的生命的律动保持着高度的"同构"。苏珊·朗格指出："音乐的音调结构，与人类的情感形式——增强与减弱，流动与休止，冲突与解决，以及加速、抑制、极度兴奋、平缓和微妙的激发，梦的消失等形式——在逻辑上有着惊人的一致——音乐是情感生活的音调摹写。"现代心理学研究也证明，人的情感活动与音乐的运动状态具有心理感受上的一致性，且都有时间上的持续性和过程性，在运动状态上又都表现为力度的强弱和节奏的张弛以及色调的明暗这样一个动力性过程，当音乐所展示的音响运动过程与人的感情发展过程相吻合时，就会引起心理上的强烈反响，产生情感共振。

舞蹈的表情手段是人体动作。舞蹈中的人体动作，既是对日常动作的凝聚、提炼，又是由情感孕育而成，是富于行动性、目的性和表情性的情感模式。情感作为舞蹈创作的内驱力，本身就有一种造型的力量。内在地规定着舞蹈家创造的特定的舞蹈形式，从而将内在的无形的运动变为身体外部可视性运动。这样，人们在抒发内心世界的感受时，如果欲吐无词，不能用语言描绘，就用人体动作来表达。18世纪法国舞蹈改革家诺维尔说："要描绘的感情越强烈，就越难用语言来表达它。作为人类感情的顶峰的喊叫，也已显得不够，于是叫喊就被动作所取代。"充满情感的舞蹈动作，使运动的人体摆脱了机械性的操练而成为诗意的载体。

当然，指出音乐与舞蹈的表现与抒情本质，并不否认两种艺术的摹写和叙事成分。如音乐中用琴弦的琶音模仿水声，用管乐和鼓点模仿风声、雷声，或者用特殊技巧演奏出动物的鸣叫声等。舞蹈较之于音乐模拟成分更多，中国古代有"舞动其容，象其事"的说法，原始社会许多舞蹈就是模拟性的，许多叙事性的舞蹈还有情节、事件。但我们必须看到，音乐在本质上是无法模拟自然界的。舞蹈的目的亦不在于模仿和叙事，而在于表达情感，构成诗情画意的境界。音乐、舞蹈的模拟是在生活真实的基础上，进行抽象化、诗意化、情绪化，是一种审美的创造，其艺术魅力来自于其中强烈的情感。同样，音乐、舞蹈的表现性也不意味着它们与生活毫无联系。正如德国音乐家舒曼所说，如果把贝多芬关在一个孤陋寡闻的村落中10年，请看看他是否能在那里完成一部交响乐？如果没有西双版纳旖旎风光的陶冶，舞蹈艺术家杨丽萍那出神入化的舞姿也就难以产生了。只不过，音乐、舞蹈在表现生活上更注意以主观体验的方式加以间接表现，更注意心灵化、意绪化。

## 2. 鲜明的节奏感与韵律感

节奏是客观事物运动的属性，是符合规律的周期性变化的运动形式。节奏广泛存在于宇宙自然界中，是构成大自然的生生不息的运动。郭沫若说："本来宇宙间的事物，没有一样是没有节奏的，譬如寒往则暑来，暑往则寒来。寒暑相推，四时代序，这便是时令上的节奏；又譬如，高而为山陵，低而为溪谷，陵谷相间，岭脉蜿蜒，这便是地壳上的节奏。宇宙内的东西没有一样是死的，就因为都有一种节奏。"在现实生活中，人们的呼吸、脉搏动作等生理活动也都具有一定的生物节奏。人的心理活动的变化会引起生理节奏的变化，感情平静则节奏平缓，感情激越则节奏急促。反之，节奏的变化也会引起情感的波动，节奏对应、同构于人的情感状态。节奏轻快、急促，所激发的情感就偏于喜悦、热烈紧张；节奏缓慢、悠舒，所表达的情感就偏于悲伤、忧郁、沉重；节奏幅度大，所抒之情就激昂、强烈，反之就平和、细腻。音乐没有形状和体积，纯粹在时间中绵延，舞蹈虽然可以插入一些静态的空间造型，但其基本的手段却是人体的动作流。就是说，音乐和舞蹈的表情都离不开运动，而节奏则是运动的表征。音乐和舞蹈必须通过有节奏的运动来表现情感。这就构成了音乐、舞蹈鲜明的节奏感。

音乐中的节奏主要由长短音的交替和强弱音的反复构成，包括声音的长短、疾徐、强弱、动静等。有了节奏，声音的行列才能产生鲜活的生命力。人们的时间感觉，基本是通过节奏取得的。音乐节奏体系主要由长短相同的有规律的单位，即节拍构成。不同节拍的音响效果是不同的，如四分之二拍较顽强刚健，四分之三拍较流畅、优美等。音乐的其他语汇如旋律、调式、复调、曲式等都是建立在节奏的基础上的。节奏在音乐的三大要素（节奏、旋律、和声）中，产生最早。音乐家汉斯立克以大量翔实的材料证明，节奏"这个唯一存在于自然界中的音乐原始要素，也最先在人类中出现，在孩子和野蛮人中间也最早发展。"越是接近原始的民族，其音乐就越是具有鲜明的节奏感。非洲大陆有的民族在舞蹈时甚至只鼓不歌，说明节奏在原始舞蹈中实际是作为音乐起着规范舞蹈动作的作用。波兰美学家奥索夫斯基说："在阿拉伯音乐中，只标志节奏而不显示音高变化的乐器占着头等的地位，而节奏的丰富也就弥补了旋律的贫乏。"不同高度的音乐正是靠了节奏的组织才产生出丰富多彩、变幻无穷的意味，正是从这个意义上讲，节奏被认为是"音乐的生命"。

舞蹈在本质上被称为"动的艺术"。舞蹈的运动不是日常生活中杂乱无章的动，而是一种连贯流畅、富有节奏感的运动。格罗塞认为："舞蹈的特质是在动作的节奏的调整，没有一种舞蹈没有节奏。"舞蹈的节奏不单指演员按一定音乐节拍所表演的动作，而且指根据舞情对动作力度（强弱）、速度（快慢）、能量（增减）、幅度（大小）、高度（沉浮）、方向（正背）等方面的处理。舞蹈的过程其实就是表情与上述诸节奏要素密切结合，相互制约，臻于完美的过程。

韵律是在节奏基础上的变化，给节奏一定的情调贯穿则形成韵律。韵律在音乐中表现为起伏变化的旋律线条。旋律线与人的情感动态的轨迹相吻合，往往成为审美经验的感性形式。有了旋律贯穿，音乐的节奏便成为具有鲜明个性的东西，给人以极强的听觉美感。舞蹈的韵律是节奏的延伸和发展，是节奏与情感的统一，表现为身体各部位之间动作与动作连绵起伏的流动线条。它贯穿于舞蹈家形体运动过程的始终。韵律被看作舞蹈动态美的核心并成为舞蹈感染力的源泉。没有韵律感的动作是机械、干瘪的动作。

### 3. 过程性和流动性

过程性和流动性是由音乐、舞蹈的时间特征所决定的。众所周知，时间、空间是物质存在和运动的形式，时间是物质运动的持续性和顺序性，空间则是指物质存在的广延性和伸张性。音乐是纯粹的时间艺术，音响占据着时间，时间限制着音响。音响作为一种"自生自灭"的物质，无法使自己的物质形态在空间中凝固、静止成一个客观存在。舞蹈虽占据着空间，但其动作的展开及情感的表现则是在时间中完成的，时间上的流动性或不可逆转性，就成了音乐、舞蹈的基本特征。音乐、舞蹈是在一定的时间过程中流动展开的艺术，流动是依时间过程而流动，过程是流动发展的过程。当然，音乐中的时间与舞蹈中的时空本质上是虚拟的、再造的。苏珊·朗格认为："音乐揭示的是一种由声音创造出来的虚幻时间，它本质上是一种直接作用于听觉的运动形式。这个虚幻的时间并不是由时钟标示的时间，而是由生命活动本身标示的时间，这个时间便是音乐的首要或基本幻象。在这个幻象中，乐曲在进行，和谐在生成，节奏在延续，而这一切活动都是以一个有机体的生命结构所应有的逻辑式样进行的。"她把舞蹈定为"虚幻的力"，把动态形象称为"幻象"，进而指出"无论什么东西进入了舞蹈，它都要如此彻底地进行艺术性的转化：它的空间是造型性的；时间是音乐的；主题是幻想的；动作是象征的。"这说明音乐、舞蹈突出的是心理感受的时空特征，靠了这种"虚幻"（当然不是虚空的）的时间与空间，音乐、舞蹈形成了一个独立自足的、完满的世界。虚拟时空中的流动性和过程性，是音乐和舞蹈的审美本质，也是其表现上的优势。

一定的过程性和流动性，带来了音乐、舞蹈在表现时间上的序列性。在音乐中，音符、乐节、乐句、乐段、乐章都随着时间的延进而逐一展开，又都随着时间的延进而先后消失，每一瞬间所展现的只是音乐的局部。乐曲结束，整个形象才会全部完成。乐句中，每个单音、小节都有自己严格的位置，不允许互换，顺序的倒置或者导致乐曲情绪、风格的变化，或者产生不堪入耳的效果。一定的顺序结构决定了音乐作品的基本面貌。舞蹈以节奏性的动作表现生活，其序列性和音乐十分相似。不但舞蹈本身体现为序列性的动作，而且舞蹈之间的结合也遵循内在的联系，按一定的顺序呈现。音乐中的乐音和舞蹈中的人体动作，就是按一定的序列刺激欣赏者的感官。欣赏者就是在流动的序列结构中领略作品的意蕴，从而获得了逐层深入的情感体验。

需要指出的是，强烈的抒情性与表现性，鲜明的节奏感与韵律感，一定的过程性与流动性，是音乐和舞蹈的共同审美特征，但音乐与舞蹈毕竟是两种不同的艺术形式，它们的审美特征相同之中仍有差异。

"歌主声，舞主形"是两种艺术在审美手段上的差异。审美手段的差异决定了音乐是一种以时间为存在方式，诉之于听觉的艺术形式。而舞蹈则是以时空为存在方式并且主要是诉之于视觉感官的艺术形式。作为时间艺术，音乐用脱离空间物质的音响和只占时间的流动运动方式作为材料，在时间进程中依次展现，所以它具有灵活自由，富于变化的特殊魅力。时间的每一演进，都意味着情感的细微变化，音乐之美实际上是一种时间中的流动之美。舞蹈虽然也需在时间的流动中展开，具有感受的不可重复性。但因占据空间，可以充分发挥造型的力量，给人的视觉造成刺激。舞蹈所以被称作"流动的雕塑"，也是为了强化这种视觉效果。从心理学上看，人类大脑中的表象库存，有90%是来自视觉器官所接受的信息。而视觉在保持表象的持久性方面胜于听觉，这样，舞蹈形象比音乐表象就有了较大的明晰性。

另外，视觉审美愉快与听觉审美愉快是不相同的。听觉比视觉是更为观念性的，所以音乐比舞蹈更纯粹、抽象。钱钟书在《管锥编》里说："音乐不传心情而示心迹"，亦是就音乐的纯粹性、抽象性而言的。而舞蹈则被称为"可见的音乐形式"，"可见的歌唱形式"。弄清了音乐、舞蹈的审美差异，就可以更好地发挥各自的美育功能了。

### 三、表演艺术的审美功能

作为最古老的艺术种类，音乐与舞蹈有着广泛的群众基础，在人类向往美、追求美、创造美的过程中，起着十分重要的作用。从感觉的角度看，音乐诉诸听觉，舞蹈诉诸视觉，都是一种强刺激，具有极强的穿透力，可以直达心灵。其审美功能可以概括如下。

#### 1. 具有强烈的情绪感染和情感陶冶功能

音乐、舞蹈通过音响、旋律和人体动作来表情，所造成的临场情绪气氛和所抒发的情感意蕴，能直接感染听众、观众，引发情感感应，产生共鸣效果，从而净化情绪，纯化情感。俗话讲："感人心者，莫先乎情。"强烈的抒情性是音乐、舞蹈的长处，也是其美育的优势。对此，古代思想家早有认识。柏拉图将艺术驱逐出他的理想国时，唯独对音乐情有独钟，认为"音乐教育比其他教育都重要得多"，因为"节奏与乐调有最强烈的力量浸入心灵的最深处"，我国古代思想家荀子在《乐论》中早就指出音乐"其入人也深，其化人也速"。列宁曾经对高尔基讲述了听贝多芬音乐的感受："我不知还有比《热情奏鸣曲》更好的东西，我愿每天都听一听，这是绝妙的、人间所没有的音乐。我总是带着也许是幼稚的夸耀想：'人们能够创造怎样的奇迹啊'！"一位音乐工作者谈到他听肖邦《降B小调钢琴奏鸣曲》的感受时说："乐曲刚演奏两分钟，在那短小、不断悸动的冲击波中我兴奋进而战栗起来，只觉得浑身被一股热浪推拥着，眼泪夺眶而出，接着更多的泪水就在心里狂奔起来，我尽情地、无声哭泣着——在音乐里。"罗曼·罗兰曾经描绘过贝多芬著名的《第九交响乐》在维也纳首演时观众的热烈场面："情况之热烈，几乎含有暴动的性质。当贝多芬出场时，受到群众五次鼓掌欢迎。在如此讲究礼节的国家，对皇族的出场，习惯也只用三次的鼓掌礼，因此警察不得不出面干涉。交响曲引起狂热的骚动，许多人哭起来。贝多芬在终场以后感动得晕过去，大家把他抬到兴特勒家，他朦朦胧胧地和衣睡着，不饮不食，直到次日早上。"

足见，音乐的情绪感染力量之巨大。音乐激起人的，是兴奋、激烈、沸腾的情绪。同样，舞蹈因为"最撞击心灵之块垒，形思绪之无端，方寸千里，瞬息十年，变幻有奇，可兴可怨。"所以，音乐极易为观众直接接受并引起情感的巨大波动。置身于舞的海洋，那蓄积的情绪会得到痛快淋漓的表达，在身心的律动中激起创造的热望。

音乐、舞蹈对人的情感陶冶功能也是巨大的。读过美国作家欧·亨利的短篇小说《警察与圣歌》的人都不会忘记，一个曾经砸商店橱窗、调戏妇女、扰乱治安的流浪汉苏比，竟被教堂那亲切而庄严的风琴乐调唤醒了沉睡的灵魂，以至于打算重新做人，开始新的生活。著名诗人歌德说，"音乐能使愤怒的铁拳变得温和，使赫赫的野猪驯服"。从心理学上讲，音乐和舞蹈主要是通过宣泄和补偿达到对人情感陶冶的目的的。现代心理学认为，人有本能能量的积蓄，这种本能能量在反射活动和幻想的愿望满足中被消耗，结果使人脱离了紧张的痛苦，这就是所谓快乐原则，也就是宣泄。但蓄积的情感如果得不到宣泄，就会产生苦闷。同样，当现实生活中的需要得不到满足时，人们会感到缺失。缺失的需要，便可以在艺术中得到补偿。约翰·马丁认为"所有的艺术舞蹈尤其如此，都是一种补偿"。也如汤显祖所说，在艺术中，"无情者可使有情，无声者可使有声。寂可使喧，喧可使寂，饥可使饱，醉可使醒，行可以留，卧可以兴。鄙者欲艳，顽者欲灵。可以合君臣之节，可以浃父子之恩，可以增长幼之睦，可以动夫妇之欢，可以发宾友之仪，可以释怨毒之结，可以已愁溃之疾，可以浑庸鄙之好。"音乐和舞蹈正是通过宣泄和补偿功能，释放了压抑的生理、心理能量，弥补了现实生活中情感体验的不完满，提高了人们的精神追求，满足了人们的多种多样的需要，从而实现性情的陶冶和心灵的净化。

音乐、舞蹈对人的情绪感染和情感的陶冶是一前一后又互相渗透的两个环节。起初，音乐和舞蹈的感性形式向欣赏者传递审美信息，引起主体或欣喜或忧伤或欢乐或悲痛的情绪激动，之后，欣赏者披"文"入情、沿波讨源，充分发挥包括感知、想象，特别是情感在内的各自心理的要素功能，用全部的生命拥抱对象，从而达到主客同一、物我交流，伴随着心灵的战栗和震动，欣赏者实现了情感的净化和人格的升华。在纯净的音乐、舞蹈的世界里，人摆脱、克服了自身的渺小与平庸，心灵变得光明澄澈，纯净美好。想象力也成了人的感官的无限延伸，体验到心灵自由的全部快慰。

### 2. 具有娱乐身心，促成身心和谐的功能

音乐和舞蹈对人的美育功能不仅仅表现在情感上，还表现在有利于人的身心健康方面。人的美的根基就是人本身的身心和谐。音乐之声、舞蹈之容，包含了人类高度的灵巧和智慧，在悦耳爽目之中，使人身心得到放松、平衡，达到和谐、安适，在育心的同时也促进了身体的和谐和健康。早在古希腊时期，毕达哥拉斯学派就认为，用音乐，用某些旋律、节奏可以治疗人的脾气和情欲，并恢复内心的和谐。适当地享用音乐，可以大大有助于人身心健康。另一位哲学家恩匹里克认为"音乐安慰人的情绪，……具有使人获得摆脱的能力。"音乐在调节人的心理平衡，维持人的身心健康方面具有神奇的功效。优美的音乐能怡情悦性，化解内心的郁闷，疏导压抑的情绪，帮助倾斜的心理天平恢复平衡。据说，德国音乐家梅亚贝尔有一次与妻子争吵，心绪烦乱，在钢琴上弹了一支肖邦的钢琴曲，结果怒气一扫而光，二人重归于好。我国古代也有大量关于音乐促进身心健康的论述。荀子认为"乐行而志清"，阮籍认为"乐者，使人精神平和，衰气不入"。白居易则认为，一曲琴声入耳，"情畅堪消疾，恬和好养蒙"。音乐正是通过对人的心理功能的调节，来产生对人的生理的良性影响的。

舞蹈历来被认为是人的生命力量的冲动和直接外化，对人的身心健康亦有积极作用。古希腊人把舞蹈看成是实现他们身心健康的理想方式，柏拉图认为，舞蹈会帮助人们养成"高贵、协调和优雅的气派"；琉善认为舞蹈"既净化心灵，又锻炼身体"。我国《吕氏春秋》记载："昔陶唐氏之始，阴多滞伏而湛积，水道壅塞，不行其原，民气郁阏而滞著，筋骨瑟缩不达，故作为舞以宣导之。"可见，很早以前，人们就将舞蹈作为舒展筋骨、锻炼身体的手段。从生理学上讲，舞蹈能增强肌肉的弹性和肢体的灵活，改善心脏和肺部功能，加速新陈代谢。舞蹈对人的形体美的塑造亦不容忽视，能从生理上锻炼出匀称而健美的肌肉和优美的线条，防止和矫正人的形体缺陷。又由于舞蹈的形体教育是一种身心合一，灵肉一致的协调训练，故能训练动作的协调与敏捷。舞蹈作为美育的方式，历来被认为是人的文化程度的标志，被许多国家列为从幼儿园到大学的必修课程。

音乐、舞蹈所特有的节奏感和韵律感，融人的生理需要和心理需要于一体，是使人获得健康、健美的最佳手段。在工业高度发达，人口高度密集的现代社会里，音乐、舞蹈成为调剂现代生活紧张节奏、消除身心疲劳，获得身心满足和心灵解放的极佳方式。正因为这样，许多国家已将"艺术疗法"（主要是音乐、舞蹈）作为治疗现代人身心疾病的辅助手段，取得了良好的效益。

### 3. 音乐、舞蹈中的"众乐"，具有协调群体关系，培养群体意识的功能

首先，从产生之初的功能看，音乐、舞蹈就具有协调动作，增强群体活力，提高工作效率的功能。《尚书·尧典》："击石拊石，百兽率舞。"即是以打击器乐规范群体动作的最早例证。原始民族的音乐和舞蹈之所以具有强烈的节奏，并不完全出于审美的需要，而是具有很强的功利目的的。正如普列汉诺夫所说："在原始部落那里，每种劳动都有自己的歌，歌的拍子总是十分精确地适应于这种劳动所特有的生产动作的节奏。"卢卡奇也指出："在劳动中形成的节奏是人的生理条件与最佳劳动效率的要求两者间相互作用的产物，其中生理条件始终要求能减轻劳动的强度。"闻一多通过对澳大利亚的科罗波利舞的考察得出了令人信服的结论：舞蹈不仅是生命的宣泄，而且具有协调人的动作的巨大功能。他说，这种原始舞"最高的满足，是感到自己和大家一同活着，各人以彼此的'活'互相印证，互相支持，使各人自己的'活'更加真实，更加稳固。"这一切均证明，原始部落的音乐和舞蹈，具有重要的实用意义和聚合力量。只是随着社会的发展，音乐与舞蹈才与社交娱乐发生了密切的关系。从现实生活看，集体性音乐舞蹈促进人际交流、增强群体意识的效果更为明显。音乐是一种世界语言，它超越民族、地域而为不同时代、不同民族的人们所接受。音乐中的大合唱及器乐演奏，没有高度的群体协调是难以完成的。正因为这样，音乐成为一种聚合人心，协调群体行动的特殊语汇。而集体加工的舞蹈，特别是民间舞，如我国丰富多彩的汉族秧歌舞以及各少数民族的舞蹈，墨西哥的草帽舞、奥地利的华尔兹舞、波兰的玛祖卡舞、匈牙利的扎尔达舞、捷克的波尔卡舞、古巴的伦巴舞、英国的乡村舞、美国的爵士舞和四方舞等，不仅有益于人的健康，而且有助于人与人之间良好关系的形成。目前我国各城市流行的交谊舞，不仅有益于身心的锻炼，而且也美化了周围环境，形成了美的情调和氛围。它以天然优势，为现代社会人们封闭的心灵提供了通畅的渠道。

此外，由于音乐和舞蹈是最集中最充分地体现了节奏与韵律之美的表情艺术，因此，音乐和舞蹈在培养人对节奏的敏感方面具有特殊意义。乐音的节奏就是情感活动的轨迹，动作的节奏就是生命力的外化，所以具有很强的心灵穿透力。这可以使人在感受情感美的同时，同步感受节奏的形式美，从而对节奏的审美价值获得更充分的体会。

## 第二节　造型艺术的美

### 一、造型艺术的含义

"造型艺术"这个概念是德国18世纪启蒙运动思想家、美学家莱辛在其美学著作《拉奥孔》中首次提出来的。莱辛所谓造型艺术，主要指绘画和雕塑。但从艺术塑造形象或具体或抽象的角度看，一切艺术均可称为造型艺术。或直接造型或间接造型，或动态造型或静态造型，这是"造型"的普遍意义。而作为门类艺术的造型艺术，运用可感的物质材料（如纸、布、金属、泥土、石头、骨牙等）和色彩、线条、构图等表现手段，以塑造空间静态形象反映生活或表情达意的艺术。造型艺术通常包括绘画、雕塑、工艺美术、建筑艺术、书法等品种。造型艺术在空间（平面空间或立体空间）中展开，作用于人的视觉，呈静态，因而又可以称为空间艺术、视觉艺术、静态艺术。

#### 1. 绘画

绘画是运用一定的物质材料（绢、布、纸、笔、刀等），通过色彩、线条、构图等手段，

在二维空间塑造形象的艺术。我国古代对绘画有各种各样的解释。如"画，类也。"(《广雅》)，"画，形也。"(《尔雅》)，"画，畛也。像田畛畔所以画也。"(《说文》)，"画，挂也。以采色挂物象也"(《释名》)。这里所说的"类"、"形"，指的是对客观物象的再现和描绘，所谓"畛"、"畔"则指用线条对客观事物作界划，"挂"即指给物象敷彩。可见，古人对绘画的特征已有准确认识。

绘画最重要的造型手段是色彩、线条、构图。艺术家就是运用它们把握大千世界，传达艺术感受的。色彩、线条的本质在于它的情感意味，一定程度体现出画家的风格与个性。构图则主要解决物体在空间中的组织、取舍和安排，目的在于调节形、色、线的具体关系，以保证绘画的形象成为一个有机、和谐的艺术整体。

绘画虽然是在二维的平面上展现物象，却可以通过透视原理、明暗向背关系、色彩浓淡、冷暖的变化等，表现景物的纵深和各个侧面，从而使平面的画幅呈现具有深度的和立体的空间效果。中国画章法布局的虚实、疏密，运笔的轻重疾徐，用墨和用色的浓淡、干湿以及皴、擦、点、染等形式技巧的妙用，西洋油画的笔触、色块以及各种形象化的手法等，都可以使平面的画幅表现出形象质感乃至气势气韵和神采。由于这个特点，绘画在造型艺术中占有重要地位。

中西绘画在独特的文化背景和美学理论的指导下，形成了迥异的风格，表现出较大的差异。中国画的主流是强调艺术家主观内在精神的表现，执著于形象的内在意蕴，化景物为情思，强调"传神写照"(顾恺之)，"气韵生动"(谢赫)，神似胜于形似。西方绘画的主流是强调对客观形象作模仿与再现，不断吸收有利于真实形象创造的数学、解剖学、透视学、光学、色彩学等科学成就。在注重对象精神、性格刻画的同时，大多注重"形似"，讲究比例、结构和形体的质感。在透视方法上，中国画在行动中观察自然，所谓"步步移，面面观"，靠目识心记，不受时空限制，多运用散点透视，尤重线条表现；西方绘画面对自然，由我观物，对景写生，强调透视的科学性，多用焦点透视，重视光与影的描绘。除此之外，中西绘画在虚实关系的处理，造型手段的运用和色彩处理等方面均有明显差异。

现代西方绘画出现了从再现向表现转化的趋向，甚至逐步走向了几何化、装饰化。追求的不再是某种可视的形象，而是某种抽象的意味，即所谓"有意味的形式"，从而使绘画的审美特征发生了部分质变。

### 2. 雕塑

雕塑是以实体性的（耐磨的或可塑的）物质材料塑造占有三度空间的立体形象的艺术。实体性是雕塑艺术区别于一切其他艺术的首要特征。雕塑是用坚实的物质实体，直接塑造实实在在的形象，不仅可视，而且可触。特别是其中的圆雕，形象完全是立体的。这种实体性使得欣赏者可以直接感触形象的具体空间，随着视角和距离的转换，获得不尽相同的感受。苏州西园的济公像，左面看笑容满面，右面看一脸愁容，正面看则啼笑皆非，一张脸三幅像，这在其他艺术中是绝难见到的。雕塑的实体性及其可以触摸的特点，强化了欣赏者与形象之间的感情交流，增添了作品感染力。

受实体性物质材料的限制，雕塑在选材上和表现上有自己的特点。首先，其主要对象是生活中的崇高的、理想的形象，特别是人体形象。生活中平庸、平淡的题材难以成为雕塑的对象。西赛罗在谈到一位大雕塑家塑造朱庇特神像或米涅瓦神像的时候说："他看到的一定不是任何一个模特，他的心目中有一个绝世无双的美的形象，他注视着这个形象，照着这个形象，专心致志地指导他那双艺术家的手来塑造神的形象。"无论是西方还是东方，所保留着的大量神的雕像，是雕塑选材特点的一个说明。其次，雕塑在表现对象和造型上以单纯取胜。它要求雕塑家高度浓缩生活素材，并不要求（也不能做到）像绘画那样逼真，而应该追求概括化、寓意化，以简驭繁，使形象外在的单纯和内涵的丰富达到有机统一。

雕塑中使用的物质材料在雕塑中具有特殊作用。一定的物质材料和适当的艺术形象完美的结合，不仅其本身可以变得有血有肉，成为真实的生命，从而产生很高的审美价值，也将大大增强作品的艺术效果。著名雕塑家罗丹在谈到雕塑《米洛的维纳斯》时说："抚摸这座像的时候，几乎会觉得是温暖的。"这与雕像所使用的大理石材料是分不开的，大理石不仅构成了作品的形象，而且其洁白如玉的特性，也恰好与形象纯洁而崇高的情趣和谐一致，从而使观赏者获得了视觉和触觉上的美感。中国古代的商鼎，之所以显示出崇高的风格，一方面因其粗糙、拙朴的造型，另一方面也与青铜的浑朴、沉钝的重量有关。选择适当的，富有审美表现力的物质材料，对雕塑艺术家来说是十分重要的。

### 3. 建筑

建筑是通过劳动建造的，供人们居住和活动的场所。它起源于人类防寒祛暑、隐蔽安全等实用的需要。早期的建筑只具有粗陋、有限的意义，随着实践的发展及物质技术的进步，建筑才逐步向审美方向发展。恩格斯指出，在原始社会末期，已经有了"作为艺术的建筑术的萌芽"。如果说建筑的发展是人类文明与进步的标志，那么，建筑艺术则成为这文明史诗中最辉煌的篇章。艺术为建筑披上了绚丽的光芒，没有艺术就没有建筑的历史。

实用与审美的统一，是建筑艺术的本质特征。建筑作为人类将自然界改造成为符合自己需要的伟大创造，首先应具有实用性，满足人的实际物质需要。同时，建筑又绝不仅仅是"居住的机器"，而应该具备审美性或艺术性，满足人的审美需要和精神需要。实用与审美、物质需要与精神需要的结合，是建筑作为一门艺术所具有的独特性能。实用的特征使它与人类发生最广泛的联系，审美特征使它能作用于情感而与人的心相通。实用与审美，在不同建筑对象中各有侧重，如住宅、厂房、医院等建筑一般偏于实用，而纪念式或园林式建筑，审美功能则是主要的。

形象的象征性是建筑艺术的第二个特征。建筑不直接地模仿和再现自然或人自身，而只概括地反映一定时代、一定民族的精神风貌、情趣和理想。正如现代建筑学家梁思成所说："建筑虽也反映生活，却不能再现生活。绘画、雕塑、戏剧、舞蹈能够表达它赞成什么，反对什么。建筑就很难做到这一点。建筑虽然也引起人们的感情反映，但它只能表达一定的气氛，或是庄严雄伟，或是明朗轻快，或是神秘恐怖。"这句话说明建筑本质上不是再现艺术，而是一种象征。它通过点、线、面、色彩、质感等因素，造成高低、起伏、开合、节奏的变化，并利用尺度、比例、形状、空间组合等手段创造某种造型美和意境美，从而作用于人的情绪和情感，引发人的联想与共鸣。如北京故宫，以严整的中轴线布局，有前序、有过渡、有高潮、有结尾，十几个院落和几百所殿宇纵横穿插，高低错落，加之强烈的色调和装饰物的烘托，淋漓尽致地渲染了皇帝的至高无上、权力无边和皇宫的等级森严。而哥特式建筑的神秘主义，也正是利用建筑材料的形体安排来实现的。

建筑艺术的审美特点，一般与实用目的相协调。如居住建筑要求亲切、安适，剧院、游乐场则要求明快、活泼，园林建筑要求清新、雅致。纪念建筑的庄严、肃穆，宗教建筑的神秘恐怖，均与其实用功能相一致。

建筑艺术受固定地点的限制，其审美功能的发挥还需要与环境的高度协调，以构成广阔的空间。环境的艺术感染力，不仅产生于山形、水流、植物等自然条件的巧妙配合，更重要的还在于建筑群的空间关系和建筑与环境的关系，构成观赏的整体，产生特定的意境，从而唤起人们丰富的联想。如中国园林建筑就特别讲究借景、分景、隔景等手法，或用山重水复、曲径通幽、世外桃源等艺术处理，构成和谐、广阔、深远的艺术境界，大大丰富了建筑艺术的表现力。

建筑艺术在西方被称为"凝固的音乐"。这句话的含义有两点：其一，建筑造型使用的均衡、对称、比例、和谐等形式美的法则，各种建筑材料和部件合乎规律的组合，往往给人以音乐般的节奏感和韵律感。梁思成曾经描述过柱、窗布局产生的节奏感："一柱，一窗，一柱，一窗地排列过去，就像'柱，窗；柱，窗；柱，窗；柱，窗……'的2/4的拍子。若是一柱二窗的排列法，就有点像'柱，窗，窗；柱，窗，窗；……'的圆舞曲。若是一柱三窗的排列，就是'柱，窗，窗，窗；柱，窗，窗，窗；……'的4/4拍子。"建筑学家约翰·波尔特甚至要求，当人们通过一个建筑物时，他们的移动应当被谱成管弦乐曲，建筑师应当把从小到大的空间序列有节奏地表现出来。这些说明了建筑与音乐的密切关系。其二，欣赏者在对建筑艺术的欣赏中，可以在空间景物的变换、更替中感到情感体验的流动与变化，这样，三维空间的艺术便获得了时间的维度，增添了艺术魅力。

建筑艺术有鲜明的民族风格。如中国传统的民族建筑侧重于群体组合，意境含蓄，装饰方面注重整体效果，园林建筑则通过亭阁、山水、花木组成一个综合的艺术整体；而西方建筑则侧重于向高度发展，更注重几何布局等。

建筑艺术的民族化、现代化仍是一个亟待解决的课题。

### 4. 书法艺术

书法艺术与汉字有密切关系。文字的书写本来是表达情感和交流思想的一种实用手段，但由于汉字点、线组合造型的特点，遂使书写演化成中华民族特有的艺术——书法艺术。

书法艺术是一种高度抽象的"线的艺术"。高度的抽象化正是书法艺术造型上的特点。书法的"形"是运动着的"线"或"线"的动态组合，它不能像绘画那样逼真地描绘客观事物，再现生活内容，而只能以抽象的线条表情达意。这就决定了书法艺术本质上属于表现性空间艺术，是借线条、形体、结构表现人的品格、情操、气质的艺术。东汉蔡邕认为："书者，散也。欲书，先散怀抱，任情姿性，然后书之，若迫于事，虽中山兔毫，不能佳也。"这句所强调的正是书法与人的性情的关系。当代书法艺术家沈尹默说："世人公认中国书法是最高艺术，就是因为它显示了惊人的奇迹，无色而具有图画的灿烂，无声而有声音的和谐，引人欣赏，心畅神怡。"这句也指出了书法艺术的表现性特征。

书法艺术的美是书法艺术家生命之美的呈示，表现在笔画的势、力、节奏等。美学家宗白华指出，书法中的字，"已不仅仅是一个表达概念的符号，而是一个表现生命的单位"，"这些生命运动在宇宙线里感到自由自在，呈'翩翩自得之状'，……笔迹落纸，一个点不是平铺的一个面，而是有深度的，它是螺旋运动的终点，显示着力量，跳进眼帘。点，不称点而称为侧，是说它的'势'，左顾右瞰，欹侧不平。《卫夫人笔阵图》里说：'点如高峰坠石，磕磕然实如崩也。'这是何等石破天惊的力量，一个横画不说是横，而称为勒，是说它的'势'，牵缰勒马，跃然纸上。钟繇云：'笔迹者界也，流美者人也。'美就是势，是力，就是虎虎有生气的节奏。"书法艺术强调运用一定的书写工具写出字的筋、骨、血、肉，也是为了显示出形体运动的内在生命。

书法艺术亦讲究"法自然"，讲究"外师造化"，许多书法家也确实从许多自然的形象中获得创作的灵感。如王羲之从白鹅曲颈中悟得线条的流美变化，张旭观公孙大娘舞剑器而得草书豪放激越之神,怀素见夏云奇峰、飞鸟出林、惊蛇入草而悟出草书笔法,黄庭坚看船工荡桨而知运笔飘动之势……但必须看到,书法艺术家的最终目的不是要再现物象,而是要借自然形象表现生命情状。"外师造化"需"中得心源"方能完成艺术创造性的转化。书法艺术正是在超越了自然表象的基础上,才显示出了独立万物之表的"书魂"。

书法艺术十分注意从姊妹艺术中吸取营养。书法艺术的整体结构如三维空间的建筑,富有建筑美;书法线条的形体的运动、姿态,颇有舞蹈的动态美;运笔的轻重、抑扬、润燥、刚柔、徐疾、回转,犹如音乐中的节律,显示出韵律美,书法与绘画则自古就结下了不解之缘。

书法艺术在当代仍具有巨大的魅力。书法艺术的创造,将融注当代人的生命情调,获得新的生机。

### 5. 工艺品

工艺品指造型和色彩上具有审美价值的日常生活用品,是与人们的物质生活、精神生活以及生产技术关系最为密切的一种艺术形式。工艺品种类繁多,一般分为实用工艺品和特种工艺品。实用工艺品主要用来满足人们生活要求和审美要求,美化人们的环境。如品种繁多的日常生活用品、家具陈设、环境布置、衣着打扮等,均属此列。特种工艺品主要指专供陈设玩赏的工艺品,如玉石雕刻、象牙雕刻、刺绣挂屏、装饰绘画等。

实用性与装饰性的统一,是工艺品审美特征的一般要求。实用工艺品的装饰性从属于实用并以实用为目的,只有装饰性从属于而不是脱离实用目的时,唤起的美感才具有有效性。从最简单的磨光、染色,到对形式美规律的更复杂的运用,以至利用绘画、雕刻等艺术手法的造型等都可以说明。在实用基础上求美观,是工艺品创作的一般要求。当然,随着人们物质文化水平的提高以及科学技术的进步,人们对工艺品审美属性的要求越来越高,以至于某些工艺品的审美属性达到了超实用的程度,如前所述的材料昂贵、工艺精致、技术难度较大的特种工艺品就是这样,而主要用于装饰的剪纸、刻花、绒花、根雕等,主要体现其观赏价值,可以成为纯粹的艺术品。

工艺品的美,主要表现在由形体结构组合和色彩运用产生的造型美。这种造型美虽然大量采集现实的题材如花草、鸟兽、鱼虫,但目的并不在于简单模仿事物、再现生活,而往往通过夸张、变形等手法使对象图案化、装饰化,以创造出某种具有象征意义或体现某种情调的艺术形象,其情感色调一般较为朦胧、含蓄和宽泛。工艺品给人的主要是由外在的形式所烘托的情调气氛对人们思想情感潜移默化的影响。

工艺美的创造必须遵循形式美规律,它偏于色彩、线条、形体、结构等形式因素的和谐,创造的主要是有"意味的形式"。对象的形体的均衡、对称所造成的稳定感,不对称均衡和曲线所造成的活泼流动感,色彩的冷暖、重心的高低所造成的或热烈紧张或静谧亲切的意味,全是由形式美传达的。

工艺品的制作还直接受物质材料和生产技术的制约。原始社会的彩陶制作,奴隶制社会的玉石工艺和青铜工艺,封建社会的漆器工艺、织绣工艺、瓷器工艺等,不仅是艺术的结晶,也标志着当时我国生产技术和科学文化的重大成就。

## 二、造型艺术的审美特征

物质材料和表现手段的特殊性,决定了造型艺术独有的审美特征。

美学基础

### 1. 造型艺术具有形象直观性

造型艺术用占有一定体积和一定空间的实体物质材料塑造形象，无论是具象性还是抽象性的造型艺术，都直接诉诸人们的视觉，具有直观可视性。这种直观可视性是一切造型艺术都具备的，绘画、雕塑如此，工艺、建筑、书法亦如此。在各门类艺术中唯有造型艺术是可视、可触，无需中介的。波提切利《维纳斯的诞生》中维纳斯被海风吹拂徐徐降落的情形，米开朗基罗《大卫》雕像中主人公大卫准备投掷的动作，都是直接呈现在我们的视觉里的。形象的直观性，使造型艺术具有十分广泛的群众基础，极易为不同文化程度的人们接受。但正因为形象的静态直观性，使得造型艺术在反映一些不能为视觉直接看到而又实际存在的事物时，存在着局限。但这个局限并不是绝对的，而是相对的和可以弥补的。这是因为优秀的造型艺术家从来不把可视当作艺术的最高境界，而总是力图在形象背后传达更多的内涵，以有形写无形。黑格尔认为："绘画所要做的事一般不是造成使人可用肉眼去看的东西，而要造成既是本身具体化而又使人可用'心眼'去看的东西。"据说，宋代画院曾以"踏花归来马蹄香"为题来取试画工，"香"是不能凭视觉看出的，但高明的画师却通过数只蝴蝶飞逐马后，追逐蹄香而曲尽其妙。徐悲鸿的《逆风》（见彩图40），画几只麻雀在逆风中飞行。风本来是无形、无色、看不见的，但画家却通过对芦苇在风势之下顺风飘倒的动势和麻雀逆风飞行的那种特有的姿态，成功地将无形的风表现出来了。至于中外美学艺术中深刻揭示人物内心世界的作品亦不胜枚举。造型艺术同其他任何艺术一样，能在自己可能的范围里运用一切表现手段，或像其物宜，以色貌色，或以形传神，以墨达意，充分展示人物的精神世界或对象的神韵。

### 2. 具有瞬时永固性

就绘画、雕塑而言，它用不变的物质材料为媒介塑造形象，不能描绘时间过程，而只能摄取生活中可视的、相对静止的物体或物体变化运动的某一可视的瞬间，进行描绘。其形象也只能在空间以静止的方式展示。因此，凝固瞬间的形象，瞬时的凝固，即成永恒的稳固。这是一切造型艺术的共同特征。

由于这个原因，造型艺术在选材上有特殊要求。按照莱辛的说法，造型艺术应该"选择最富于孕育性的那一顷刻"。所谓"最富孕育性的顷刻"，含义有二：第一，它是美的瞬间。美是造型艺术的法则，造型艺术所选择的不是这一瞬间和那一瞬间，而是美的瞬间。古希腊著名雕塑《拉奥孔》（见彩图41），表现拉奥孔和他的两个儿子被巨蟒缠绕以后的恐惧和痛苦，但作者选择拉奥孔的痛苦表情却不是到达临死终极时的狂呼乱叫，而是将哀号化为轻微的叹息这一顷刻。其之所以如此，一则因为造型艺术表达美的需要，正如莱辛所说："凡是为造型艺术所能追求的其他东西，如果和美不相容，就须让路给美；如果和美相容，也至少须服从美。"二则，因为激情到达顶点，反而会束缚人们的想象力，"到了顶点就到了止境，眼睛就不能朝更远的地方去看，想象就被捆住了翅膀"。显然，这"美的瞬间"不仅暗含着对象内涵的丰富性，也倾注着作者感受体验的敏锐与情思，是"迁想妙得"的结果。第二，它是既能承接过去，又能暗示未来，事物运动过程中具有最大发生性的瞬间。黑格尔对造型艺术凝固瞬间的美提出了这样的要求，把"其中正要过去的和正要到来的东西都凝聚在这一点上。"欣赏者在对这瞬间形象的感受中，可以推知过去，又能预测未来。19世纪法国画家米勒认为："一个倚锄荷铲而立的人较之一个做着掘地或锄地的动作的人，就表现劳动来说，是更典型的。他表现出他刚劳动而且倦了——这就是说，他正在休息，而且接着还要劳动。"米勒的《倚锄的男子》正是这种思想的最好说明。德国女作家凯绥·珂勒惠支的铜版画《磨镰刀》，紧紧抓住一个眼里放射着怒火的劳苦的妇女，抱着镰刀狠命磨的瞬间，不仅使人想见其悲惨的过去，而且可以想见斗争即将爆发的将来。而达·芬奇《最后的晚餐》（见彩图42）则选择了耶稣说"你们中间有一个人出卖了我"那一顷刻，一石激起千层浪，通过12个门徒惊讶、激愤、疑惑、恐怖等不同表情，让人想见事件的前因后果，获得了震撼人心的效果。绘画是这样，雕塑亦是这样。受物质材料的限制，它只能选择那些最有概括力和最富表现力的瞬间形体动作来塑造形象。从而使欣赏者从这种静止而单纯的形象中，联想、把握与之相联系的作品之外的人、物、事件和环境，取得以少胜多的效果。米隆的《掷铁饼者》（见彩图43）选择运动员准备投掷的最初一瞬间，使雕像蕴藏着巨大的爆发力。美学家鲍列夫指出："雕塑家只处理一个动作环节，但是这一环节包含前前后后的整个运动的痕迹。这就使雕塑具有动态的表现力。"在相对静止的瞬间展示出形象的运动感，从而达到造型的凝练和运动感的凝聚，是绘画、雕塑的共同追求。而形象的凝聚与凝练也意味着时间的浓缩。当然，造型艺术中表现性强的艺术，如建筑并不追求对现实具体事物的模仿，所以无需捕捉"最富孕育性的顷刻"，但建筑却以巨大的实体将特定时代与民族风格浓缩在自己的形式中。具有成型后的不可移易性和永固性。"一座建筑物一旦建造起来，它就要几十年、几百年地站立在那里。"建筑物这种与人比例悬殊的庞大体积和不可摇撼的稳定感，使其成为一个时代、民族历史的见证，成为用石头写成的史诗。

造型艺术凝固瞬间的形象，并且作为静态向观众呈示，这使欣赏者在时间上获得了最大的自由。欣赏者不必像欣赏动态艺术那样，无条件地服从艺术内容展开的客观步伐，不必遵循时间的序列规律，既可以从整体观照，又可以从细部凝视，少则几分钟，多则几小时，具有很大的永久性，可以从从容容地欣赏和揣摩。据传说，唐代画家阎立本在荆州欣赏张僧繇的绘画时，竟长达数日，这在动态艺术的欣赏中是不可能的。

### 3. 具有高度的形式美

形式美具有鲜明的特征，一是形式美远离具体内容具有较大的独立性和自身的承继性，二是形式美的意蕴较为朦胧、模糊、缺乏确定性。造型艺术的形式，往往具有独立的审美价值，在一些抽象的绘画、图案或工艺、建筑、书法艺术中，主要就是形式美。它们的形式当然也都是"有意味的形式"，但如果形式本身不美，意味就无从表达。形式的美感性，成为造型艺术重要的审美追求和审美特征。

造型艺术中的形式美主要表现在三个方面：一是物质材料的感性形式美；二是表现手段（如色彩、线条等）的美；三是形式美法则运用所产生的美。物质材料是构成造型艺术形象的物质载体，可以说是艺术品感性形式的外观。物质材料的声、色、形、质直接影响着作品的艺术特征。物质材料的改变意味着作品价值的改变，物质材料的破坏甚至意味着作品本身的消亡。桑塔耶那认为物质材料的特性能"给予事物的美以某种强烈性、彻底性、无限性，"如亚麻布粗疏的经纬、纹理为油画的表现力创造了得天独厚的条件。而质地柔软的绢纸，为绘画的抒情写意创造了条件。绘画中油质颜料长于再现与描绘；水质颜料精于表现与抒情。油质颜料使画面浓烈而辉煌，铺排出错彩镂金之美；水质颜料则使画面清丽淡雅，烘托出清水芙蓉之美……雕塑的材料的质地也直接构成艺术形象的生命。牙雕《嫦娥奔月》中月亮、嫦娥、玉兔那像云块一样柔韧、细腻和洁白无瑕的美感效果，正是象牙的质地材料所致。罗丹抚摸维纳斯的雕像，有一种"真实的生命感"，其实这与大理石的优雅细腻不无关系。建筑物质材料的庞大坚固使其形象的美学基调更接近于崇高或壮美。富有形式美感的材料和艺术形象的结合，会大大增强作品艺术表现力，提高其审美价值。造型艺术另一形式美构成要素是表现手段即色彩、线条的美。色彩在绘画艺术中十分重要。色彩的总体倾向——色调，对绘画风格有重要影响。而画家本人的风格也常从色调中得到显示。如提香常用华丽辉煌的红色加金黄色使画面充满热情、欢快的情调。色彩的相对稳定性，是画家个性成熟的标志。色彩在其他造型艺术如雕塑中，虽不像在绘画中那样重要，但同样也是一种语言，与形体、空间、姿态一起表达着某种情感，帮助参与着与欣赏者交流。艺术史证明，最早的雕塑是赋色的，后来过渡到不涂颜色，主要靠物质材料本身的表面特征和质地，借助于造型和自然光彩，在单色的塑体上获得明暗对比及其色彩效果。罗丹这样描述维纳斯雕像的美学效果："你瞧瞧在乳房上的强烈的光，肌肉上的有力的暗影；你瞧这些金光，像云雾一般的，在神圣的身躯最细致部分上颤动的微光；这些明暗交接线，处理得如此精微，好像要溶化在空气中。你觉得怎样？这难道不是黑与白的卓绝的交响曲吗？"线条也是造型艺术的重要语汇。线条是最原始、最幼稚的造型语言，人类早期绘画凭借的手段是线条，儿童学画的第一笔也是从线条开始的。线条同时又是高级的造型语言，德国艺术家保罗·克利形象地说，用一根线条散步。而安格尔则认为线条"就是一切"，达·芬奇之前，线条一直是绘画的重要表现手段，不用直尺而画出一根直线被看作绘画的不可缺少的基本功。线条形式美的本质在于它的情感意味，线条的光滑滞涩、硬软坚柔、轻重缓急、清晰含混等品格，线的长短、粗细、疏密、干湿、曲直、快慢等节奏的变化，可以表现出画家无限丰富的情感内容。中国画线条的情感意味更强，创造了许多笔法。如山水画中的披麻皴，由近于平行的线条组成，运动徐缓，绵延层叠，疏密相间，给人以宁静、和谐、深远的感觉。斧劈皴，由粗壮的短线和断线组成，运动疾速，锋利逼人，给人以激越亢奋的感觉。线条充盈着艺术家的生命情状和艺术感觉，一定程度上反映出画家的品格与个性。如中国元代画家倪云林的绘画，其线条枯涩中见丰润，疏荡中见遒劲，与画家飘逸、空灵的气质是分不开的。线条在雕塑中主要表现为一种外部轮廓的造型。如西方的人体雕像，女性常被处理成S型或反S型的曲线，这样看起来娴静、优美。我国大足石雕水月观音也是靠形体的曲线表现的，所以又称媚态观音。线条在建筑中是形成其风格的因素。我国古代建筑飞檐翘角的曲线屋顶犹如美丽的翼羽，产生飞动之感。横向展开的四合院，方正规矩，安稳平和；而月桥的弧线则呈现流畅、纤巧、优美的风格。至于书法，更是一种典型的线的艺术，书法的意境、品位也主要是通过线的动态组合显示出来的。

　　形式美法则如平衡对称，多样统一，节奏韵律等在造型艺术中被广泛运用。形式美法则在建筑中体现得十分充分。建筑艺术必须遵循比例与尺度、均衡与稳定、节奏与韵律、多样与统一的法则。比例指各部分之间，部分与整体之间的大小关系。建筑艺术的整体美，主要来自比例的和谐与统一。均衡给人以稳定感和安全感，中西建筑都将下大上小、下重上轻、下实上虚奉为定律，也是为了造成均衡感与稳定感。节奏与韵律，使建筑空间丰富而有变化，最大限度地解放了实体性物质材料对人的束缚；多样统一，则将杂多统一为一个有机整体，如颐和园长廊的雕梁画栋，多样而不杂乱，统一而不单调，单纯中见丰富、变化中见整齐，堪称多样统一的范例。现代建筑更加注重造型的力量，亦开始突破传统形式美规律的束缚，朗香教堂采用出人意料的怪诞形体，不规则散布的大小窗洞，翻卷的屋顶，倾斜的墙面，自由的平面让人难以确认其含义；蓬皮杜艺术中心暴露无遗的钢网架，如"金蛇狂舞"、"巨龙腾飞"，在建筑艺术中创造了一种前所未见的现代现象，但这一切并没有从根本上改变形式美的基本法则。

　　造型艺术中的书法艺术，也最讲究形式美法则。用笔的轻重、快慢、偏正、曲直的形式美感构成书法艺术的点划美；字形、字与字间的欹正、疏密、大小呼应对比则是形式美规律中的均衡匀称的运用，从而构成书法艺术的结构美；书法整体布局的韵律感和节奏感，则形成书法艺术的章法美。至于工艺，甚至主要是形式美规律的运用。

### 三、造型艺术的审美功能

造型艺术广泛渗透在生活的各个领域，它重视造型，讲究形式美，极易为大众所接受。造型艺术具有特殊的审美功能，主要表现以下方面。

#### 1. 造型艺术具有真切的认识功能

不同时代和民族的造型艺术，不仅反映不同时代和民族的具有直观意义的生活内容、风俗习惯，也最突出地体现着不同的心理情感和风格追求，从而具有文献般的真切的认识价值。从这个意义讲，绘画、雕塑、建筑、工艺品等，都可以说是一个时代或民族的心灵与生活的镜子。

造型艺术作为产生较早的艺术门类，它和人类的历史联系在一起，并常常成为人类历史发展的物质标志与精神标志。从中国古代山顶洞人的项链、贝壳之类的装饰品和新石器时代的彩陶纹饰，到神秘的殷商青铜器，从琳琅满目的汉代工艺品到多姿多彩的晋唐书法，从举世闻名的唐三彩到古朴幽雅的宋代瓷器，从精致艳丽的明代苏绣，到华贵大方的清代景泰蓝，多姿多彩的工艺品构成了华夏民族五千年的光辉灿烂的文明，从中也使我们看到古代劳动人民的勤劳、智慧及其追求美的历程。郭沫若认为，工艺美术是测定民族文化水平的标准。单从不同时期的工艺品的装饰纹样，就可以想见当时社会生活的方方面面。如原始社会彩陶上的各种几何纹，有的和生产、编织物有关，有的则是动物纹的抽象化，成为原始部落的标志。商周至汉魏六朝，是以动物纹饰为主体的时代，人们的天神宗教观念，通过这些现实的和想象的动物纹饰表现出来。隋唐以后花鸟图案在装饰中占有主导地位，则反映了人们思想意识的解脱和人们生活水平的提高。若从艺术风格看，不同时期的工艺品具有不同的艺术特点和风格，如商代的威严庄重，周朝的秩序，战国的清新，汉代的凝重，六朝的清瘦，唐代的丰满、华丽，宋代的理性美，元代的粗壮豪放，明代的敦厚，清代的纤巧，……工艺品风格成为一个时代特征的徽章。

绘画是历史瞬间的凝聚与浓缩。它以直观静态的形象，高度逼真地再现着生活，具有巨大的审美认识价值。宋代张择端的《清明上河图》，历来被认为是京城汴梁的风景画。农民、船夫、商人、小手工业者、官吏、秀才、大胡子道人、行脚和尚、江湖医生……堪称宋代各色人等的众生相。加上店铺、作坊、茶楼、酒肆，真是万象杂陈、千姿百态，从中我们可以直观感受到宋代生活的方方面面，甚至把握到繁华景色背后所隐含的种种劳逸不均、贫富悬殊的现实。同绘画一样，雕塑能在最小体积里凝聚最大量的思想，特别是纪念性的大型浮雕，往往成为历史上重大事件的见证。像法国巴黎凯旋门上的马赛曲浮雕，整座雕像洋溢着视死如归的精神和不可战胜的气势，成为法国人民革命历史的见证并已经成为爱国主义的永恒颂歌。

至于建筑，历来被称为"世界的年鉴"、"石头的史书"。伟大的文学家雨果在小说《巴黎圣母院》中曾这样说："最伟大的建筑物大半是社会的产物而不是个人的产物。……它们是民族的宝藏，世纪的积累，是人类社会才华升华所留下的残渣。"建筑艺术体现最充分的是庙宇、陵墓、城堡、剧院、宫殿、园林、纪念碑、公共建筑、城镇布局等。因为它们的设计不是来自个人的或家庭的需要，其建造亦主要不是依靠并体现个人力量，加之巨大的体积和稳固性，使它们能够有很大的容量和涵盖力，能体现一个时代和社会的政治、经济、思想、观念、民族特征，能在较高层次上显示特定历史段落的文化特质。古埃及金字塔仅仅是一座座巨大的简单四方锥体，但它们稳固地端坐于沙漠之畔，以空阔的蓝天、荒野做衬托，使人在难以估价它们内部所蕴藏能量的同时，隐约感受到奴隶主法老王力量的强大。古希腊建筑亲切、明快，规则的几何柱式结构，反映了奴隶制城邦社会民主、开朗的生活。中世纪林立于欧洲大地上的哥特式教堂，造型充满了模糊性和虚幻性，竖向线条密布，高塔直刺云霄，墙壁失去整体感，内部狭高的尖拱空间配上迷离变幻的色彩、光影，造成压抑人心的宗教神秘气氛，记载了欧洲人追求超越的精神历程。文艺复兴时期的建筑高雅端庄，比例和谐，造型有的稳健、有的欢快、有的伟岸、有的精巧，向世界表明进步力量的独创精神。17~18世纪的巴洛克艺术，一改文艺复兴时期的平衡、适中、庄重、理性和逻辑，而追求运动、新奇，甚至追求戏剧性，豪华与夸张是当时社会的精神面貌的直接显示。近代建筑走向框架结构，以适应资本主义大工业生产的步伐。现代建筑在追求多层次与大跨度的同时，强调实用、经济、美观的有机统一，这与现代社会人口高度集中，科技飞速发展，思维空间的开拓密不可分。通过建筑，我们不但可以认识社会历史风土人情，还可以感悟深刻的哲理。

### 2. 造型艺术具有培养懂得形式美眼睛的功能

造型艺术是高度讲究形式美的艺术。其中色彩、点线、构图、透视、块体等不仅是造型艺术的构成要素，也是形式美的构成要素，它体现着多种形式美法则。造型艺术的内涵、意蕴，主要是靠形式美传达出来的。欣赏者对造型艺术的感受，必须借助于能感知形式美的眼睛。感知形式美的眼睛，是人的审美心理结构的重要因素，它与人的形式感的建立是密不可分的。形式感是对可视形象特征的整体感受，是一种高度的视觉提炼和心理归纳。造型艺术的存在方式是具体的形象及形象组合，这种组合体现形与形之间的关系，这种关系构成艺术的形式结构，这种结构的整体，作用于人的视觉和心理，形成人的形式感。在同一空间内，训练有素的艺术家能得到体现对象特征的整体形象，而一个缺少这方面训练的人则可能如盲人摸象，把握不住整体形象。罗丹说过："所谓大师，就是这样的人，他们用自己的眼睛去看别人见过的东西，在别人司空见惯的东西上能够发现出美来。"罗丹说的大师，就具有这样一种能感知形式美的眼睛。人的形式感或感知形式美的眼睛，有先天的因素，但更与后天的亲身实践密不可分。人们可以直接领略那美不胜收的造型艺术，从而使形式美感活跃起来，敏感起来。马克思说："生产不仅为主体生产对象，而且也为对象生产主体。"造型艺术以其特有的形式美，激活着欣赏者的形式敏感。对造型艺术的欣赏，是培养人们懂得形式美的眼睛，增强形式美感和运用形式美法则的自觉性的重要途径。比如，色彩的感觉被认为是一般美感中最大众化的形式，色彩又是造型艺术的重要语言。抓住了色彩，就能窥视艺术家的个性，艺术品风格与流派，还能够从不同时期作品色彩运用的比较中，体会造型艺术的演变及其内在联系。线条较之于色彩更为抽象，是人类情感形式的高度浓缩。体会线条的表现力，需要更多的理性和观念成分。如直线具有坚定、刚劲、爽朗的品格，曲线令人联想到水中的涟漪，产生富于变化的美感。顾恺之画画时线条的紧劲连绵，如春蚕吐丝；吴道子的线条强劲有力，充满运动感；同样，达·芬奇的线条冷峻、深沉，米开朗基罗的线条雄浑，拉斐尔的线条柔媚……都是独特的情感语言。有了对线条的敏感，就可以深入到艺术的深层世界里，获得极大的审美愉快。

**3. 造型艺术具有培养人们美化自己和美化环境的能力**

造型艺术所特有的色彩感、层次感、对比性、和谐性，可直接运用于人们的生活，成为美化自己和美化生活的重要美学原则。造型艺术特别是其中的工艺，与人的生活关系密切。工艺品通过人们的衣食住行和生活环境，对人们的审美情趣产生潜在的影响。它具有其他艺术不可比拟的经常性、广泛性和深入性，从孩提时代，工艺品就以玩具、服饰等形式对人产生影响，工艺品通过独特的视觉语言，使人生活的环境带上某种艺术的格调或审美情趣。如家庭美育中居室环境的布置常反映出一个人的气质、个性、生活情趣及美学修养。"室雅何须大，花香不在多"，在有限的生活空间里，主人可以充分发挥审美造型的能力，将居室布置得有情趣、有意境。不同生活环境色调的妥善处理，恰到好处的工艺品点缀，乃至家具灯具、窗帘的合理选择，都反映出人的美学修养。如果居室中悬挂一两幅写意画、草书条幅或白描花卉，再置入几件青铜器或彩陶，居室就显得古朴、典雅；如果居室中悬挂高影调的黑白艺术照或者风景油画，再摆放几件草编工艺品或造型及色彩美观的玻璃器皿，常可以使居室显得既幽静又有现代感。学校美育也是这样，为了营造一个健康向上的文化氛围，常需要按照美的造型规律对建筑环境进行总体设计和安排。

社会环境是一个大环境，造型艺术在社会环境的美化方面的作用更为突出。城市规划就是一个系统工程，不但一些文化设施如音乐厅、美术馆、影剧院、博物馆、公园等的设置要符合美的规律，以满足人们的欣赏、娱乐等需要，而且一些生活设施如住宅、商店、医院、厂房等也应该讲究舒适方便，具有美的外观和造型。城市园林艺术除了增添对城市生态和环境的保护作用外，也构成了城市美的重要因素。自然美与建筑美的融合，可以缓解拥挤不堪、生活节奏紧张所造成的人们心理重荷，其中雕塑往往对城市建筑和人文景观起画龙点睛作用。雕塑与城市喷泉、水池的结合，烘托了空间环境的静态美，既打破了环境的宁静，又创造出了一个更为幽静的大环境。

造型艺术与人的生活关系密切，小至化妆美容，大到生活空间，都可见造型艺术的美育功能。比如着装，其中色彩就与年龄、气质、肤色、体型有密切关系。着装的款式、造型往往显示出一个人的气质和审美素养。

此外，造型艺术对培养人们的空间思维或形象思维能力，也有直接作用。造型艺术展示的是空间静态形象，对造型艺术内涵的把握需借助于想象和思维。莱辛说过："凡是我们在艺术作品里发现为美的东西，并不是直接由眼睛，而是由想象力通过眼睛去发现其为美的。"想象力是审美腾飞的翅膀，面对那"最富孕育性的顷刻"，欣赏者只有充分展开想象，才能获得最大的欣赏空间，还对象以生命。同理，造型艺术整体与局部，部分与部分的组合，也需要空间思维能力的介入。造型艺术特别是建筑那严密的数理结构和高度的形式美，既是艺术家思维能力的物态化，又格外强烈地激活着欣赏者的思维。

# 第三节　语言艺术的美

## 一、语言艺术的含义

语言艺术是指以语言为物质媒介塑造形象或情境来表情达意，反映生活的艺术，即通常说的文学。主要有诗歌、小说、散文、戏剧文学等类型。

### 1. 诗歌

诗歌是最早出现的文学样式。诗歌在产生初期是同音乐、舞蹈结合在一起的。和小说、散文、戏剧文学相比，诗歌最显著的审美特征是长于抒情，富于想象，精练含蓄，讲究韵律。优秀的诗歌作品莫不饱含着真挚而浓烈的情感，诗歌不是以情节、事件吸引人，而是以饱蕴情感的艺术形象，优美动人的意境感动人心的。将情感化为具体的形象，则必须借助于想象，因此，诗歌在充满情感的同时最富于想象，想象是情感的翅膀，没有想象也就没有诗歌艺术。由于充满情感而且富于想象，诗歌在结构上往往表现为较大幅度地跳跃，常省略掉语言中的过渡、转折和联系交代的词语，甚至打破语法规则，自由抒写，大幅度地跳跃为结构中留下了许多空白，给读者提供了广阔的想象空间。诗歌语言凝练含蓄，富于韵律之美。诗歌因此被称为最精美的语言艺术。

诗歌从格律上分有格律诗和自由诗，从描述的内容上分则有抒情诗和叙事诗等。

### 2. 小说

小说是以人物形象的创造为中心的散文体的叙事文学样式。和诗歌、散文、戏剧文学比较，小说的审美特征主要表现在：第一，能够多方面以多种手法、细致地、深刻地刻画人物性格，展示人物性格的多样丰富和发展变化，塑造比其他文体尽可能多样的人物形象。第二，小说一般有较为完整生动的故事情节，叙事诗、散文的情节大都比较简单零散，诗歌凝练抒情的风格使其很难容纳复杂的情节，叙事散文（如报告文学）由于真人真事的限制不能任意虚构情节，戏剧文学有情节冲突，但受演出时间、观众心理及物质条件的限制情节不能过于复杂。只有小说篇幅容量最为自由，表现手法限制较少，所以最适宜构造完美复杂的情节。第三，小说可以描绘具体可感的环境，并达到细致逼真的程度，使人产生"身临其境"的感觉。

小说从篇幅的长短和容量上分，有长篇小说、中篇小说和短篇小说。除此之外，还有一个或几个主人公贯穿几部小说所构成的所谓"系列小说"，以及近年来兴起的微型小说等。

近年来受西方现代文艺思潮的影响，小说创作出现了"淡化情节"、"淡化人物"、"淡化主题"的现象，使小说审美特征发生了部分质变。

### 3. 散文

散文是一种灵活自由、不受拘束的体裁。散文有广义、狭义之分。广义散文是指诗词以外的散行文章，狭义散文则特指与小说、诗歌、戏剧文学并列的一种文学样式。其主要特点：取材广泛，不受限制；注意表现作者的生活感受和特殊境遇；一般没有完整的故事情节；结构自由灵活，形式短小精悍，语言自然简洁而优美。

散文因为内容和应用领域广泛，所以包括了许多具体样式，小品文、杂文、随笔、札记、游记、书信、传记、报告文学、回忆录等均属散文之列。一般从表达方式上将散文分为叙事、抒情、议论三种文体。

### 4. 戏剧文学

戏剧文学通常是指供戏剧演出用的文学剧本，是戏剧艺术的一个重要组成部分。受舞台演出的制约，戏剧文学具有鲜明的特点：主要运用人物语言塑造形象，人物语言要求口语化，富有动作性、文学性和潜台词；人物、事件、时间、场景高度集中；具有尖锐的戏剧冲突。

戏剧文学作品的分类方式有多种，根据容量大小可以分为独幕剧和多幕剧；根据表现形式可以分为话剧和歌剧；根据所反映的矛盾冲突的性质和所运用的表现手法，以及对读者的感染效果，则可以分为悲剧、喜剧和正剧等。

## 二、语言艺术的审美特征

语言艺术用语言塑造形象，"语言是文学的材料，就像石头和铜是雕刻的材料，颜料是绘画的材料或是声音是音乐的材料一样。"文学离不开语言，作家的创作与读者的接受都是以语言为中介进行的。文学就是语言建构的世界，没有语言就没有文学。正是从这个意义上，高尔基才将语言看作是"文学的第一要素"。

作为文学物质媒介的语言，是"人类创造的最为先进和最令人震惊的符号设计"。它最大限度地摆脱了物质材料的束缚，和其他艺术的媒介比较，具有较大程度的自由性。同时，又由于语言艺术的形象既不能直接诉诸视觉，又不能直接诉诸听觉，而是首先作用于读者的想象，因此，它是一种典型的想象艺术，具有以下的基本审美特征。

### 1. 形象创造与形象感受的想象性

这是语言艺术最基本的审美特征。语言艺术塑造的形象并不是直接可视、可闻、可触的，而是以语言为中介表现出来的，无论是形象的创造，还是形象的感受，都必须依靠想象来进行。离开了想象，既无从创造，也无从感受。面对文学作品，读者视觉所接受的，首先是表情达意的语言符号，只有掌握了语言文字的意义，再经过联想和想象，才能在大脑中浮现出相应的形象。曹雪芹笔下的贾宝玉，鲁迅笔下的阿Q，塞万提斯笔下的唐·吉诃德，无论多么活灵活现，栩栩如生，都不是读者所亲眼看到，亲耳听到，而是读者依据文学语言的描绘靠想象间接得来的。所以，作为文学物质媒介的语言"仅在联想中与它们所代表的事物发生联系，当阅读和聆听文学作品时，我们看不见被描写的东西，但是，我们的想象力似乎重现了言语所涉及的事物。"因此，语言艺术被称为典型的想象艺术。

形象创造与形象感受的想象性，是由语言艺术的符号媒介——语言的特性所决定的。语言是以语音为物质外壳，以词汇为基本单位，以语法为结构规律的人类交际手段，但语音和文字并不像音乐中的音色、音量和绘画中的颜色那样，是直接构筑艺术形象的要素，体现着艺术品的审美价值。语音仅仅是听觉的标志，人们通过词语的不同发音识别的是其自身的含义。同样，文字也仅仅是词语在视觉上的标志，人们依据字型把握的是它的发音与含义。因此，从创作上看，作者无法将艺术形象直接呈现为可视的画面，只能转化为语言符号；而从欣赏角度看，读者也无法直接接触作品中的艺术形象，只能根据语言符号调动头脑中的表象进行想象，才能"复原"艺术形象。

形象创造与形象感受的想象性特点，使语言艺术增添了无穷的魅力，语言艺术的形象不像其他艺术中的形象那样定型化（这一点类似于音乐）。在艺术表现上，作者可以采取多种手段，写形传神，激发欣赏者充分调动自己的想象力，补充丰富艺术形象。在此基础上，再创造出一个融自己的生活经验和人生体验为一体的艺术形象。这就有了"一千个读者就有一千个哈姆雷特"的说法。语言艺术为欣赏者的主体性和能动性的发挥提供了充分的条件。正由于这样，西方才出现了从接受者的角度研究文学艺术的接受美学。

当然，从另一方面看，欣赏者要实现最大限度的自由，必须了解语言艺术所属的语言系统，掌握语言媒介的含义，具有较高的语言能力，否则无法进入欣赏状态。其次，欣赏者要有较为丰富的生活体验和表象贮存。生活体验越多，表象贮存越丰富，艺术欣赏的主动性、想象的自由性就越大。

### 2. 叙事和抒情的兼长性

文学以语言为媒介，最大限度地突破了时空限制，凡人所能认识的领域，它都能表现；凡心灵所欲表达的东西，它都能表达。因而语言艺术不仅长于叙事，长于再现，长于客观真实状貌的叙说，也长于抒情，长于表现，长于主观心灵的抒写。

语言将文学的叙事功能发挥到了极致，它不受时空限制，叙事上具有极大的能动性和自由性。天上人间，地府仙境，现实历史都可以自由表现。它既可以再现事物静态的形象，也可以表现事物运动的过程；可以展示宏大的历史画面，也可以披露微观的心理世界。黑格尔指出："语言的艺术在内容上和在表现形式上比起其他艺术都远较广阔，每一种内容，一切精确事物和自然事物，事件，行动，情节，内在的和外在的情况都可以纳入诗，由诗加以形象化。"黑格尔这里所说的诗，自然指语言艺术。

文学在状物方面的表现力是很强的。绘画可以表现色彩，但不能表现音响；音乐能表现音响，但不能表现色彩。至于气味，两者都难以表现。而文学则既能绘色，又能绘声，还能表现出气味。杜甫《兵车行》开篇"车辚辚，马萧萧，行人弓箭各在腰"，仿佛使人听见了兵车隆隆、战马嘶鸣的出征场面。白居易《琵琶行》："大弦嘈嘈如急雨，小弦切切如私语，嘈嘈切切错杂弹，大珠小珠落玉盘"，将琵琶女的琴声形容得惟妙惟肖。在表现色彩方面，白居易"一道残阳铺水中，半江瑟瑟半江红"，描绘出一幅绚烂的图画。毛泽东"赤橙黄绿青蓝紫，谁持彩练当空舞"，一条飞动的绚丽多姿的彩虹，给人以眼花缭乱、目不暇接的美感。而林逋的"疏影横斜水清浅，暗香浮动月黄昏"，则将意境描绘得有声有色，有滋有味。文学状物可以绘声绘色，有滋有味，对人物动作的刻画也可形神兼备，别具一格。语言艺术本质上是时间艺术，它可以在时间的行进中将人物的动作形神逼真、活灵活现地展示出来，如从《水浒传》第二十三回"武松打虎"的片断，可见其形神兼备之一斑。

语言艺术不受时空限制，可以在时间、地点自由的延伸、跳跃和在转换中全面展现广阔的社会生活，并且在反映生活的广度和深度方面都胜于其他艺术。语言艺术这个特长，在容量较大的长篇小说中更能得到充分的展示。如中国古典长篇小说《三国演义》，从起首"宴桃园豪杰三结义"到"降孙皓三分归一统"，纵横上百年，地域数千里，全面展示了东汉末年群雄并起，军阀混战，魏、吴、蜀三国鼎立到魏国统一中国这一历史画面。再如哥伦比亚作家加西亚·马尔克斯的《百年孤独》采用真实与幻景相交织的魔幻现实主义艺术手法，展示了加勒比海沿岸小镇马孔多的兴衰。而列夫·托尔斯泰的《战争与和平》则以1812年俄法战争为背景，从1802年彼得堡贵族客厅里谈论拿破仑征战开始，中经俄奥联军同拿破仑军队在奥斯特里茨会战，法军入侵俄国，彼罗狄诺会战，莫斯科大火，拿破仑全线溃退，最后写到1825年十二月党人运动前夕，以四个贵族家庭为主线，在战争与和平的交替描写中，展示了俄国广阔的社会生活和历史画卷，单是描写到的人物就达500多个。这样宏大的、错综复杂的生活历史场景，是其他艺术难以企及的。

语言艺术不仅长于摹写和叙事，也长于抒情与表现，长于主观世界的展示。语言本身就是精神性的，人的精神世界有多么丰富，语言的表现也就有多么丰富。语言艺术可以展示人物或崇高或卑微，或喜悦或愤怒，或欢乐或哀伤，或可敬或可怜，或奋发或萎靡，或镇静或惊慌的丰富、复杂、流动变化的心理世界，给人以"明心见性"似的生动印象。

语言艺术在描述人的精神世界时，可以暂时撇开人的外在形象和动作，直接展示人的内心活动，让人物做内心的独白，灵魂的自语。巴尔扎克《高老头》对那个隐藏在伏盖公寓里面的江湖大盗、苦役监逃犯伏脱冷精神世界的刻画就是这样：

……你知道巴黎的人怎么打出路来的？不是靠天才，就是靠腐败。在这个人堆里，不像炮弹一般轰进去，就得像瘟疫一般钻进去。清白诚实是一无用处的。在天才的威力之下，大家会屈服；先是恨他，毁谤他，因为他一口独吞，不肯分肥；可是他要坚持的话，人们便服帖了；总而言之，没法把你埋在土里的时候，就向你磕头……社会上多的是饭桶，而腐败便是饭桶的武器，你到处觉得有它的刀尖。有些男人，全部家私不过六千法郎薪水，老婆的衣着却花到一万以上。你可以看到一些女人出卖身体，为的是要跟贵族院议员的公子，坐了车到中央大道去兜风。……人生就是这么回事，跟厨房一样的腥臭。可是要作乐，就不能怕弄脏手，只要你事后洗干净；今日所谓的道德，就是这一点。

这段入木三分的心理描写，把一个对现实愤愤不平的野心家的冷酷而又自私的灵魂活脱脱地展现给了读者，既塑造了性格，也展示了语言艺术在刻画人物心理上的独特魅力。

语言艺术揭示人物内心世界的方法是多种多样的。它可以通过环境衬托人物的心理，可以通过刻画人物的神情姿态、动作语言直接表现人物的心理甚至可以突破时空的界线按照意识活动的逻辑来组接生活的画面，展示人的心理意识的各层面的状况和关系。现代派的意识流小说，又称心理现实主义小说，更是按照人的心理意识流动来表现人及其对生活的感受，如美国意识流小说家威廉·福克纳的《喧哗与骚动》，便打破了传统小说以时间为序的结构，而采用过去、现在和未来有时彼此颠倒，有时互相渗透的写法，充分展示人物混乱的意识及非理性的心灵状态，从而拓展了心理表现的领域。

别林斯基说过："诗歌用流畅的人类语言来表达，这语言既是音响，又是图画，又是明确地、清楚地说出的概念。因此，诗歌包含着其他艺术的一切因素，仿佛把其他艺术分别拥有的各种手段都装备于一身了。"由于叙事和抒情的兼长性，使得语言艺术既能反映异彩纷呈的广阔的社会生活，又能表现曲折幽微的主观的心灵世界，包含了丰富而深广的叙事与抒情的审美容量。

### 3. 语言结构与话语情境的多样丰富性

高尔基关于语言有一个形象的说法，叫做"不是蜜，但可以粘住一切东西"。这说明，语言作为一种表达观念的符号系统，与人的外在世界和内在世界有着广泛而密切的联系。语言在文学形象的构造中是积极而活跃的，语言不像石头一样仅仅是惰性的东西，而是人的创造物。文学语言既遵循着约定俗成的语法结构，同时又有着无限丰富的组合关系，作者可以在特定历史环境与情景态势中对语言进行创造性的组合，从而形成话语情景。由语言结构所形成的话语情景，既有规定性、明晰性、写实性的一面，又有可变性、暗示性、象征性的一面，这使得文学能在"言不尽意"中"尽意"，言有尽而意无穷。从不同的话语情境中，可以领略文学世界的无穷意味。同样一句"你好"，在日常交际语言中并无特殊含义。可是在《红楼梦》所创造的话语情境里则别有一番滋味。林黛玉临终前的："宝玉，宝玉！你好……"联系特定的话语情境，其悲苦怨爱纠缠之至死难休，凡读《红楼梦》者，莫不唏嘘而叹！

从另一方面看，言与意的矛盾，是许多作家都感到的，"书不尽言，言不尽意"是这种矛盾的最早说明。语言毕竟是概念性、符号性的，而人的心灵、意绪、人类的生活则是整体的、流动的。苏珊·朗格认为任何一种精确无误的情感和情绪概念都不可能由语言文字的逻辑形式表现出来。她说："陈述性的语言，在人类日常生活中是一种最平常和最可靠的交流工具，然而对于传达情感生活的准确性质来说，它却是毫无用处。那些只能粗略地标示出某种情感的字眼，如'欢乐'、'悲哀'、'恐惧'等，很少能够把人们亲身感受到的生动经验传达出来，正如那些类似于'事物'，'存在'或'地方'的字眼不能够把我们对外界世界的知识传达出来一样"。苏珊·朗格这段话有点绝对，但她确实看到了作为概念的语言在表达人类情感的整体性时的局限，又是深刻的。不过，语言的局限可以由语言的其他功能来弥补。西方美学家瑞恰兹曾将语言的主要功能分为四种：①传达意义（也就是说话者的内容）；②传达情感（说话者的情感倾向）；③语调功能（说话者的态度）；④意向传达功能（说话者的目的）。文学语言正是发挥了语言情感功能、语调功能和意向传达功能而有别于日常语言和科学语言的。它既可诉诸言内，又可寄诸言外，从而创造了一个蕴含丰富而又玲珑剔透的诗的境界，给人一种似虚还实，疑无却有，不落言筌，不显形迹，言有尽而意无穷的感受，提供给人们广阔的再创造余地和领悟、品味其旨趣的无限乐趣，从而最大限度地弥补了语言语义传达之不足。

#### 4. 情与理的相生相容性

语言是思想的直接现实，人们靠语言来思想。和其他艺术比较，语言艺术有着极为丰富的思想容量。作者可以直接将自己对生活的感受、体验、理解、评价及情绪、情感渗透在作品中，从而以情达理，以理融情，情理相生，表现出诗情与哲理的高度融合。

语言艺术所蕴含的哲理，是作家个人生命的结晶，同时又传达了永恒的人生精义。它"并不是一种游离于生活实际的不可捉摸的纯抽象的思辨，而是一种融贯于社会、人生、历史、文化、爱情、艺术、生死、人际关系……之中的深邃的思想，能揭示出人生的真谛，生活发展的趋势，具有某种永恒因素和超越一定时空的限制。它也是主体对现实生活（包括过去、现在和未来）人生命运所作的宏观思考和审美把握"。显然，"理"是语言艺术中的应有之义，是沉淀于情感中的"生气"和"灵魂"，贯通于事件中的"风骨"和"精神"。一般来说，优秀艺术作品的哲理往往是艺术家对"世界、人生的内在意蕴的整体性开发"的结果。它构成艺术品的深层结构，被中国古代文论称为"韵外之致"，"味外之旨"。它已经不再是存在于作品中直接经验的东西，而是人类经验的升华物，是一种比一般意识形态更恢宏，更深广的观念意识层积，是通常被称之为命运感、使命感、宇宙感的东西，或者被称之为历史意识、现代意识、人类意识、生命意识、忧患意识、悲剧意识和各种各样人类价值观念的东西。像海明威的《老人与海》，小说叙述的表面形式是老渔夫经过日日夜夜的孤军奋战，历尽艰难险阻，终于捕获了一条足有1500多磅的大马林鱼，并且把它拖到岸上，但结果，马林鱼的整个鱼身都被鲨鱼咬去了，剩下的是一条18英尺长的死鱼的骨骸。对《老人与海》，读者的欣赏不会就此止步，读者总是力图透过形式层去领悟那深层的、由形象的逻辑所蕴含的哲理：人锲而不舍地追求理想，纵使付出了重大的代价也往往会落得一场空。但人性的悲剧性升华不就是在这永无止境的奋进中获得的吗？人和物随时间消逝了，但精神则永存。显然，《老人与海》的哲理意蕴，就是由形象的"象征"形式建立，靠读者的心灵所体悟的。苏珊·朗格曾经指出，艺术家在作品中所表达的情感，实际是"他认识到的人类情感"。这种人类情感，其实也就是哲理化情感，或情感化的哲理。

### 三、语言艺术的审美功能

语言艺术是求知快感与审美快感能达到最佳统一的艺术范本，其审美功能也有别于其他艺术门类，主要表现在如下方面。

#### 1. 具有巨大的审美认识功能

文学是一定时代、一定民族的社会生活与文化心理的凝聚。阅读文学作品，在形象的世界里，在获得情绪的激动和感觉的舒适，精神的满足与愉悦的同时，还可以获得历史和现实生活的知识，增强对自然、社会和人生的体悟，丰富社会生活的感受和经验，加深对社会规律及本质的认识，这就是文学的认识功能。优秀的文学作品往往被称为"史诗"、"百科全书"或"生活的教科书"，就是这种功能的生动的说明。

文学的认识功能，历来受人重视。孔子认为《诗经》"可以兴，可以观，可以群，可以怨；迩之事父，远之事君；多识于鸟兽草木之名"，其中"观"即"观风俗之盛衰"，"多识于鸟兽草木之名"即多掌握大自然的知识。这是从认识功能上对诗歌作用的阐释。在西方，亚里士多德认为诗和艺术起源于人类模仿的本能，而模仿的重要作用就在于它能满足人求知的欲望并带来快感。黑格尔认为"艺术是各民族的最早的老师"，赫尔岑则认为"歌德和莎士比亚抵得上整整一所大学"，车尔尼雪夫斯基则形象地将文学比作"生活的教科书"。

历史上优秀的文学作品包容了丰富的生活内容和人生真谛。通过文学我们可以清楚地看到一定社会历史环境中的人们生活劳动的情景，以及他们的衣着服饰、音容笑貌、言谈举止、风俗习惯、伦理观念、宗教信仰，甚至可以看到社会的盛衰，国家的兴亡和时代的变迁。被誉为封建社会"百科全书"式作品的《红楼梦》，几乎涉及封建社会政治、经济、文化、教育、法律、宗教、婚姻、家庭各个方面。从中我们可以看到从帝王将相、皇亲国戚、贵族公子、世家闺秀、儒师、医生、清客相公到工匠商贾、醉汉无赖、优伶娼妓、僧道尼姑、奴仆丫环、贫民农夫等各类人物的状况，并从中认识封建社会的众生相与社会现实，同时还可以获得关于经史子集、诗赋词曲、平话戏文、绘画书法、八股对联、诗谜酒令、佛道禅语、栽种花果、畜养禽鱼、星相医卜、礼节仪式、饮食服饰等各方面的知识。读《红楼梦》，在获得高度审美愉悦的同时，还了解了一个时代，获得了认识的快乐。

语言艺术不仅能帮助人们认识一个时代、一个民族的社会生活，还能够帮助人们领悟生活的真理和规律。莎士比亚剧本《雅典的泰门》中有这样一段话：

> 金子！黄黄的、发光的、宝贵的金子！
> 不，天神们啊，
> 我不是一个游手好闲的信徒……
> 这东西，只这一点点儿，
> 就可以使黑的变成白的，丑的变成美的；
> 错的变成对的，卑贱变成尊贵，
> 老人变成少年，懦夫变成勇士。
> ……

马克思从中看到了货币的本质，认为"莎士比亚把货币的本质描绘得十分出色"。恩格斯认为法国作家巴尔扎克的《人间喜剧》重要特色之一，就是展示了上升的资产阶级在1816～1848年这一历史时期对贵族社会日甚一日的冲击，从而提供了"一部法国'社会'特别是巴黎'上流社会'的卓越的现实主义历史"，这部历史包含着比当时所有职业的历史学家、经济学家和统计学家所提供的全部东西还要多的内容。列宁则把列夫·托尔斯泰比作"俄国革命的镜子"，认为作为一个伟大的艺术家"他就一定会在自己的作品中至少反映出革命的某些本质的方面"。难怪，早在两千多年前，亚里士多德就认为，诗比历史更有哲学意味。

**2. 具有特殊的思想，道德涵养功能**

文学是人类心灵与智慧闪烁出的火花，是人类在化育自然也化育自身过程中结出的璀璨的精品。它不仅求美，还求真、求善。优秀的文学作品是真、善、美的统一，包含着深沉的思想道德内容。如果文学真有"永恒的主题"，那么，贯穿于古今文学的"永恒主题"恐怕就是"劝善惩恶"了。社会生活中的许多事件本身就具有教育价值，文学作品通过对生活的选择提炼，加工概括，更能揭示生活的意义，提高其教育价值。而且，作家对他笔下的生活决不会无动于衷，他要用理想之光烛照生活，将鲜明的是非爱憎融注其中。这样，读者阅读文学作品，不仅是一个欣赏和认识的过程，也是思想道德上受感染、受浸润、受教益的过程。在对作品所揭示的美丑、善恶、真假的评判中，唤起心中的是非感和道德感，从而明辨善恶，领悟是非，获得思想与道德的涵养。

  文学对人的思想、道德的涵养功能，历来被中西方文学评论所重视。孔子就从当时的道德标准衡量艺术，指责"郑声淫"，批评"武乐未尽善"，赞扬"韶乐尽善尽美"，并且为自己定了个删诗的标准，即"思无邪"。汉代王充明确要求"文人之笔，劝善惩恶也"。尽管在当时的历史条件下，他们对文学特性的理解未免狭窄，但充分肯定文学的思想道德涵养功能则有合理性。在西方，亚里士多德要求人们学习音乐不能仅为一个目的，而应同时为着几个目的，"那就是教育，净化，精神享受……要达到教育的目的，就应选用伦理的乐调……"。莱辛在《汉堡剧评》中要求"剧院应当成为道德世界的学校"。

  优秀的文学作品在培养人崇高的思想感情，坚强的性格和积极向上的人生观方面，发挥着巨大的作用。奥斯特洛夫斯基《钢铁是怎样炼成的》的主人公那勇往直前的斗争精神和顽强不屈的革命意志，曾经影响了一代青年，成为许多青年的引路人，不少青年将这部小说奉为自己"生活的纲领"，把主人公在家乡烈士墓前关于人的一生应当怎样度过的格言作为座右铭。季米特洛夫在《艺术与科学》一文中曾经动情地谈起车尔尼雪夫斯基《怎么办》给他的影响："没有另一部文学作品像车尔尼雪夫斯基的小说这样使我受到深刻的革命教育。我特别喜欢拉赫美托夫，我决心做一个像我想象中车尔尼雪夫斯基的完美无瑕的英雄。坚强、刚毅、大无畏、忘我，在同困难和贫穷斗争中锻炼自己的意志和性格，使个人的生命服从于工人阶级的伟大事业。"列宁在一个夏天把《怎么办》读了5遍，认为这才是真正的文学，这种文学能教导人、引导人、鼓舞人。中华民族有着优秀的文学传统，其中的思想道德内容像甘霖一样滋润了一代又一代炎黄子孙的心田，那"穷年忧黎元，叹息肠内热"（杜甫）的襟怀，"人生自古谁无死，留取丹心照汗青"（文天祥）的节操，"生当作人杰，死亦为鬼雄"（李清照）的斗志，那"老骥伏枥，志在千里"（曹操）的进取精神，那"横眉冷对千夫指，俯首甘为孺子牛"（鲁迅）的爱憎，和那"天地合，乃敢与君绝"（汉乐府民歌）的忠贞爱情，至今读来不仍然令我们怦然心动，毅然有决吗？鲁迅先生说，文学"是引导国民精神的前途的灯火"，它培育着人们向善弃恶的美好心理。

  不同类文学作品受主题、题材和表现手法的制约，对人的思想、道德发挥涵养功能的方式是不同的。一些思想容量大的作品，其思想、道德涵养功能主要表现在培养人的崇高理想和坚强性格，增强对是非、善恶、美丑的敏锐的识辨力，提升人的道德意识。而一些以大自然为对象的作品（如山水田园诗等），给予人的则主要是情感的快适与陶冶，对宇宙生命的理解与感悟，如王维的《鹿柴》："空山不见人，但闻人语响。返景入深林，复照青苔上。"寥寥数笔，写尽空山深林傍晚时分的幽静景色，其中不表现思想、道德内容，但我们却从诗人如画的描绘中，领略了自然的音响与运动。

  在文学作品中，思想、道德涵养功能的发挥有自身特点，它不是靠说教与灌输，而是靠形象的感染实现的，具有寓教于乐和潜移默化的特点。荀子有"美善相乐"，古罗马贺拉斯有"寓教于乐"的说法，说明文学的思想，道德涵养功能必须通过"乐"（审美）来实现。

### 3. 具有语言美和写作示范的功能

文学语言来源于日常口语，但又经过了作家的提炼、加工和改造，它剔除了生活中各种违背语言规律和语法规则的现象，摒弃了掺杂在日常语言中的杂质，更无生活中那种低级下流的内容，显得规范、纯正、健康。我们看朱自清《桨声灯影里的秦淮河》中对月儿和柳梢的一段描写：

那晚月儿已瘦削了两三分，她晚妆才罢，盈盈的上了柳梢头。天是蓝得可爱，仿佛一汪水似的，月儿便出落得精神了。岸上原有三枝两枝的垂杨，淡淡的影子，在水里摇曳着。它们那柔细的枝条沿着月光，就像一支美人的臂膊，交互的缠着；又像月儿披着的发。而月儿偶然也从它们交叉处偷偷窥看我们，大有小姑娘怕羞的样子。岸上另有几株不知名的老树，光光的立着；在月光里照起来，却又俨然是精神矍铄的老人。远处——快到天际线了，才有一两片白云，亮得现出异彩，像美丽的贝壳一般。

这段描写，语言清丽、俊秀、典雅、清纯得如一泓清水，明净得如秋日蓝天，给人极强的美感，堪称语言美的典范。

文学语言不仅规范、纯正、健康，而且表意准确、鲜明、生动。所谓准确，即用贴切的字眼，恰如其分地状物达情。法国作家莫泊桑说过："不论一个作家所要描写的东西是什么，只有一个词可供他使用，用一个动词要使对象生动，一个形容词使对象性质鲜明。因此就得去寻找，直到找到了这个词，这个动词和形容词。而决不要满足于'差不多'，决不要利用蒙混的手法，即使是高明的蒙混手法。"马雅可夫斯基则告诫作家要善于从几千吨语言矿藏中去提炼文学语言。鲁迅先生《为了忘却的记念》中有两句"忍看朋辈成新鬼，怒向刀丛觅小诗"，草稿上是："眼看朋辈成新鬼，怒向刀边觅小诗。"细加比较，可以看出定稿更为准确。一个"忍"字恰如其分地表现了鲁迅先生强压怒火，准备战斗的愤激之情，一个"丛"字则表现了反动统治血雨腥风，刀光剑影的残酷现实。所谓生动，指语言新鲜活泼，优美传神，富有感染性。一句"老人眼角笑出了鱼尾纹"，这个比喻用得多了，显得俗气。可是，在作家的笔下，则成了"老人眼角笑成了菊花瓣"，虽带夸张却生动传神。古人有"创意造言，皆不相师"，"惟陈言之务去"的说法，说明文学语言是有高度创造性的。比如同样是写"愁"，杜甫"忧端齐终南，三项洞不可掇"，以山写愁，写愁之重；李颀"请量东海水，看取浅深愁"，以海水写愁，写愁之深；李煜"问君能有几多愁，恰似一江春水向东流"，用滚滚东流的春水写愁思之悠长，而贺方回写愁既不用山，也不用水，"试问闲愁都几许，一川烟草，满城风絮，梅子黄时雨"，作者用茫茫的云烟春草，满城飞舞的柳絮和绵绵不断的梅雨，创造了一个更加凄迷的境界，写尽了愁之缠绵。所谓鲜明，指语言清晰明确，不模棱两可。鲜明才使文学的世界成为可以理解的世界。鲜明与语言的模糊性并不矛盾，文学语言本来就不是一种如科学陈述那样的精确语言，而是描述状态的，模糊性是语言的鲜明在更高层次的运用。优秀的文学语言，经过了作家打磨、锤炼，融入了作家高度智慧与技巧，足可以称为民族语言的经典形式，成为传播语言美的典范和楷模，对民族语言健康而纯洁的发展有巨大的作用。

语言艺术对人们的写作能力的培养与提高也具有巨大的作用。提高写作能力的最重要的途径之一，就是直接接触美不胜收的语言艺术。鲁迅先生说："凡是已有定评的大作家，他的作品，全部就说明着'应该怎样写'。"他形象地把这种学习称为"实物教授"法。古人讲"读书破万卷，下笔如有神"，"熟读唐诗三百首，不会作诗也会吟"。直接感受语言艺术，可以陶冶情操，积累素材，触发灵感，提高写作能力。博览群书，加上勤学苦练，自然会逐渐领悟写作的妙谛，成为驾驭语言的能手。

除此之外，语言艺术还具有文化普及功能。特别是口头文学作品、通俗文学作品，这种功能尤为突出。同时，语言艺术还能奠定感受和理解其他艺术的能力的基础，这一点也不应忽视。

## 第四节　综合艺术的美

### 一、综合艺术的含义

综合艺术是指包含多种艺术元素并通过这些元素的有机结合，在一定的时间和空间中，以演员创造角色形象来反映生活，表达思想感情的艺术。综合艺术有戏剧艺术、电影艺术和电视艺术等。

综合艺术吸取了文学、绘画、音乐、舞蹈等各门艺术的长处，获得了各种艺术手段和艺术方式的艺术表现力，将时间艺术和空间艺术，再现艺术与表现艺术，视觉艺术与听觉艺术的特征融会在一起，具有特殊的艺术感染力。虽然，各门艺术都有不同程度的综合性，但它们的综合性是部分的、有限的，而综合艺术的综合性则是全面的、无限的。前者的综合是在一个艺术品种的范围内，后者的综合则向各种艺术开放。因此，综合性是综合艺术显著的审美特征。

时空再造性与演员表演性也是综合艺术的重要审美特征。综合艺术的传达与接受的时间和空间都受到限定，要表现或再现出生活的广度和深度，就必须在规定时空的基础上，以拆开、调换、压缩、延长、重组等方式来进行时空再造，才能成为艺术审美时空。演员的表演也常常成为综合艺术的主导性因素，演员的创造工作常常决定了艺术价值的高低，只有通过演员的创造性表演，才能最终实现综合艺术的综合效应。没有演员在特定时空的表演，综合艺术就将还原为个别艺术。综合艺术的各种品类虽然具有共同的特征，但又各有自己的审美特征和特殊的美育功能，应分别加以研究。

### 二、戏剧艺术的审美特征及审美功能

#### 1. 戏剧艺术的审美特征

戏剧艺术是由演员扮演角色，在舞台规定情境中塑造形象的一种综合艺术。演员如雕塑师那样运用人体来造型，如画师那样运用色彩描绘出一个五彩斑斓的世界，如作家那样运用优美生动的词汇来表意，如音乐家那样运用节奏和旋律来抒情。戏剧虽具有各种艺术的功能，但各种艺术进入戏剧后，都失去了原有的独立性，只作为一种戏剧构成要素而成为戏剧有机整体的一部分，相互协调发挥作用。例如，美术进入戏剧成为舞台美术之后，设计者就必须考虑到戏剧除了有空间艺术的一面之外，它还是时间艺术；必须考虑戏剧进行中的平面结构和主体层次的要求，以满足导演的各种舞台调度。舞台布景不仅仅只是作为背景或容器，而且还必须进入发展中的剧情，与演出动作相配合，增强动作并随着动作的发展而发展。文学、音乐、舞蹈等进入戏剧后，也都要发生变化。这样，各种艺术自身的审美特性，在服从戏剧的规律的前提下，融为有机的整体，相辅相成，处于动态的相互联系之中。

戏剧的综合性是以表演艺术为核心的，即以演员当众扮演的舞台形象为核心的。戏剧可

以没有剧本，没有导演，没有舞台装置等，但只要有表演存在，戏剧艺术就存在。法国电影理论家巴赞就指出："戏剧的戏剧性是从演员中来，电影的戏剧性是从景物推及到人"。梅兰芳也说过："京剧舞台艺术以演员为中心的特点，更加突出。"这是因为表演艺术本身就是一种时空的综合，声音（念白、歌唱）是在时间中展开，而形体姿态、动作，既具有三维空间性，又要在时间进行中展开。这样，表演艺术就具有一种对各类艺术因素容纳、吸收的能力。所以，甚至可以把戏剧中的各种构成因素看成是表演艺术功能的扩张和延长，如以演员的唱和语言的音韵美为核心而延伸为音乐，以演员的对话为核心而展开为剧本文学，以演员的外形动作为核心而扩充为舞美装置等。

表演是在舞台上进行的，无论这种舞台是由观众围成的一个圈子，还是画框似的凹三面高台等，它都是一种经过组织的空间，本质上在于揭示出一个不同于现实空间的虚构世界，一个与现实异质的舞台世界，更确切地讲，它是由一个限定的物理空间所显示的审美空间。正如巴赞所说："借以展开动作的舞台与背景是强塞入客观世界中的一个美化的小天地。"这个空间是向心的，聚焦于演员。同时，舞台是有限的，因而，它就要求戏剧中的人物、事件、环境都要高度集中。

戏剧艺术除了具备综合性、表演性、舞台性等一般性质外，它还具有以下几个明显的特征。

（1）规定情境的假定性　戏剧活动赖以进行的前提，就是其假定性。桑顿·怀尔德说："戏剧靠一套约定俗成的惯例来维持。这种惯例是众所许可的虚构，许可的谎言。"这种惯例就是戏剧的假定性，实质上，这是戏剧艺术家与观众共同制定并共同遵守的"契约"，演员必须按照这种惯例来"演"，来创造艺术的真实，观众则必须掌握这种惯例，将戏剧的"假"转为艺术的"真"，从而获得审美享受。

当观众走进剧场，由于文化熏陶和艺术传统的训练，就会产生特定的"期待视野"，产生一种与现实生活不同的需要和态度，这就是所谓"剧场意识"。"剧场意识"使观众的头脑似乎被分成了两个相互矛盾的方面。一方面，随着演出的进行，他会进入似乎真实的生活情境中，为剧中的事与人真实地去喜、怒、哀、乐；另一方面，剧场意识又使他能清楚地认识到这是舞台场景，不会当做直接现实而保留一定的心理距离，停留在一种审美的"认可"的水平上。《梨园佳话》中记载了观众看戏曲名演员黄三扮演《捉放曹》中的曹操的剧场感觉：一方面是，"见之切齿"的恨，另一方面，"及一发声，一作势，又不能不同声叫绝，"因而"不知此时之为好为坏"。清代董含《莼乡赘笔》载："一日演秦桧杀岳忠武父子，曲尽其态，观众挥泪叹息。忽一人从众中跃登台，挟利刃直前'秦桧'，流血满地。"在此情景中，一方面，上台刺杀演员"秦桧"固然是不懂戏剧的观众；而另一方面，台上是"假戏真做"，台下应该是"以假为真"，这意味着，真实性包容在假定性中。

戏剧的假定性主要有两个方面：动作假定性和时空的假定性。

① 动作假定性。舞台上的动作是以现实动作为参照的，并且与现实生活中的动作密切相关，否则观众就无法理解，但是它又常常不同于现实动作。如昆剧《十五贯》中，况钟借故给娄阿鼠算命，一语点穿了他的心病。此时和况钟坐在一张板凳上的娄阿鼠顿失常态，一个倒栽跟斗，翻身落地，然后从板凳下钻出来，又装作若无其事地坐在板凳上。现实生活中不会有这种动作，但是按照戏剧的假定性，其情感逻辑为真，从而能激发起观众相应的情感反应。现如两个演员在台上真实地斗剑，当然不会有人被杀死，但由于假定性，观众会相信"麦克佩斯"确实杀死了国王邓肯。

② 时空的假定性。剧情内容所蕴含的时空与戏剧演出的时空是不一致的,要让观众认可和领会,使他们暂时忘记所处的空间和时间,只注意到戏剧人物活动的空间和时间,就必须借助假定性。戏剧常用三种方法构造时空的转换:其一是用象征性的实物标志或写实布景,来显示人物活动时空的变换;其二是用分幕分场中断戏剧动作的方式来表示空间的转换和时间的流逝;其三是用语言来说明,或用动作来暗示,在这方面中国戏曲是最为典型的。因为中国戏曲布景极为简单,也常是非写实性的,换场作用也不突出,所以主要靠演员语言和身段动作,按照戏曲的假定性来构造时空,即所谓"景在身上"。假定性构成了观众对戏剧审美的一种前提性理解。

(2) 剧情内容的动作性和冲突性　在希腊语中戏剧一词是动作的意思,因为戏剧无法使用解释和描绘手段,它的内容是靠人物自身的动作在舞台上直观显现出来的,而人物本身的性格和思想感情,也只能在行动中充分展示。因而,运动中的生活,即动作,是戏剧表现的重要方式,是情节进展的基础。任何剧情内容,如不能在动作中显现,它就不是戏剧的材料,马克思就指出:"正如亚里士多德所说,动作是支配戏剧的法律。"

甚至,戏剧的对话和独白都必须富有动作性,才符合戏剧的审美要求。"无论对话如何富有装饰性,只要它们不足以推进动作,它们便毫无价值。"人物语言的动作化,是指语言能足以引起自身或对方相应的舞台动作,即行为、姿态和表情等。台词不仅借助耳朵,而且通过形体来进入观众的意识。如果对话只用来叙述故事,交代背景,那就会失去动作性。内心独白也应该纳入戏剧动作的轨道中去。黑格尔就曾指出:"内心生活的吐露如果是戏剧性的,就不只是捉摸飘浮不定的情感、回忆和感想,而是始终要保持内心生活与动作的联系。"

戏剧动作要产生特定的审美意义,就必须是精心安排的,有目的并富有因果性的,是人物在特定情境中,为实现某种目的、意愿而进行的具有内在统一性的活动。戏剧动作的目的性和因果性,是来自于戏剧内容的冲突性。冲突是矛盾的外在化,它决定动作的内容和指向,只有在冲突的充分展开中,人物的动作才能不断地发展下去。反过来,戏剧冲突也主要是通过动作直观展示出来的。

黑格尔强调:"充满冲突的情境特别适宜于用作剧艺的对象。"没有冲突就没有戏剧,戏剧冲突由于舞台演出限定,必须高度集中和激烈,使情节迅速发展。有的戏剧理论家还认为戏剧冲突的强度要足以导致产生"激变"或"突转",阿契尔就说过:"一个剧本,在或多或少的程度上总是命运或环境的一次急速发展的激变,……我们可以称戏剧是一种激变的艺术。"

悬念是戏剧冲突的重要表现,也是组织戏剧冲突的重要技巧。它不仅推进动作,而且会造成强烈的期待,引起强烈的兴趣。有时,剧本的整体结构常常就是一个由"系扣"进行到"悬念",再"解扣"的过程。一般来讲,除了主要线索的"系扣、解扣"外,在情节的推移中,还应该有种种次要的悬念点缀其中,甚至人物对话也应具有悬念味。这样,冲突才不仅富有动作感,而且也富有内涵和意趣。

戏剧冲突是多种多样的,有个人与个人,个人与群体,群体与群体,个人或群体与社会或自然之间的,还有人物的性格所造成的内心世界的矛盾冲突即复杂的人物与自我的冲突等。

(3) 表现技巧的间离性　演员艺术的特点是创造者、创造的材料和手段、创造的客体这三者为一体。他既是演员,又是角色,通常称为"第一自我"与"第二自我"。"第一自我"既要接近"第二自我",又要始终与"第二自我"有一定的距离。表演技巧的间离性便要求演员必须处理好以下三种基本关系。

首先是演员意识与角色意识的关系。演员有自己个人的意识，包括普通意识和职业意识，因而有着固有的内在素质和外显的行为特点，但在演出时又要求表现出另一个人（角色）的意识。两者很难完全一致。在舞台上，实际行动着的是演员的身体，但是，演员又是以角色的名义行动着，在观众看来，这又是一个有着特定的内心生活和可信的行为表现的完整的人。这就是演员与角色的矛盾，他既是剧中人，又是剧外人；既是表现者，又是被表现者。戏剧演员的强烈个性因素非常重要，但是另一方面，演员本人或演员的个性又只有作为表演材料，才能存在于戏剧表演之中，即演员在服从角色的同时，又必须意识到自己是在创造和表现角色，不是角色本身。间离效果首先就是以此而得到表现的。

其二是演出形象与剧作家观念形象的统一。演员的舞台形象是由剧本、剧作家所规定的，演员必须准确地忠实地表现原作的内蕴，传达出原作者对生活的独特体验以及作者的性格、理想和审美趣味。但是，由于情感活动的强烈个体性与不可重复性，演员通过体验剧本角色所获得的情感在内容、强度、层次和节奏等方面不可能完全一致。演员遵照剧本演出时，不可能不将自己的认识、态度、情趣及个性特征表现在舞台形象中，因而，舞台形象具有双重性，既是观念的（剧作家）又是实体的（演员）。

其三是舞台动作与生活动作的统一。舞台形象代表生活对象，但是其动作行为与实际生活应有所区别，因为"演"是有意识地给他人看，目的是为了打动他人，演员的动作就必须考虑观众接受的物质条件以及动作本身的表现力，如演武松打虎，虎在地上，武松就要脸朝着虎。这样势必让演员头顶冲着观众，但戏是演给观众看的，所以京剧名家盖叫天独具匠心的处理是"面向观众眼向虎。"

这三组矛盾，演员意识与角色意识，演出形象与剧作家观念形象，舞台动作与生活动作都既一致又不一致，这就要求戏剧演出的技巧需具有间离性，即演员要体验角色情感，要进入角色，但应该清醒地意识到自己不可能与角色同一，意识到自己是在"表演"，必须运用创作意识对表演实行监督与控制，用自己经过严格训练的身体来表现出高超的技术和技巧。演员在自身唤起类似于角色的情感体验，为他的形象表现灌注生气而打动观众的心灵，这自然重要，但更重要的要考虑如何把全部的体验转化成可以诉诸观众视听觉的，可以欣赏和理解的感情形象，演员必须对角色形象进行精确设计和练习，这样才能产生所谓"间离效果"，才能更好地传达出戏剧的艺术意蕴。"体验派"的戏剧理论，也是主张体现间离效果的。

（4）群体当场的交流性　任何艺术都具有交流性，但戏剧艺术的交流性却具有特殊的性质，可以说，戏剧是人类进行群体性情感体验和思索，并直接进行交流的重要方式之一。戏剧的根源和生命力就在于人类生活离不开群体性和社交性。尤其是在现代生活中，一方面人们的生活越来越趋于个体化，另一方面群体性的精神交流的要求又更为强烈。这就是当代戏剧在面临影视艺术强有力的挑战情况下，仍能保持地位的原因所在，也是它的审美优势所在。那些探索式的戏剧也着重在这方面下工夫，例如"小剧场"、"伸出式舞台"，演出时直接与观众对话等，其主要目的就是为了加强戏剧的直接交流。

戏剧将创作者群体和接受者群体组织在一个共同的、特定的空间里，对生活事件和人类行为进行体验、思索、评价。在那里，人们既相互感应，又相互确证，而且作为精神交流的结果，常常会趋于一致，"戏剧最吸引人，最奥秘的特性之一——观众中间时常会表现出一种共同反应，一种同感；……在某种意义上说来，观众不再是一群孤立的个人，而成为一种集体意识。"这便是当场交流群体性的一种效应。

戏剧交流是多层次的：演员与演员，演员与角色，角色与角色，演员与观众，观众与观众等。其中最重要的是演员与观众的交流。演员是通过角色扮演来与观众交流的，但他是以代言人而非旁述人的身份，因而与观众的交流是直接而生动的。演员把剧本内容变为舞台形象，就如卷入了生活事件的当事人，观众则成为目击者，双方清楚地意识到对方在场，因而两者是相互影响的。弥漫于台上台下的现实的生动的戏剧交流，使剧场生机盎然，甚至使看戏成为一种仪式，一种人类精神交流和净化的仪式。

### 2. 戏剧艺术的审美功能

戏剧艺术让观众直接看到演员的创造过程，看到现实般的对立与冲突情境，看到人物的性格与命运遭遇，看到技巧，获得对潜台词的理解的满足与快乐，并由此随时进入情境去体验和参与，因而具有特殊的审美功能。

（1）戏剧艺术由于其特有的审美感染力，能激发人们去体验和思考，感受和领悟戏剧精神，从而有利于形成健康的精神指向。戏剧将人类的生存状态直观地具体地展示出来，处于一种似乎永恒的现在时态中。每次演出《哈姆雷特》，"哈姆雷特"就在场，经历着他面前一连串事件，迫使观众面对这真实的情境去激动，去思索，所以，剧院是一个民族当着他面前的观众思考问题的场所，是检验人类在特定情境下的行为的场所。

戏剧把生活经验转化为种种认知模式或行为模式，供人们鉴别和评价，实质上"各种戏剧演出形式，都是社会用来把它的行为准则传达给它的成员们的主要工具之一。这种思想交流的作用，一方面在于鼓励效仿，另一方面提供必须防止和避免的行为准则。"而这种"传达"，不是通过说教，而是由于戏剧的感染力，让社会普遍感情和行为规范在观众身上内化而实现的。剧场是群体精神交流的场所，在那里人们交叉感染，情绪相互撞击，甚至心心相印，容易形成一种集体意识。在这种集体意识的影响下，个体会自觉或不自觉地对自己的情感和行为进行评价，对自己的情感和行为做出相应的调节，并扩大到剧场外的生活中去。焦循在《剧说》中就记载了一个实例："《寇莱公罢宴》一折，淋漓慷慨，音能感人。阮大中丞巡抚浙江，偶演此剧，中丞痛哭，时亦为之罢宴。"

（2）剧场是一个特殊的审美场，戏剧艺术的舞台氛围与剧场氛围的融合、交织，使戏剧艺术有培养人们感受美、理解美、判断美的能力的共时性效应的功能。

戏剧的创作与欣赏在同一时空中进行，而且是群体的创作和欣赏，这就会造成一种特殊的审美氛围。在这种氛围中，人们的情感激活程度，由于信息量的丰富和相互的感染，会大大提高，常常扩展到情感的全域——喜、怒、哀、乐……。不过，由于"间离效果"，观众不会完全与角色认同，不会完全沉醉于艺术幻觉之中，所以他们不但感情激动，而且也在思索和判断，感受力、观察力、理解力是同时被激活和加强的。

另外，戏剧还能培养和提高人们的审美创造力。舞台提供了宽大的丰富的接受频谱，虽然创作者总是力图与观众的知觉的随意性作斗争，力图使观众的知觉"焦点"与舞台上演出的"焦点"趋于一致，但是观众面对舞台不是完全按照创作者的意图来组织自己的知觉的，他们知觉选择的自由度较大，可以按照自己储存的信息来进行观察和感受，并通过想象、联想去丰富与补充，从而不仅具有更大的欣赏主动性，也培养和提高了他们的审美创造能力。

（3）戏剧艺术家的表演技巧、语言技巧具有艺术示范的功能。演员的表演是一种创作过程，一种当众创作的示范。他一方面在舞台上表现角色的行为，另一方面又在展示他创造出角色的技艺，所以，具有直接的示范作用。其他的戏剧的构成因素，如音乐、舞美、灯光效应等也具有艺术示范的功能，可以培养观众获得相关的知识，形成相应的审美经验，有助于组织和开展戏剧活动。

（4）戏剧语言的精练性、优美性和潜台词，还能增强人们运用语言，理解语言的能力。戏剧语言是语言的精华，在优美、精练以及富有象征性方面都接近诗歌（戏剧中的"诗剧"、"歌剧"更是如此）。而且戏剧语言还富有暗示性，没有说出来的语言（潜台词）的意义与说出来了的同样重要。理解戏剧语言的关键不是语言符号的指称意义，而是其结构（情境）意义。观众只有将自己放入舞台角色所处的境况中，才能辨析出隐藏在台词后面的潜台词，甚至，观众还必须去体会和辨析非语言符号（如动作、表情等）所显示的语言意义。这样，对戏剧语言美的感受和对潜台词的理解、补充和生发，会给观众带来莫大的审美乐趣。

戏剧美育的实施，一是欣赏，欣赏前应具备一些基本知识，如各种形式和体裁的戏剧的不同特点和风格，戏曲的程式和唱腔等，有助于进入戏剧境界。欣赏时，要注意培养健全的戏剧欣赏心理，将审美感性活动与审美理性活动同时进行，不但能欣赏戏剧性的事件，还能领会艺术家们的创造性和技巧，如演员控制自己形体的技巧，如何使自己内在的感情与外在动作协调，导演独具匠心的场面调度，舞美的象征意蕴等。还应进一步领会艺术家们如何将人生哲学式的思考转化为具体可感的生动形象，能联系现实生活去分析戏剧冲突的精神深度。二是进行戏剧的创作和表演。戏剧演出活动是一种高价值的审美活动，因为任何艺术形式都不可能像戏剧那样在审美主体和审美对象之间建立起如此亲密而直接的关系。戏剧演出，既是一种社会角色适应的练习，也是一种社会合作的练习。它能培养出集体意识和为共同事业负责的精神。

### 三、影视艺术的审美特征及审美功能

#### 1. 影视艺术的审美特征

影视艺术是由演员扮演角色、在特定的情境中通过摄影机摄像而由银幕或屏幕显示出来的一种多元素构成的综合艺术。它吸取了各门艺术在千百年实践中积累起来的艺术精华并将它们融合在一起，成为影视自身的艺术特征。而且，它们融合得如此紧密，甚至成为影视艺术不可缺少的成分。影视艺术离开了其他各门艺术，就不称其为艺术了。同时，影视艺术的综合性无论在广度还是深度方面都超过了其他艺术。

影视艺术的产生、发展及其审美特性又与科学技术密切相关，可以说，对科学技术的直接依赖是影视艺术区别于其他艺术的鲜明标志之一。没有光学、电学、化学、材料学和机械学等科学技术的发展，就不可能有影视艺术的产生，而且，影视艺术从无声到有声，从黑白到彩色，以及立体电影、球形电影、多画面电视等，都离不开科学技术的发展。甚至，科技的发展还导致影视艺术的美学思潮和流派的嬗变。如20世纪50年代的意大利新现实主义电影流派的诞生，就与当时的小型摄影机和高灵敏度的录音设备的出现密切相关，因为它为现场实景的拍摄提供了物质技术手段。再如变焦镜头的发现使以巴赞为代表的长镜头电影美学理论能够勃兴，电脑的运用给当代科幻片带来生命力等。因此，技术手段不仅是影视艺术的物质基础，而且是影视艺术的重要构成元素。

影视艺术是多片种、多形式的艺术，一般分为故事片、纪录片、科教片、美术片四大类，每一类别又有多种形式。不同的片种和形式各有不同的审美要求，但又都有一些共同的审美特征，这些特征如下。

（1）直观视象性　影视艺术主要提供的是由银幕或屏幕所显示的直观视觉形象，"看"是影视观众的最基本的心理要求。影视艺术所要表现的一切东西，包括思想、情感、梦幻

等，都应该转化为可见的视觉形象，为了不破坏"可见性"，人物对话语言（比起戏剧）都应压缩，高度精练。这是因为影视艺术是与摄影分不开的，而摄像机所处理和完成的仅仅是世界的"象"（包括未经改动的客观物象和经过选择、加工、改造过的物象），即影视艺术的主要材料就是物象的真实记录，因而，法国电影理论家马塞尔·马尔丹才明确地指出"画面是电影语言的基本元素"，"电影的存在是由于画面的不可替代的必要性，由于电影的视觉特性绝对要比电影作为思想或文学容器的性质更为重要。"

影视艺术所展示的直观视象，几乎可以是无所不包，从宏观到微观，从物质世界到精神活动，人们能见到的一切，以及人们难以或不可能见到的，都能用画面的形象来表现。例如，它能将内心活动具象化，可以通过外在物象的变化来反映（如天旋地转，可以用房屋、树木等的旋转来表现），也可以通过人物动作和面部表情来表现（如《魂断蓝桥》中的经典性镜头——女主人公在火车站突遇男主人公时的长达几秒钟的面部大特写）。即使是潜意识，它也能用画面形象来表现，如伯格曼导演的《野草莓》、费里尼导演的《8》等，在这方面都作出了有价值的探索。影视艺术的这一特性，使它更易于被接受和理解，易于超越国界和民族，因而，让·爱泼斯坦才认为"电影是一种世界性语言"，即它是一种"象形符号"式的国际语言。

（2）幻觉逼真性　银幕和屏幕上的形象是一种"影子"，一种"幻相"，这些形象所组织构造出来的具有统一性的时空，也是一种幻觉，但是它们却都具有高度的真实感。影视艺术是以视觉形象的逼真性为生命的，它无法容忍对自己的本性——视觉可信性的丝毫破坏。正如巴赞所说："电影中的幻景与戏剧中的假象截然不同，它不是以观众默许的假定性为依据，相反，它是以表现给观众的事物的不可剥夺的真实性为依据的。"

比起其他艺术，这种幻觉逼真性，是影视艺术的优势所在。它能最大限度地酷似生活原貌和自然形态，它拥有绘画和雕塑所失去的运动，音乐失去的造型，突破了戏剧的时空局限，把文学形象转化为直接可观的形象。虽然，银幕在瞬间给观众展示的是世界的一个片断，但它却能使人信服这个片断是与世界的其他部分联为一体的。银幕不是画框，而是窗户，是将事件的局部展示给观众的窗户。影视空间不像绘画空间和舞台空间那样是嵌入世界之中的，而是代替世界而产生、存在的。

影视艺术的幻觉逼真性来自摄影的本性——客观物质视象的复现。绘画细致地描绘出事物的原貌，但它们却不具有摄影那样使我们相信原物确实存在的力量。此外，影视的幻觉逼真性还来自于影视艺术家的努力，来自他们自觉地按照这一特性来进行创作。例如，镜头的组接，就要根据人们观察外在世界的习惯，按照视觉逻辑来进行。而演员，为了逼真性，也必须付出巨大的努力，如电影《甘地传》的主角为了逼真性，甚至绝食数日，使形体和精神体验更接近原型，来满足观众对逼真性的审美要求。影视艺术的技术发展史，也可以说是为了追求更高的逼真性的发展过程史，如宽银幕的出现是为了更好地适应人类的视觉性质。而立体电影，以及正处于试验阶段的"有感电影"，"嗅觉电影"等，把这种逼真性提升到更高的程度。

（3）时空再造性　其他艺术能进行时空重组，戏剧艺术更是必须再造时空，但是由于舞台和剧场的限定，其再造的能量是有限的。影视艺术在这方面有着其他艺术所无法比拟的自由度。摄影技术和剪辑技巧的发展，使得保持在胶片上的影像可以自由地分切和组合，实质上这就意味着可以从特定的艺术材料中抽取出时间和空间来重新构造。这就是所谓的"蒙太奇"技巧。这样，影视艺术就能打破现实时空和上演时空的束缚，既可以集中、压缩，又可以延伸、扩展；既可以自由地转移、反跳，又可以灵活地跨越、并列，可以说能用心理时空代替物理时空，引导我们自由地穿越时间和空间。

影视艺术再造时空，构建起符合心理的审美空间，可以有多种方式和手段，例如可以在两个因果性镜头之间建立起一种纯虚拟的空间连续关系，这种连接的合理性通过内容的呼应而获得。例如，在英国影片《灯塔看守人》中，一个发高烧者呼唤着他未婚妻的名字，紧接着出现的是远在他方的未婚妻突然惊醒，就像听到了他的叫声一样。还可以按照视线（内在的）与内心活动来进行空间组合。例如美国影片《党同伐异》中，一个妇女双手捧头，然后惊愕地转向正面，下一个镜头则是她关在狱中的丈夫。甚至还可以直接按照主题，理性地组接空间。例如苏联影片《十月》中，一尊大炮正从吊车上下降到工厂的大厅中，下一个镜头便是壕沟中的士兵低下头……。这些组接的空间，在实际生活中，人们是无法感知的，但是在心理上却是合理的。而"任何电影表现手段只要它在心理上是合理的，不论它在物质上是否真实，都是有价值的。"

如果说，影视世界作为一种构造的时空连续体，其空间的性质与真实空间相比，并没有发生根本性质的变化。那么，它重构的时间则在一定程度上改变了自然时间的性质。在影视作品中，时间可以加速和放慢，几天才能完成的花朵开放，数秒即可，而几分之一秒的时间流程，却可以用较长的时间来显示，如子弹的射出。也可以将时间颠倒，如各种各样的"闪回"手法，阿仑·雷乃导演的《广岛之恋》，在这方面就取得巨大的成功。甚至，可以让时间停止（定格），让时间消失（跨越）等。其实，影视艺术的空间重构，常常是按时间的重构来进行的，如果说绘画和雕塑是将时间空间化，那么影视则是将空间时间化了。

当然，影视再造时空，也不是可以无限自由的，作为艺术，它再造时空的方式必然受到所表现的内容所制约，也应该符合观众的心理活动规律。

（4）画面运动性　从本质上看，电影是一门采取空间形式的时间艺术。"空间形式"决定了造型性（画面）在影视艺术的重要地位；而"时间艺术"又决定了运动性的重要地位，所以，画面运动性是影视艺术的主要审美特征。正是连绵不断的运动着的画面，给影视艺术带来了巨大的魅力，抓住了观众的感知和注意力。法国电影艺术家雷内·克莱尔说过："如果确实存在一种电影美学的话，那么，这种美学是在法国，在卢米埃尔兄弟发明摄影机和影片的同时诞生的。这种美学可归结为两个字即'运动'。"可以说，没有画面的运动，就没有影视艺术。

这种画面运动性有两重含义，一是指被拍摄对象自身的运动，只有影视才能完整地、真实地展示事物的运动，而影视也对运动着的事物特别感兴趣。二是指包含着因摄影机的移动以及镜头焦距的变化所造成的运动感。所谓"摄影机的移动"，不仅可以追随正在运动着的人物和其他物象，也可以使物象活动的背景不断变化，这就可以造成一种特殊的运动感。这种运动感并非在于事物自身的运动，而是由于镜头的推、拉、摇、移与变焦所造成的运动的幻觉。

画面的运动，是一种有节奏的运动。这种节奏主要是由蒙太奇技巧和长镜头的运用所制造出来的，是将镜头按不同的长度（这既取决于镜头的实际长度，又取决于内容刺激观众所产生的时间延续感）和强度（景愈近，心理冲击愈大）关系将其连接起来而产生的。影视画面运动的节奏，是情节发展的脉搏，能够创造出不同的情绪气氛，或紧张、兴奋、恐怖、喜悦，或沉闷、压抑、伤感等，能修饰和强化情节内容所表现的情感。画面运动的节奏，不仅仅是根据拍摄对象的运动速度和强度来确定，也不只是根据情节进展来确定，而更重要的是要根据画面内容所激发起的观众的兴趣的程度来确定。例如，镜头短，不足以展示内容的内蕴，但镜头冗长，就使人厌烦。如果镜头正好在注意力降低时切断，并由另一个镜头所替代，注意力就会不断被抓住。因此，所谓影视艺术的节奏并不仅仅意味着抓住镜头的时间关系和景深的变化，更是镜头的延续时间和画面的强度与他们所激起并满足了注意力运动的一种结合。应该指出，影视艺术的配音也对节奏的形成有较大的作用。

以上是将电影与电视作为一种艺术并以电影为主来论述的，电影与电视关系密切，共同具有的审美特征是主要的，但是也存在着一些差异。电视具有先进的传播手段，包含的信息丰富多样，接受面更大，这是电影所不及的。并且，电视在技术制作工艺、显示媒介、审美接受心理诸方面也不同于电影。

首先，电视制作工艺比电影简便，记录在磁带上的画面不需洗印即可在电视监视器上呈现，现场就可以进行技术鉴定和艺术鉴定，电影则只能待样片洗印出来才可以进行；而且，电视导演可以及时地在现场进行艺术修改，电影则需要大量的"后期制作"。其次，电视屏幕小，限定了它空间表现的广度和深度，因而大场景、多人物的画面是不适宜的。再次，电视接受者在家庭氛围中进行欣赏，比起在特定的空间和时间内进行欣赏的电影观众，是相当自由而随便的，注意力难以高度集中，常保持清醒的自我意识，可以说是边生活边欣赏。并且可以随时中断和调换观赏内容，具有批评的主动权，因此，电视艺术与电影艺术在审美特征方面也存在差异。电视内容应更具有日常性、亲近性，使接受者成为日常生活事件的见证人，满足"参与意识"；应更注重日常生活的深度的发掘，而不以人物众多、头绪繁复见长。演员的表演应本色化，自然、细腻，仿佛"来自街头的人物"。蒙太奇等技巧不能烦琐，应娓娓道来，如叙家常等。

### 2. 影视艺术的审美功能

影视艺术是最具广泛性、群众性、直接性的艺术。它是一种强有力的大众传播媒介，没有哪一种艺术在接受的广泛性上能与之相比。仅是电影观众，世界上每年就有上百亿人次，更不用说电视，它应用电子技术和人造卫星已将覆盖面扩大到整个地球，在许多国家，电视已经成为人们日常生活必不可少的组成部分，影视文化已经能与印刷文化相比了。因此，影视艺术的审美功能也是显著而巨大的。

（1）影视艺术具有真实地、全面地展示社会生活和心灵世界的直观性功能　这个功能有培养人对社会、人生和自然的认识能力和洞察能力的作用，它能拓展人们的视野和心灵，从而建立起较高的精神境界。

银幕和屏幕是社会生活的镜子和窗口，它擅长于记录和揭示具体的现实，去发现人与自然、人与人之间的不断变化的关系，是洞察和理解人类生存状态的有力工具。它带领我们钻进生活的密林和荒野，去探险、去征服，去遨游星空、海底、大漠……，展现平常条件下人们难以直接感知到的事物，弥补了人类感知能力的不足，从各个方面扩展了我们的生活环境。在一定程度上，它是把整个世界变成了我们可以把握的家园，成为可以审美的对象。同时，它也倾向于去发掘出平凡的生活背后的深意，教会我们品味日常事物的魅力，领悟到事物的独特性。实质上它"深化了我们跟作为我们栖息所的这块大地之间的关系"。匈牙利电影理论家伊芙特·皮洛就称："电影使我们了解新的人类学，它被描绘为一种在我们熟悉的环境中修理我们的玩具和工具的仪式。"而且，影视艺术还能真切地再现历史，能将凝固化的文字所储存的信息，转化成为有血有肉的形象，观看到历史的风采，满足了我们的好奇心和想象力，可以说，影视艺术使我们战胜了时间和空间，能够广阔而自由地去体验生活和了解世界，能作为人们实际生活的参考书。

（2）影视艺术具有直接或间接显示艺术发展和科技进步的功能　这个功能可以帮助人们更好地了解艺术和科学的状况，启示人们建立起艺术与科技关系的正确观念。

影视艺术作为一种综合艺术，它的发展要依赖于其他艺术，因而它本身的发展也能间接地显示出其他艺术的发展。同时，由于影视艺术所具有的摄影再现功能，还能直接显示其他的艺术，并能保存许多难以保存的艺术资料。从第二次世界大战后，在世界范围内兴起的艺术纪录片，以及我国的戏曲舞台纪录片，都具有这方面的作用，而大量的成功的艺术家传记片，更是显示了艺术家的创作思想和创造过程，如约翰·利德的《亨利·莫尔》表现了雕塑家莫尔的作品，杜维威尔的《翠堤春晓》则表现了音乐家约翰·施特劳斯创造乐曲《维也纳森林的故事》的过程，而乔治·克鲁查的《毕加索的秘密》更是让我们亲眼看到大画家本人一次完整的创作过程。这些无疑能帮助人们更好地从事艺术活动。

科技的发展促进了影视艺术的发展，而影视艺术也回报了科技，影视艺术不但以其自身的发展间接地显示了科技的进程，而且它也能生动地直接显示了科技的进程，传播科技知识，保存科技资料，从而也帮助了科学技术。科教片在这方面的作用是突出的。科幻片则从已知的科学原理和成就出发，对未来世界或遥远的过去作幻想式的描述，这对于激发人们的想象力和科学创造力，也大有裨益。影视艺术所具有的一些特殊手段，对科技也是有帮助的，如慢镜头，它能显示肉眼难以抓住的运动，（运转中的螺旋桨，快速奔驰的动物的腿部运动模式等），给科学研究创造了条件。

更重要的是，影视作为科技与艺术完美结合的典型，为科技与艺术的关系提供了有力的例证，帮助人们建立起关于两者关系的正确观念。它们相辅相成，互相促进，同步发展，而不是如一些人所断言的科技的发达就意味着艺术退化。再则，"影视思维"本身已成为一种越来越重要的现代思维方式，可以说，当代人的视觉和思维是越来越富有科学性，也愈来愈富有影视性。

（3）影视艺术具有培养人们审美的综合感受力的功能　这是因为它完美地融合了文学、音乐、戏剧、美术、摄影、舞蹈等艺术元素，它所提供的审美信息呈"喷射"状态，在同一时间内，各种类型的信息多通道地向接受者涌来，而不像其他一些艺术如文学那样呈线型状态，单通道地接受。这就要求观众耳目并用，各种感知能力全面活跃，才能心领神会，这对于培养"通感"能力是大有帮助的。并且，影视艺术是视觉的具体性和再现性与听觉的抽象性和表现性相结合的完美的典型，因而，通过欣赏影视艺术，对这种综合的审美能力的提高，也是大有助益的。总之，影视艺术能满足人们多方面的审美要求，从而全面地化育人的审美心理。

（4）影视艺术还具有激发人们崇拜仿效的功能　影视具有促进观众与主人公"认同"的强大能力，在观看时，观众的自觉意识会大大地削弱，沉醉在影视世界之中，常自觉或不自觉地与影视形象合二为一。所以，著名影星、著名角色形象的完美创造，会强有力地激发人们去追随和仿效，甚至明星的举止和服饰，常常形成一种"时髦"、一种流行的"派"，明星们确实具有美的象征和典范性质时，对他们的崇拜与效仿就能够升为一种对美的自觉追求，使人们从内外两方面自觉地走向美化。

总之，影视艺术从某种程度上拓展了我们生活的维度，让我们在拥有今生今世的基础上，更得到了一个充满诗意的世界来品味万千人生，它为羁绊于现实中的人们营造种种梦幻般的氛围，从而使人们不至于那么困顿；它满足了积淀在人类心灵深处的原始心理需求，从而使人们不那么寂寞和空虚；它弥合了人类社会的种种裂痕，从而振奋着人的精神，它是艺术殿堂中光彩夺目的瑰宝。

> **思考题**
>
> 1. 表演艺术的审美特征及其审美功能是什么？
> 2. 造型艺术的审美特征及其审美功能是什么？
> 3. 语言艺术的审美特征及其审美功能是什么？
> 4. 综合艺术的审美特征及其审美功能是什么？

## 知识链接

### （一）中外表演艺术精品赏析

#### 1. 《第三交响曲》

贝多芬降E大调第三交响曲《英雄》，此曲完成于1804年春。此曲本欲献给法国第一位执政者拿破仑，但当贝多芬得知拿破仑将于1804年5月18日即位皇帝时，贝多芬立刻将总谱写有题词的封面撕下，并愤怒地高喊："这是一个独裁者！"后来出版时他将标题改为"为纪念一位伟大的英雄而作"。这部作品于1805年在维也纳初演一举成功，从此贝多芬蜚声于欧洲乐坛。

这部作品是贝多芬最著名的代表作之一，是第一部打破维也纳交响乐模式，完全体现英雄性格的作品。作品贯穿着严肃和欢乐的情绪，始终保持着深沉、真挚的感情，呈现出强烈的浪漫主义气氛。贝多芬本人曾声称他最喜欢的交响乐就是这部第三交响曲。

《英雄》共分四个乐章。

第一乐章，《灿烂的快板》，降E大调，3/4拍。奏鸣曲形式。这一乐章在当时是自交响曲诞生以来最宏伟的乐曲，它外形精致、巧妙、变化无穷。

第二乐章，《葬礼进行曲》，甚慢板，C小调，3/4拍。这个乐章具有鲜明的赋格曲效果，响彻着嘈杂的战斗声和凶猛的骑兵嬉游曲。本乐章极为著名，经常单独演出。

第三乐章，《诙谐曲》，活泼的快板，降E大调，3/4拍，整个乐章围绕着开始部分的弦乐主题而展开，力度逐渐加强，显得乐曲充满悠然自得的气氛，令人沉醉。

第四乐章，《终曲》，甚快板，降E大调，2/4拍。乐章的主题采用贝多芬早年的普罗米修斯主题，并以短的经过部和发展部共同构成自由变奏曲形式

#### 2. 芭蕾舞剧《天鹅湖》

《天鹅湖》是四幕芭蕾舞剧，作品创作于1876年。故事取材于俄罗斯古老的童话，由别吉切夫和盖里采尔编剧，是柴可夫斯基最著名的代表作之一，是世界芭蕾舞的经典名著。

《天鹅湖》至今仍是舞蹈家们所遵循的楷模，同时也是一部现实主义舞剧的典范。剧情大致是：被魔法师罗德伯特变成天鹅的奥杰塔公主，在湖边与王子齐格弗里德相遇，倾诉自己的不幸。奥杰塔告诉王子，只有忠诚的爱情才能使她摆脱魔法师的统治，王子发誓永远爱她。在为王子挑选新娘的舞会上，魔法师化成武士，以外貌与奥杰塔相似的女儿奥吉莉雅欺骗了王子。王子发觉受骗，激动地奔向湖岸，在奥杰塔和群天鹅的帮助和鼓舞下，战胜了魔法师。天鹅们都恢复了人形，奥杰塔和王子终于结合在一起。

《天鹅湖》的音乐像一首具有浪漫色彩的抒情诗篇,每一场的音乐都极出色地完成了对场景的抒写和对戏剧矛盾的推动以及对各个角色性格和内心的刻画,具有深刻的交响性。这些充满诗情画意和戏剧力量,并有高度交响性发展原则的舞剧音乐,是作者对芭蕾音乐进行重大改革的结果,从而成为舞剧发展史上一部划时代的作品。舞剧中许多音乐都是流芳百世佳作。

## (二)中外造型艺术精品赏析

### 1. 张择端的《清明上河图》

《清明上河图》是中国十大传世名画之一。它是北宋风俗画作品,宽24.8厘米,长528.7厘米,绢本设色,是北宋画家张择端存世仅见的一幅精品,属一级国宝。《清明上河图》生动地记录了中国12世纪城市生活的面貌,这在中国乃至世界绘画史上都是独一无二的。

作品以长卷形式,采用散点透视的构图法,将繁杂的景物纳入统一而富于变化的画卷中,画中主要分开两部分,一部分是农村,另一部分是市集。画中有814人,牲畜83匹,船只29艘,房屋楼宇30多栋,车13辆,轿14顶,桥17座,树木约180棵。人们往来衣着不同,神情各异,栩栩如生,其间还穿插各种活动,注重情节,构图疏密有致,富有节奏感和韵律的变化,笔墨章法都很巧妙,颇见功底。

这幅画描绘的是北宋国都汴京清明时节的繁荣景象,是汴京当年繁荣的见证,也是北宋城市经济情况的写照,栩栩如生地描绘了汴京的日常社会生活与习俗风情。通过这幅画,可以了解北宋的城市面貌和当时各阶层人民的生活。

张择端具有高度的艺术概括力,使《清明上河图》达到了很高的艺术水准。《清明上河图》丰富的内容,众多的人物,规模的宏大,都是空前的。《清明上河图》的画面疏密相间,有条不紊,从宁静的郊区一直画到热闹的城内街市,处处引人入胜。总之,《清明上河图》具有极高的史料价值。

### 2. 古希腊雕塑《米洛的维纳斯》

《米洛的维纳斯》塑像是希腊地区一位农夫掘地时所得,经过长达一年的反复交涉,最后被法国以重金购买并运抵巴黎,至今被卢浮宫视为镇馆之宝,特辟专门展室陈列,以供公众观览。

维纳斯雕像代表着古典希腊女性的典型特征:椭圆形的脸庞、比直的高鼻梁、平额、弧形眉、丰满的下巴,发髻刻成有条理的轻波纹样式,神情自若,笑容娟美,躯体微微呈三度转折,各部分的曲线变化富有音乐的节奏感,更突出了女神婀娜妩媚的体态和端庄高贵的气质。

雕塑家运用极其简洁的处理手法和吕西帕斯式的人体美标准,通过女神裸露的躯干和衣着之间的对比,形成一种秀美和丰满,单纯与凝重的交响。使洁白的大理石内部,蕴含着少女的青春和生命的律动。雕像尽管双臂残缺,仍使人感到完好无损,并以"断臂维纳斯"著称于世。当时曾先后出现修复原作的多个方案,但无一种方案令人信服,皆不如断臂反而更能诱发人们美好的想象。

整座雕像稳定而又略显倾斜,具有多维的欣赏效果。女神亭亭玉立,楚楚动人,含蓄娴静,令人流连忘返,回味无穷。法国雕塑家罗丹赞其为"古代的神品",德国美学家黑格尔称其为"纯美的女神"

对于《米洛的维纳斯》,谁也不可能、也没有必要从她赤裸的身上去归纳出一个具体的主题。她把自然、生命,把真、善、美都集中于一身。她不愧为古代希腊雕塑的一个典型代表,不愧为女性美的最高体现。她超越了空间和时间,直至今日还表现出那种秀雅、温柔和爱的魅力。

### 3. 王羲之的《兰亭集序》

东晋著名书法家王羲之的《兰亭集序》,是著名的行书法帖,被人们称为"天下第一行书"。

王羲之(约321—379)是中国历史上著名的书法家,他对真、草、行诸体书法都有很深造诣。他的楷书势形巧密,草书浓纤折中,行书遒劲自然,因此,有"飘若浮云,矫若惊龙"、"龙跳天门,虎卧凤阁"等美誉。王羲之的书法在历史上影响最深,也最为人们津津乐道的,是被后人称为天下第一行书的《兰亭集序》。唐太宗以后,《兰亭集序》成为读书人写字必习的模板。《兰亭集序》的摹本、刻本之多,为古今之冠,更有不少人写文章专门讨论,有史以来,从没有第二件书法作品受到如此重视。从文学的角度看,《兰亭集序》文字优美,情感旷达闲逸,是千古绝妙的好文章。作为书法艺术,《兰亭集序》更是被作为书法艺术体现"自然"之美的最高典范,影响了人们两千年来对书法艺术的审美趋向与创作实践。

王羲之的《兰亭集序》真可以说是采天地之灵气,集人间之精华。在如画的山水风景中,与文人雅士饮酒赋诗,兴之所至,一挥而就,宛若天成。这幅书法极品有许多可圈可点之处,其中唐太宗独具慧眼,指出其"若断还连"与"如斜反直"两大特点,甚为精彩。"若断还连"是指这幅书法作品的总体布局错落有致,疏密相宜,在连断的处理上很有特色,整幅作品呈现出断续之美,而在章法上具有生动活泼的气韵。"如斜反直"是指《兰亭集序》中每个字的大小,斜正均有变化,其中不少字均以侧势取胜,常常是左低右高,貌似倾斜,单独的一个字似乎难以接受,然而在整幅作品中却恰到好处,呼应对比,变化无穷,充分体现了行书起伏多变,节奏感强,骨力劲健的气势和特色。它的成功之处关键在于人格的风韵与书法的风韵结合得相得益彰。

## (三)中外语言艺术精品赏析

### 1.《荷马史诗》

荷马,生于公元前8世纪后半期的爱奥尼亚,是古希腊最著名和最伟大的诗人。相传《荷马史诗》是在民间口头创作的基础上,由盲人荷马加工整理而成。它是古希腊最伟大的作品之一,也是西方文学中最伟大的作品之一。

荷马史诗包括《伊利亚特》和《奥德赛》两部分。由这两部史诗处理的主题分别是在特洛伊战争中,阿喀琉斯与阿伽门农间的争端,以及特洛伊沦陷后,奥德修斯返回绮色佳岛上的王国,与皇后珀涅罗团聚的故事。

《荷马史诗》是早期英雄时代的大幅全景,也是艺术上的绝妙之作,它以整个希腊及四周的汪洋大海为主要情节的背景,展现了自由主义的自由情景,并为日后希腊人的道德观念(进而为整个西方社会的道德观念),立下了典范。继此而来的,首先是一种追求成就,自我实现的人文伦理观,其次是一种人神同性的自由神学,剥除了精神世界中的神秘恐惧。《荷马史诗》于是成了"希腊的圣经"。

### 2.《红楼梦》

《红楼梦》成书于清代乾隆年间,是章回体古典长篇小说,中国古典小说四大名著之一,中国古代最伟大的长篇小说之一,世界文学经典巨著之一。

《红楼梦》,又称《石头记》,作者曹雪芹。《红楼梦》后四十回多认为由高鹗续成。书中以贾、史、王、薛四大家族为背景，以贾宝玉、林黛玉爱情悲剧为主要线索，着重描写贾家荣、宁二府由盛到衰的过程。全面地描写封建社会末世的人性世态，及种种不调和的矛盾。

《红楼梦》是中国小说史上不可超越的顶峰。《中国大百科全书》评价说，红楼梦的价值怎么估计都不为过。《大英百科》评价说，《红楼梦》的价值等于整个的欧洲。《红楼梦》是一部大书，有评论家这样说，几千年中国文学史，假如我们只有一部《红楼梦》，它的光辉也足以照亮古今中外。《红楼梦》是言情小说，它言男女之情，以言情而至伟大，必须有一个条件：起于言情，终于言情，但不止于言情。通常的言情之作常常易于流于浅薄，而伟大的言情则有一个不言情的底子，这样才能衬出情的深度。《红楼梦》之所以伟大，首先是在结构的伟大上。在如此精妙的布局和秩序下，这等空间、这群人物中，看似庞杂的故事在作者的笔下事无巨细，分明清晰的娓娓道来。其次，《红楼梦》涉及社会生活的方方面面，简直可以说是中国封建社会晚期的一部大百科全书，充分体现出中国传统文化的积淀。当然，《红楼梦》最吸引人的地方，还在于它那永远无法穷尽的艺术意蕴，具有经久不衰的永恒魅力。

### （四）中外综合艺术精品赏析

#### 1.《哈姆雷特》

《哈姆雷特》是英国诗人、剧作家莎士比亚最负盛名的剧本，同《麦克白》、《李尔王》和《奥赛罗》一起组成莎士比亚"四大悲剧"。

《哈姆雷特》取材于丹麦古代神话《丹麦王子复仇记》，故事讲述了在国外求学的丹麦王子哈姆雷特因父暴猝回国奔丧，见叔父克劳狄斯已经登上王位，娶了母后，极其悲痛抑郁。父亲的亡灵向他讲述了克劳狄斯毒死自己并篡位的真相。哈姆雷特在复仇的过程中经历挣扎、失去爱人和兄长，在濒死之际一剑刺死了克劳狄斯国王。在剧中，"延宕"既造成了哈姆雷特在克劳狄斯祷告时错失为父复仇的良机，同时延宕又是《哈姆雷特》一剧不同价值冲突得以充分展开的过程。如此，延宕既是哈姆雷特悲剧性事件中的因果契机，同时又是各种价值要求实现自身的过程。延宕可谓是哈姆雷特悲剧的"悲剧结"。哈姆雷特身上体现着文艺复兴运动中人文主义的优点和缺点以及他们的迷茫、矛盾和痛苦，成为世界文学史中不朽的典型形象。

#### 2.《雷雨》

《雷雨》是剧作家曹禺代表作，是中国话剧艺术经典。剧情围绕两个家庭八个人物一天之内发生的悲剧故事，表现20世纪初封建社会环境中的社会矛盾和家庭矛盾，封建制度与思想对人的禁锢与摧残。《雷雨》所显示的，正是"宇宙里斗争的'残忍'与'冷酷'"。《雷雨》对社会人生进行思索的视角是逆向的，它不是从社会秩序和伦理道德的层面来展示一个警世故事，它是将粉饰在社会秩序和家庭伦理上的温情面纱撕毁，审视人类复杂深邃的灵魂。当人被放置在激烈的戏剧情境之中的时候，意志和性格的较量，蒸腾出一片狞厉可怖的气息，两性之间的战争、被动选择与自我承担的矛盾、反抗动机与毁灭前提的逆转，形成《雷雨》中令人喘不过气来的悲剧情结，也触及了人类带有哲学性的悬而未决的问题，引领观众作新的思考，繁漪与周萍、周萍与四凤双重乱伦的故事，以及无辜的周冲、四凤之死，无奈的周萍之死、繁漪之疯、侍萍之痴，都不过是悲剧故事的表层，而真正的悲剧性来自于人对自我选择的被限定性的反抗，以及反抗的无意识所造成的对他者的冲撞，在反抗的合理性与冲撞的无理性之间，形成了不可避免、不可逆转的悲剧性张力。可以说《雷雨》是世界性的艺术佳作。

# 第九章 美的培育

美是人类生活及社会进步中一个永恒的主题,爱美之心至高无上!人生需要美,需要美的生活,需要美感,而这一切都需要审美教育。美育作为一种教育人和自古以来教育的方式,其中心和目标是为了提高人的生存质量,培养和发展人的感性能力,包括感受力、鉴赏力、想象力和创造力等,并且对人性进行塑造和改造,抑制人性中丑恶的因素、发挥光大人性中美善的因素,对情感、感性等生命的非理性的因素存在进行规范和引导,使其合乎理性的要求。总之美是提高人的素质,使每个人都有一个趋向理想完美的生命,都能"自由而全面地发展"。

## 第一节　美育的由来

美育是审美教育的简称,它是人类文明发展的必然结果,也是人类自身建设的一个重要方面。美育要通过各种艺术以及自然界和社会生活中美好的事物来进行。它如同德育、智育一样,主要涉及人的精神生活。蔡元培(见彩图44)在1930年给美育下了一个定义:"美育者,应用美学之理论于教育,以培养感情为目的者也。"这则定义表明美育是教育的一部分,是在美学理论指导下的感情教育,它符合美育思想发展的历史事实。

"美育"这个术语是由18世纪德国美学家席勒提出来的。席勒(见彩图45)在1793～1794年间写的《美育书简》一书中,首先使用了"美育"的概念,并且对美育的含义任务及其社会意义作了系统地阐述和分析。中国最早使用"美育"术语的是蔡元培先生。1901年他在《哲学总论》一问中提出了"美育"的概念。"美育"的术语虽然诞生得比较晚,但美育思想无论在中国还是在西方都早已有之。首先我们简要梳理一下古今中外美育思想轨迹。

### 一、中国美育思想

早在三千多年前的商周时代,就有了指向心性修养的"礼乐"活动,人们注意到了美育在培养人方面的重要性。在《周礼》中出现的"六艺",是周代培养士大夫作为基础教养必须掌握的科目。那时,贵族子弟都要学习"六艺",包括"礼、乐、书、数、射、御",其中"礼"是仪式、行为方式,"乐"是指音乐、舞蹈,"书"指书法。可见,"礼乐"教育是我国历史上较早的美育实践活动。

春秋战国时代,我国第一个伟大的教育家孔子发展了礼乐相济的思想,创立了古代的教育体系。他以"六艺"教授弟子，孔子还结合当时的诗、乐艺术发挥了不少可贵的美育思想。他说，诗可以兴，可以观，可以群，可以怨，迩之事父，远之事君，多识于鸟兽草木之名。他把学诗看成是提高政治才干，培养高尚道德，学习知识，学习语言，学会接人待物、服务社会的重要手段。他对音乐艺术也是很有鉴赏眼光的。如他说，他在齐国听了一次古典音乐，"三月不知肉味"。也就是说，精神上获得一次深刻的美感享受，大大冲淡了物质欲望上的追求。他认为音乐是陶冶性灵所不可缺少的一门修养，也是人格最后完成的必修课，他所说的"兴于诗，立于礼，成于乐"，就包含着这个意思。孔子之所以重视艺术的美感教育，不仅在于他有丰富的审美体验，更在于他对艺术的卓越认识。他深刻地认识到，诗歌、舞蹈、音乐等艺术形式，不仅能使个体感到快乐，获得精神享受，而且能使人在自由、舒畅的情绪中学到知识，提高道德修养，从而成为社会有用的人，使个体与社会达到和谐统一。孔子关于艺术教育的观点是比较全面的，他一方面认识到"兴"、"怨"、"哀"、"乐"这些情感活动在艺术教育中的根本意义，另一方面又不忽视艺术教育中的理性内容和积极的社会作用。他反对用诗、乐抒发淫乱之情，而提倡雅、正；他要求艺术不仅要"尽善"，而且要"尽美"。他的这些要求、规定，在具体内容、具体标准上固然反映了贵族奴隶主阶级的利益和偏见，但是他对艺术形式、美育方式的特点及其对社会的功用的认识，是具有普遍意义的。孔子的美育思想和教育实践，奠定了中国古代美育教育中"礼乐相济"思想的基础，一直是传统美育的核心和主导观念，对后世影响很大。

美育理论在中国的确立，应归功于王国维先生和蔡元培先生对西方美育理论的传播和他们的独特发现。王国维先生在美学和教育学的双重研究中，发现了审美教育的重要意义。他认为，宗教教育、道德教育、知识教育、美术教育这四者对于改造、陶冶国民精神非常重要。其中美术教育，因其无功利性而不受利害的束缚，能诉诸情感领域，引起"纯粹"的快乐，从而使情感得到抒发和陶冶，美化精神境界。他还论述了美育与德育、智育的关系。认为过去的智育和德育，总带有强制性，而美术教育培养无功利的情感，所以无强制性，又可引导情欲走向高尚，使人的高尚完美起来。美术教育又与德育智育相联系，比如美术教育中的音乐，可以调和情感，培养训练感官能力，又可陶冶意志。他所说的美术教育，就是美育。

蔡元培先生在确立中国审美教育理论中作出了最突出的贡献。他说："人人都有感情，而并非都有伟大而高尚的行为，这由于感情推动力的薄弱。要转弱为强，转薄为厚，有待于陶养。陶养的工具，为美的对象；陶养的作用，叫作美育。"他把教育分为德育、智育、体育、美育四部分内容，认为在全部教育中，美育占有特殊地位，能渗透到其他三育中。而德育、智育、体育中，都包含美育的因素。他还提出"以美育代宗教"。认为西方的传统教育都依附于宗教，随着社会的发展和文明的进步，人要成为一个人格健全的人，就必须拥有健康而丰富的情感。美育是培养人格健全、全面发展的人的重要手段，能够使人更好地建设和享受生活。可是，宗教却压抑人对生活的感情，要人放弃世界的正当享受，培养对宗教的忠诚。而宗教为了达到这一目的，往往采用艺术的手段。为了让人性得到充分自由的发展，就应该将艺术从宗教中解放出来，这样才能完全发挥艺术审美的作用，发挥它的陶冶人的情感的功能，也只有这样，才能使人的感情摆脱宗教的控制，从而健康和谐的发展。他还提出了美育实施的具体途径和方法，如认为美育的实施有三种主要的途径：家庭美育、学校美育和社会美育，并据此划出一系列详备而完整的方案。这些宝贵的思想为我们今天实施美育活动提供了很好的参考。

## 二、西方美育思想

西方美育思想在古希腊时期得到了较充分的发展，古希腊在艺术上的卓越成就，多少要归功于当时的审美教育，古希腊的美育思想对西方美学思想的发展有巨大影响。现在主要介绍著名哲学家柏拉图的美育思想。

柏拉图出身于雅典的一个贵族家庭。他年轻时受过很好的系统教育，师从大哲学家苏格拉底。他的美育思想主要体现在《理想国》一书中，柏拉图在《理想国》中构建了理想的城邦国家。国家中有统治者、卫士和生产者三个阶层，各安其位，各司其职。针对统治者和卫士，柏拉图制订了理想的教育计划。有人说《理想国》不是一部关于政治学的著作，而是迄今撰写的有关教育的最好论著。

柏拉图的美育思想有若干特点。首先，美育主要是艺术教育，柏拉图又把艺术完全变成为他的社会政治理想服务的工具。他认为，艺术教育是"培养城邦保卫者的不可或缺的手段"。雅典城邦理想的公民应该保持"心灵的优美和身体的优美的和谐一致"，而要达到这种理想非美育不可。其次，除了美育的内容外，柏拉图还注意美育的方法。他深知艺术的作用是潜移默化进行的。美育应该采用合适的方式，顺其自然，不能有任何强制和压力，要把这种教育变成儿童感到愉悦的游戏。同时，美育既要从每个人的自然禀赋出发，发展符合他的禀赋的潜在能力，又要调节人的性格和性情，达到某种和谐。引导性格安静的、驯服的人变得坚强、刚毅，促使性情粗鲁的、暴烈的人变得温柔、诚恳。最后，柏拉图主张美育和一般教育是相互渗透的，甚至是同一的。

柏拉图的这些思想是西方美育思想的一个重要传统，如他的弟子亚里士多德就深受其影响，提出了音乐具有教育、净化和精神享受等方面的美育功能。柏拉图以后，除了亚里士多德之外，文艺复兴时期，美从天上拉回了人间，美育在西方也获得了巨大的发展动力，并在艺术美和自然美对人的人格境界的提升、人性的自由伸展等论述方面有较大进展。18世纪末，德国美学家席勒不仅创造了"美育"一词，而且有着深刻的美育思想。席勒已经不限于从教育的角度，而是从履行社会、实现人性"复归"这样一个更为广阔的范围论述美育的。他看到，由于资本主义工业的高度发展，分工越来越细，使人变得越来越简单、越被动，成了机器的附属器。他控诉了资本主义的文明造成了人性丧失的罪恶，提出通过审美自由活动，培养、教育全面发展完全的人，以此来变革社会，实现感性与理性，自然与社会和谐统一的人道广义理想。他说人"从感觉的被动状态到思想和意志的主动状态这一转变过程，只有通过审美自由这个中间状态才能实现"，"要把感性的人变成理性的人，唯一的路径是先使他们成为审美的人"。他试图倡导美育来促进异化的扬弃，来拯救社会。强调美育的宗旨在于"培养我们感性的精神力量的整体尽可能和谐"。席勒的美学思想在美育史上具有重要的影响。

美育理论发展到今天这种高度，审美实践具有今天这样的丰富内容和完备的形式经历了一个漫长的历史过程。我们不能视而不见古代近代这些哲人、教育家所作的历史贡献，特别是他们对于美育的特殊形式和特殊规律的认识、论述，对美育在整个国民教育中的地位以及美育对社会人生的重要意义等观点，是具有一定的普遍意义的，值得我们研究和吸取。

## 第二节　美育的内涵与功能

美育又称美感教育或情感教育。它是借助于自然美、社会美和艺术美的手段，以培养人的正确审美观和高尚的道德情操，提高人的审美能力，使人得到全面发展的自由的人。

美育的任务就是培养人的审美能力，从而丰富人的审美情趣，发展人的审美理想和美的创造力，使人最终能自觉乃至自然地按照美的规律来改造客观世界和重新塑造主观世界，使每个人都以努力成为全面发展的自由的人为目标。

对于个体而言，美育培养了道德理想与审美理想。美育的功能是多方面的，概括起来主要表现在以下几个方面。

### 一、陶冶情性、塑造心灵

陶冶情性、塑造心灵是美育的基本功能。人作为一种感性存在，追求感性快乐是其本性；人作为有理性的社会化的动物，同时又要追求精神的自由。如果只追求纯粹的感官享乐只会使人动物化，而仅仅满足于纯粹的理性追求也会使人的感性萎缩。当审美媒介唤起审美情感时，便把个体的感性冲动、欲望、情绪、意象召唤出来，纳入审美形式中。非功利的审美自由观把感性冲动引导到美的形式中，欲望失去对物的实在的欲求而净化，情绪超脱于得失的功利计较而与审美对象共喜乐，世俗的功名利禄的追求被审美情感排斥、驱逐、淡化和退隐，人的精神升华为忘我的美妙境界并在这种境界中流连，人从小我中获得暂时的解放而胸襟扩展到包容天地，灵魂在这时获得美的崇高洗礼并从而达到净化，这就是所谓的陶冶性情。在经常的审美活动中人不断体验这种无私、高尚、博大，经常性的体验会逐渐积淀而形成新的心理结构及观念意识，排除自己的卑琐私欲，从而走向人格的高尚。这就是我们说的塑造心灵。

由于审美具有享乐性、自由性，所以这种洗涤灵魂的过程也不具有强制性，相反，个人是在享乐中完成一次洗涤的。由于审美活动中是感性参与并始终活跃，所以这种洗涤不是感性、欲望的清除而是升华。审美活动使人可以进入一个神奇优美的精神世界，从而享受到美的宁静、激动和愉悦。在这种审美活动中，人通过审美形式、形象的感受，使他的审美能力得到了锻炼、发展；通过对审美形式的领悟，心灵得到净化，从而培养出一种审美的人生态度。

美育能让人在得到审美享受和愉悦中受到教育，能让人从现实生活中的痛苦中摆脱出来，也能使人摆脱由于健康、经济和爱情所带来的压力和紧张，为改善那种不利的现实处境创造精神条件。美育作为一种对人有启发性的活动，它使得人的审美经验和审美能力不断丰富，帮助人用新的知识和审美经验来丰富和装点自己的生活。人们可以根据自己的审美趣味来穿衣打扮，布置工作室，美好家居。美育让人怡情快意，使人的生活丰富多彩、多姿多态。

### 二、开启智力

美育引导人走向对审美对象形式及其意味的整体把握和领悟，培养人的感受力、想象力、理解力。美育发展人的审美能力，开启了由抽象思维走向创造发明的路径。因此人在审美活动中能增强探索真理的热情，激活科学研究中所需的创造性想象，又能启迪人的智慧，拓展思维空间，以美启真。美育能于无形之中提高人们的认识能力，开发思维本领，培养追求真理的热情、想象和信念。

首先，艺术与审美教育对科学研究的启发作用就在于它可以培养人们在纷纭复杂的现象中把握和领悟隐藏在其中的内在规律性和对人生的无穷意味。艺术能够反映和掌握科学所难以触及的界限。因此，艺术能以自己独特的方式把握这整个丰富多彩的感性世界。作为以艺术为主要核心内容和重要手段的美育，它无疑可以开启人的观察世界的新角度和新方式，可以开发人的智慧和潜能。

其次,科学研究需要热情和想象,而美育有助于培养人的丰富的想象力;一个毫无热情、缺乏想象力的人很难说能够在科学研究上取得重要成就。美育培养和激发人们对真理的追求,使人们更热爱真理,珍惜生命的价值和追求人生的意义。

再次,审美情感的非功利性快感特征,还能使人具有为追求真理而舍小我、存大我的高尚心灵。很多科学家为了坚持自己的理想,为了追求真、善、美而宁愿终身贫困,默默无闻地奉献,不为功名利禄所动心,这在很大程度上是与艺术和审美教育的熏陶密切相关。

最后,美育可以为即将进入知识经济时代的社会培养新式的人才。知识经济的特点就是创新,需要人们具有开拓精神和足够的智慧。智慧是知识、教养、经验与情感的有机结合,如何将知识内化和转化为直接推动社会发展的力量,应该成为新的时代的人们具备的一种基本素质。审美能唤起人对事物的敏感,使他养成热爱生活、追求真理的高尚情操,养成对世界有主见的评价能力,使他敢于怀疑,勇于创新,这种心理品质将必然有助于智力的发展,推动人成为具有开拓性和创新精神的新型人才。美育就是通过完善人的心理结构来促进人的智力全面开发和发展。可以预见,美育将在培养新式人才中发挥更大的作用。

### 三、培养意志

培养意志,主要是道德教育的功能。它一方面要培养个体意志服从道德规范行动的能力,即培养服从他律的能力,另一方面也要培养个体实践自由选择的能力,即培养自律的自由能力。这种意志服从与意志自由能力的培养,也必须借助审美教育。

人们依靠自由选择的能力,以克服和战胜感性欲念的冲动,以及非理性的情绪与观念,如情欲的动荡、死亡的恐惧、生活的苦恼、人生的烦闷等。审美教育有助于自由选择能力的培养,一是由于审美教育在陶冶性情的过程中不断的净化人的灵魂,提高了人的道德境界,从而增强了道德自律能力。二是经过长期的审美教育,当人们达到一种至美境界时,这种境界称为一种超道德境界,人们会在这种境界中获得更大的选择自由。美育在潜移默化之中使人的良知良能得到积累和增储,并进而凝聚、积淀为一种自由的道德心理结构和模式,让人变得更加纯真和善良。

人类要进步,社会要发展,就必须实行变革。社会变革不仅仅是经济结构和政治结构的重新调整和改革,也不仅仅是经济结构和政治结构的重新调整和改造,它们同时伴随着道德和文化价值观念的更新。艺术在这些方面能够发挥自己特殊的作用。美育不仅可以使人适应社会的发展而培养新型的道德观念,而且还能按照美的规律来塑造自身。

美育能发展人的精神道德力量,主要是通过"寓教于乐"的手段。它并不规定、强制人们采用哪种方式来待人接物,而是通过提供一种审美理想和美的典型来感召人们应该如何行事。美育是美感、情感教育,正是在这里显得尤其有感染力和说服力。美感作为自由感受,同时又具有自由意志的成分。人们在自由感受的审美情景中,实现着道德自由即意志选择的自由。而当人们的审美情感与道德认识相契合,进而形成崇高的理念时,就自然会促进心理结构的"内化",审美情感也相应地内化为一种行为动力,驱动道德行为一旦成为定势,就会推动道德意志的形成,从而提升人们的道德境界。

### 四、增进健美

人类对人体美的追求和表现一直很自觉。任何时候,健与美都是联系在一起的。健美的人体和人体运动的各种动作是作为特定的感性形式而进入了审美领域。美学家朱光潜说过，人体以它生动、柔和的线条和美的轮廓，有力的体魄和匀称的形态，滋润、光泽、透明的色彩成为大自然中最完美的一部分，代表着我们这个星球上最高级生命的尊严。我们正是感受到了整齐匀称、和谐节奏的人体结构和人体运动形式的美，才致力于塑造优美的体形，如进健身房，去体育场，参加舞蹈班，美容美发，挑选漂亮得体的服饰，都是一种追求美、表现美、创造美的自觉意识和行为。人们应在心灵美的基础上使自己的行为和仪表也符合美的要求，从而使人们的生活从内容到形式及外观都变得美和高尚。

美育的功能主要是事物的美对人们的心灵的影响和塑造，是人们的审美体验在人的心灵中的内化、积淀，人们在这种美感的启发和熏陶下不断培养人的审美意识，发展人的审美能力，而且促进人在实践中自觉的表现美、创造美。不断丰富和增长的物质财富，新技术的采用，正把我们的城市、乡村以及从生产手段到日常生活领域改造得既有实用功能又具美的形式外观，使人们的生活日益美好幸福。

## 第三节　当代社会实施美育的意义

工业经济开始以来，一方面科技与生产的发展极大地改变了人类社会的面貌与人类的生活方式，同时也由于经济主义与工具理性主义的泛滥，对人文精神及与其有关的艺术与艺术教育造成巨大冲击，并受到严重削弱。其后果已在很大程度上危及人类的生存与社会的进步。重视素质教育，重视美育，重塑新时期优秀而健全的人格，强调人类应该"诗意地栖居大地"、"艺术化的生存"，已经成为引起全世界有识之士共同重视的重大课题。在人类走进新世纪，迎接新的知识经济之际，美育已成为中西方当代学术与社会的热点。在当代社会美育显得尤为重要。

世界的面貌正日新月异地发生着变化。科学技术的体制化和科技的普遍性正在获得可观的优势地位。科学技术在物质的层次上凝结着，而未能成为一种思想。即使科技产生的东西具有推动世界的效能，但它本身仍只能说还处在物的水平上，仅仅具有作为物的目的。生活形态的机械化和思考方式的模式化正在全球蔓延。文化工业的大规模复制，流行时尚在大众传媒的推波助澜下正逐渐左右人们的生活情趣、锈蚀人们的审美情趣。

长期以来，由于科学主义泛滥，环保意识淡薄，自然环境受到严重破坏，这向人类生存环境亮出了黄牌，从而使旨在纠正上述现象的可持续发展成为基本国策，这就要求人类以审美的态度对待自然、社会与生产劳动。因为审美的态度就是人类对自然采取亲和的、和谐的态度，而不是敌对的、掠夺的态度。这就是人对大自然所应有的审美的世界观。

人类应以审美的世界观对待自身。当代社会的激烈竞争和高速快捷的生活节奏，对人们的身心形成从未有过的压力，精神疾患成为难以控制的世纪病、时代病。人类应该拯救自身，特别是拯救自身的心理缺损，这已成为全世界共同的课题。人们应该通过美育使人类真正做到审美地对待自身，使心理与生理都得到和谐健康的发展。

在这个世界中，艺术包括艺术实践和艺术欣赏正是我们个人可以把握的少数希望之一。尽管有科学技术的强制的划一性，但审美经验仍是人类特有的经验，仍是个人所感受到的自由与喜悦的经验。因此，艺术正在成为拯救人性的东西，其中就有美的情趣和美的思想。

在当代，美育正担当起这个重要的使命，以克服科学和技术时代的非人化倾向的危机。

美育可以使人们塑造美的人物形象，营造美的环境形象，建立美的生活形象，这三个方面旨在恢复正在逐渐失去的人的主体性与尊严性。美的人应该在美的环境中生存，美的生活形象是人按照美的规律去实践美的生活。人只有与美的对象保持一致，并献身于有价值的对象，才能成为一个美的人。

当代中国社会发生了深刻的变化，东方巨龙开始腾飞，在经济上更是取得了举世瞩目的成就。这一切都给实现中华民族的伟大复兴提供了动力和保障，也给国家与民族带来了无限生机。可是，在市场经济和现代化进程中，人们一方面经受着前现代化过程中的种种痛苦，如贪污腐化、唯利是图、愚昧保守等问题的困扰，另一方面也受到西方后工业文明中出现的工具理性、技术主义、信仰失落、人性扭曲等因素的影响，精神世界显现出世俗化、功利化趋向。这种状况如果不加以正确引导，将导致社会风气和道德人心的大滑坡，造成人的理想信仰的失落，责任感、正义感的丧失。

美育对于这种现代病，对于那些沉溺在功利世界、物欲世界的当代人，是一剂精神良药。

## 一、美育对重建当代人的人生价值观的启迪

随着经济的发展、物质的丰富和社会的转型，大众文化的日益勃兴，大众传媒对人的影响比任何时候都要大。当前有些人开始满足于一种形而下的感官愉悦，满足于日常生活层面上的形式享受，存在一种审美庸俗化的倾向。地摊上铺天盖地的性文化读物，趣味底下的碟片光盘，甚至原先一向被视为神圣的文学，也有不少作品里充斥着低级庸俗的东西。像有的诗作大写性爱过程，展示性器官，情调庸俗，把人的欲望强调到了极致。有些文学作品对生活外观的感性知觉压倒了对理性思考的内在判断，把人的审美活动变成了纯粹的感性活动，使人在物质享受的极端满足中抛弃了判断力和思考力。

事实上，审美不排斥人的世俗生活，美育并不否定人的七情六欲，因为人不是不食人间烟火的天使，关键是如何看待人的物质生活和世俗利益。审美的庸俗化和文化生活的低级趣味，会造成人的精神维度的缺失，以及人生价值观念的沦丧。一个人生命力的价值是由精神价值决定的，人应该有远大的生活理想与追求，应该过一种真正的人的生活。谁都知道，一个人追求的目标远大，其聪明才智和内在的潜力才能得到更好的发挥和挖掘。如此，他的生命才会充实、丰富、更有意义。如果任凭自己欲望的膨胀，跟着感觉走，那么，人就可能为了享受而无恶不作，这必将危及社会的进步与人类自身的健康发展。因此，要避免审美的庸俗化，提高人的审美趣味，重建人的人生价值，除了要靠德育智育的作用，更要靠美育的影响。当代美育的实施和推广，不得不承担起人生价值再启蒙的重任，让人们知道，人除了有形的物质基础外，还有更高级的精神价值。

美育可以使人们在美的愉悦中唤起人们的高尚情怀，教会他们以一种人性的目光来看待人的享受，以高雅的精神品味来支配物质的获取和享用。美育能以其固有的生动形象的感召力，使人们的七情六欲得到理性的滋润和调节，从而将人们的感性欲求变得更美好，引导其上升到社会的、理性的层次，从而提高人的审美享受品味。

## 二、美育对人格境界的提升

由于市场经济受制于商业利益，适者生存、优胜劣汰的游戏规则，当代社会生存竞争日趋加剧，功利主义成为许多人的人生信条，使人的人性和人格出现了萎缩。许多人明知自己

的行为有违人格，但因为利欲熏心也就无所顾忌。

在这种社会下，人际关系的实用化、个体心灵的自我闭锁和情感交流的匮乏与单调等现象的出现，也就不足为奇了。无疑，这种人与人之间的疏离隔膜不利于人的全面自由的发展，并危及社会的平衡协调。美育则可以引导人通过各种美的事物的欣赏，在审美活动中打开人们的心扉，促进人的情感能力的发展，通过提高人的审美理解力，使人们学会把他人的感受纳入自己的情感世界，从而增进和完善人与人之间审美交流和情感交流的能力。

人格的建设不仅是自我的完善，也是完善社会的活动。人总是生活在一定的社会情境之中，因此，自我完善与社会完善密切相关。人格境界的一个重要标志是它的超越功利性，超生物性。美育培养的人格境界与这种超越生物性的境界是相通的。

美育可以使人的人格和人性得到充分发展的空间。健全的人格是充分张扬个性的，美育作为一种对理性人生境界的培养与向往，将个性的发展置于重要的地位。审美教育活动便是以发展个性为前提，通过人对美的感受和欣赏，来涵濡人的个性，提升审美的人生境界。

另外，在现代商业文化发达的社会里，随着电视电影的普及以及其他新的媒介手段的出现，大众文化借传媒之力产生了极大的社会影响力。大众传媒的受众对这些炮制出来的文化产品没有选择的自由，只有被动接受的自由，人的个性势必会被侵蚀，变成一台缺乏个体自主性的接受机器。在此，美育就大有用武之地，它可以激活人的个性和审美创造力，强调个性心理的独特价值，引导人们在艺术的世界里驰骋想象，培养个体的情感，在充分发挥个性的基础上使社会与个人自由达到和谐。

承继着传统的当代美育包含有重视人格铸造与境界提升的思想，它在当代中国社会的发展中担当着比以往更艰巨的重要使命。它不是为了简单的政教目的，而是具有人类学意义上的解放个性、完善人性和提升人格的意义。

### 三、美育可以推动人与自然的和谐共生

由于科学技术的飞速发展，人类的生存环境与以前相比有了截然不同的变异。科学技术是把双刃剑，既给人类改造自然提供了更多、更高明的手段，给人类的物质生活带来了极大的方便，也给人类的生活造成了巨大的威胁。人类在走向现代化的路途中，运用科学技术提供的巨大威能来改造自然，但由于急功近利的心态，对环境也造成了极严重的破坏。温室效应造成的地球气候反常；生活垃圾的排放造成的江河污染，土地遭毁，臭氧层破漏，导致怪病连连；乱伐森林，过度放牧，毁坏草甸，导致沙漠急速扩展，自然灾害频繁。

地球曾是人类美丽的家园，如今满目疮痍，生态环境遭到严重破坏。现在应该到了人类为自己行为负起责任的时候了，应该到了人类警醒起来的时候了。自然不仅是人们生活的居所，也是人们生命的象征，自然正是生命意义的承载与呵护之所。海德格尔说："生命是这个星球上最伟大的秘密，而自然正是这个秘密的居所。因为这个居所，生命才有安全；因为有这个秘密，世界才充满意义。"自然是人类赖以生存的朋友，也是人的生命自由的象征。自然的美，是独一无二的。保护自然，与自然为善，与自然为友都是美的。审美教育能够让我们欣赏自然美的同时，教会我们去爱自然，珍视自然，按照美的规律去建造自然。

因此，协调人与自然的关系，应是美育在当代社会的又一重要使命。美育能帮助人们找回对自然的亲和力，抚平人与自然的紧张对立。在审美世界里，自然作为人的活泼灵动、富有生命情调的对象而存在的，人与自然的关系不再限于功利性，而是合规律性与合目的性的统一。人在对自然万物的审美活动中，才能获得情感的愉悦、精神的充实和自由的超脱。正是在这种深入自然、渗透自然与自然同化的心灵愉快之中，人们才能深刻领悟到日常生活中难以体会到的人生哲理和自然规律，人们在对自然的审美中被唤起的美感，对于人与自然都具有重要意义。

美育是一种情感教育，它不是一般的知识教育或技能教育，而是培养健全高尚的人格，塑造完美理想的人性，创造美好的人生。这种教育也许能够重新开启人们已经麻木的心，能够唤起对大地物候细微的变化以及它们隐含的诗情，使人们重新感受到很多被遗忘了的诗意。进而激发人们去创造美，创造美的世界。正如著名教育家苏霍姆林斯基所言，美育要教人们学会在美的世界里生活，使人没有美就不能生活，让世界的美创造人本身之美。

## 第四节　美育的实施

对于美育的实施，蔡元培在《美育实施的方法》一文中论述了三方面的美育：家庭美育、学校美育和社会美育，此为审美教育三途径。蔡元培的美育理论在我国的审美教育理论中影响很深。在这里，分别介绍审美教育三途径和人生审美发展阶段论的观点。

### 一、家庭美育

家庭美育就是父母对孩子进行审美教育。这是家长通过家庭生活的各个环节，用各种美的事物来影响孩子，引导他们形成正确的审美意识，能鉴赏美，有创造美的要求和能力。家庭美育对一个人的印象非常深刻。家庭可以培养孩子对自然的热爱之情，培养他对艺术的兴趣，培养他对生活的一种审美态度。

美育在家庭教育中，之所以不可缺少，就是因为美育与道德品质教育、开发智力教育、增强体质的教育是融为一体的。它对德育、智育、体育都有着积极的促进作用。美育的目标跟德育是一致的，都是要培养美好、善良的心灵。只是德育侧重于以理服人，美育则侧重于以美动人、以情感人。比如：有趣的故事、神奇的童话，常常可以使孩子明白什么是美，什么是丑、什么是好、什么是坏。参观名胜古迹，游览名山大川，可以培养孩子爱国主义情感，激励孩子热爱生活。对孩子来说，这种生动形象的教育，比干巴巴地讲道理，效果好得多。美育还可以促进孩子的智力发育。当孩子观赏大自然时，可以开阔视野，增长知识；当孩子进行绘画、折纸、泥塑等活动时，能学会一些简单的技能，使孩子心灵手巧；当孩子听故事、听音乐、欣赏各种文学艺术作品的时候，能帮助他们更好地认识世界，提高他们的创造力和想象力。美育对孩子的身心健康也有很大好处。我们都知道，舒适美观，整齐清洁的环境，愉快的气氛，有规律的生活节奏，热情的关怀，良好的自我感觉，……都能使人心情舒畅，增进身体健康。对于孩子来说，美育尤其重要，因为美育内容，绝大多数是生动、具体、形象的，非常适合孩子的心理特点，孩子也乐于接受。美育像甘甜的雨露一样，滋润着孩子的心田，潜移默化地孕育着孩子良好的品德，聪颖的智慧和健美的身体。

#### 1. 艺术是家长对孩子进行美育的基础

家庭对待艺术的态度，对孩子的影响也很大。家庭美育要致力于培养孩子的艺术兴趣。

孩子正是在家庭中开始形成他们最初的艺术情感、审美趣味和审美立场。在家庭中发展起来的心理个性在很大程度上决定着人精神世界的特点，决定着他对世界、生活和艺术的态度。艺术美的教育在孩子成长过程中占有重要的地位，在家里父母也要尽量利用艺术作品，开展艺术活动来增进孩子的美感、培养欣赏美、创造美的能力，使孩子生活愉快，性格活泼开朗。

### 2. 大自然是家长对孩子进行美育的丰富源泉

丰富、美丽的大自然是取之不尽，用之不竭的美的源泉。大自然以其博大的胸怀向孩子展现出蔚蓝无垠的天空，汹涌澎湃的大海，逶迤的山峦，奔腾的江河，行姿百态的鱼虫鸟兽，万紫千红的花草树木。瑰丽的色彩、生动的形态、动听的音响、神奇的变化会使孩子感到其美无比、其乐无穷。家长带孩子接触大自然，不仅可以开阔眼界，丰富知识经验，还可以使孩子认识自然美，欣赏自然美，并以此陶情冶性，培养爱美、爱大自然的情感。懂得珍视与他一同生活在地球上的所有其他生物之间的和谐关系。

### 3. 社会生活是家长向孩子进行美育的广阔天地

家庭环境的优美对孩子的熏陶也不小，家庭室内外的环境是孩子生活和受教育的场所，家像一个潜在的课堂对孩子美感发展起着潜移默化的作用。家庭室内外的环境应当整洁化、绿化、美化、儿童化。即除了整洁，物品放置有序外，要有色彩和用孩子喜爱的艺术形象作装饰。为孩子创设活动的小天地时，既要注意孩子的年龄特点，又要配合不同时期的教育内容和季节特点，提高孩子的审美趣味。

孩子模仿力强，辨别美、丑的能力差，所以家长的表率作用尤其重要，家长要加强自身修养，严格要求自己，使个人的举止言行，接人待物，穿着打扮，品德行为等方面都能体现家长应有的气质和风度，给孩子美的影响，使孩子通过美育成为一个心灵美、语言美、行为美、仪表美的人。

## 二、学校美育

学校美育是一个人从家庭走向社会的中间环节，也是一个人接受系统教育的时期。学校是人生的重要课堂，是实施美育的重要场所和途径。学校美育对于学生在"德、智、体、美、劳"等方面协调发展，有着特殊的价值与功能。

学校美育的领域是十分广阔的，一般可分为课堂美育和课外美育。课堂美育主要是指学科教学中的美育、教学组织活动的美育等，课外美育主要指校园环境的美育、课外活动的美育等。

学科教学中的美育，主要包括向学生传授各门学科知识中的美，有关美学的基本理论知识以及进行专项艺术技能的训练。学校的审美教育不是单纯的艺术教育或形式美的教育，它必须按照科学的逻辑系统和学生认识能力发展的顺序进行美育活动。分层次、有计划地安排每一门课、每一个专题、每一项审美实践活动，遵守循序渐进的原则组织教学，遵循连贯、完整、系统的原则，使学生树立进步的、健康的审美理想，掌握正确的审美标准，使学生准确地发现美、感受美、创造美。

教学组织活动中的美育和教师形象的美育，也是属于课堂美育的话题中应有之义。优秀的教师，常能给人一种如沐春风的感觉，最成功的教育应该是一种最不落痕迹、潜移默化的教育，美育正可以在此大有作为。教师的榜样作用对学生的影响非常大。学习美育要使学生具有崇高的审美理想、健康的审美趣味和完整的人格，就要通过教师与学生的情感和心灵交流来进行。

课外美育旨在形成一种实施美育的校园文化生活气氛，开阔学生的知识视野，丰富学生的精神生活内容，对他们的感情进行感染和熏陶，如举办文艺活动，评选校园歌手的比赛，成立各种演艺团体，举办艺术展览和知识讲座等，都是好的方式。

### 三、社会美育

社会美育比家庭美育、学校美育包括的范围更广，它是人生审美实践的继续和延伸，是属于整个社会、整个民族乃至全人类的共同事业。

社会美育的特点，主要是借用可感的物质媒介来造成一种社会的精神文化气氛，通过感性熏陶的方式渗进人的生活的各个领域。社会美育注重的是对人的间接影响和作用，使主客体之间得到感情的交流，其目的是为了促成一种全社会都来追求美、向往善的发展趋向，使社会和人生更加完美。

社会美育的内容是多方面的，它包括社会的精神生活和物质生活。前者主要包括人伦关系、道德风尚、审美风范和文化遗产等方面的内容，后者包括历史名胜古迹、保护生态环境和文化设施、居住工作环境等。

社会美育的途径，大致可以分为社会文化设施的美育、社会环境的美育和社会日常生活的美育。

首先，社会文化设施的美育主要是利用全社会的各种文化设施，如图书馆、影剧院、文化宫、展览馆、博物馆和公园等，以供人欣赏、比赛、游览、娱乐，对参与这些活动的人实行审美教育。

其次，社会生活环境的美育，主要指城乡居民住宅、建筑的合理安排和布局等。随着生态意识的增强，人们对居住质量和生活理想的追求，都渴望有一个环境幽雅的人居环境，可以使生活变得更温馨，更美好。

再次，社会日常生活的美育，主要指人与他人、人与集体和人与社会之间关系的美育，是人在社会关系中日常生活的美育。由于当前人们生活方式的改变和社会的发展，人们从审美的境界对自身的生存状况有了深刻的认识和反思，试图让审美活动更深层次地切入人的实际生存，充分显示审美的人本价值和现实价值。倡导简朴、本真、自然、诗意的生存方式，自由而全面的发展，自由而诗意地生存。最终实现人与自然环境、人与社会、人与人以及人自身身心的和谐。

---

**思考题**

1. 简述中国传统的美育思想？
2. 简述西方美育思想的历史演变？
3. 席勒的《美育书简》是怎样论述审美教育的？
4. 什么叫美育？它的任务是什么？
5. 美育有哪些特点？
6. 美育的功能是什么？
7. 怎样认识当代社会实施美育的意义？
8. 试述美育实施的途径？

> 知识链接

## 孔子与柏拉图美育思想比较

### 1. 孔子与柏拉图的政治理想

孔子所生活的时代是一个战乱纷起、秩序大乱、物欲横流、奇技百出的春秋末期。他出于对现实的忧患与失望,主张维护"礼"的统治秩序,反对"政"、"刑"。他主张建立一个以"仁"为核心,以"礼"为其规范的安定和谐的理想的社会秩序,并且主张把"礼"和"乐"统一起来,让它们发挥各自不同的作用。

柏拉图与孔子一样,他所生活的时代正值古希腊奴隶制由繁荣走向衰落的剧变时期,他亲眼目睹了雅典城邦的衰败与灭亡。在《理想国》中,柏拉图描述和设计了一个等级森严的国家制度。他认为,正如人的灵魂有理性、意志和情感三个部分一样,一个理想的国家也应该相应的分为三个等级:第一等级即最高的等级是统治者,第二等级是保卫国家的武士,第三等级即农民、手工业者和商人等被统治阶级,并且对应于智慧、勇敢、节制三种道德品质。柏拉图认为当这三种美德融洽无间,各行其职时便会产生第四种美德即"正义"。他认为,在"理想国"中,上述三个等级的人都应该安分守己,尽职尽力,"和谐一致",应统治的统治,应服从的服从,形成一个完整的有机整体,并由此达到"正义"。

### 2. 孔子与柏拉图的美育理想

在孔子看来,治乱之本在于治心,因为天下之乱归于人心之乱,治心之方在于教育,因为人心之仁在于开化。因此,孔子十分重视教育,尤其是审美教育。他将自己美育的教育方针表述为"志于道,据于德,依于仁,游于艺"(《论语·述而》)。认为"艺"是前三者实现的最重要的工具,并以"六艺"教人,以实现他对人的全面教育。《诗》教人"如何言志",《书》教人"如何记言",《礼》教人"如何行事",《乐》教人"如何正心",《易》教人"如何知天",《春秋》教人"如何辨理"。如此教化才能使人心归仁,礼让有节,举止有度,尊卑有序,"长大成人"。孔子主张"诗以达意"、"乐以发和",要通过诗歌、音乐来使人"温柔敦厚"、"广博易良",以造就"乐而不淫"、"哀而不伤"、"怨而不怒"的恒常心态,在移人性情,感发心志中,最终实现陶冶情操的美育作用。

柏拉图最高的理想人格是"哲学王"。他认为要想培养"理智"、"勇敢"、"节制"相统一的正义的人,即"理想人"——"哲学王",使他们不受民主思想的感染和影响,必须对理想国里的文艺进行严格的审查。对于不符合他的培养目标的文艺作品要坚决采取排斥态度,毫不留情地把它驱逐出"理想国",不能让它有任何立足之地。

### 3. 孔子与柏拉图美育实施的途径

孔子与柏拉图都非常重视美育教育,更重视对受教育者进行多方面的美育培养。在孔子的"理想国"中,他理想的人格是"仁人"。其最基本的含义是"爱人",一是"己欲立而立人,己欲达而达人",即要求承认自己欲立欲达的事,也要尊重别人有立、有达的权力和愿望。二是"己所不欲,勿施于人"。在孔子以"仁"为核心,以"礼"为其规范的美育教育中,他不仅重视"诗教",并且重视"乐教"。他提出"兴于《诗》,立于礼,成于乐"的命题,就是强调了修身养性要从"诗教"开始,以"乐教"告成。在孔子的美育过程中,他首先重视"知"的方面的教育,认为认知教育是其人格教育中的一个决定性的起点,只有做到了最起码的"知",才能更好地对之进行更深入的教育。孔子认为,一个完整的美育过程应该是一个包括认知、情感和意志教育的过程，但仅限于"知"的方面还是不够的。故孔子说："知之者不如好之者，好之者不如乐之者。"

柏拉图也是严格地按照知、情、意的这一认知过程对其理想人格进行美育教育的。柏拉图是深知艺术的强大感染力的，经过他的再三审查，他慎重地提出了"理想国"的教育方案，要求对之进行体育和音乐教育。他说："为了身体的健康而实施体育，为了灵魂的美善而实施音乐教育。"

柏拉图认为教育对人是终身的，尤其是美育，更是伴随人的一生。所以他认为美育从一开始就应该培养儿童对美的爱好，使美从小就浸润他们的心灵，并且要坚持循序渐进的过程。柏拉图指出美育的教育过程应该是一个从个别到一般、从感性到理性、从现象到本质的这样一个知、情、意逐渐发展的过程，他的这一论断具有一定的合理因素。

柏拉图将其美育过程看作是一个由个别到一般、由现象到本质的过程，是一个由浅入深、由低级到高级、不断循序渐进并最后达到庄严华美的最高境界过程。即对美的认识是先从人世间个别的美的事物开始，逐渐提升到最高境界的美，好像升梯，逐步上进，从一个美形体到两个美形体，从两个美形体到全部的美形体；再从美的形体到美的行为制度，从美的行为制度到美的学问知识，最后再从各种美的学问知识一直到只以美本身为对象的那种学问，彻悟美的本体。其美育教育便是严格地按照这一过程来进行的。柏拉图这一点同于孔子，都具有其合理的和积极的因素。

# 第十章　人生的境界

冯友兰说："同样的世界，但每个人的人生的意义和价值不一样，为什么？就是人的精神境界不同。"学习美学主要就是提高人的艺术欣赏或者艺术创造的能力。最根本的是要提升人的人生境界。所以美学的全部内容不管讲什么问题，都应该指向人生，不能脱离人生。

审美的人生，首先是一个诗意的人生。当人们开始审美活动的时候，就要回到充满意趣和情调的世界，回归真实、本原的世界。审美的人生，也是一个创造的人生。审美的核心就是创造一个意向的世界，培养和发展人的创造力，使人在生活中充满创造的追求。古人讲生生不息，就是生而再生，创造，再创造。诗意和创造的人生，必然会带来爱的人生。人们一种感恩的心情，表现为拥抱一切的胸怀，对每一个人和世界万物的爱，导致一种回报的渴望和崇高的责任感，并激励自己去追求高尚、纯洁的精神境界。

## 第一节　诗意的人生

充满劳绩，然而人诗意地栖居在这片大地上。

——荷尔德林《在可爱的蓝色中闪烁着》

### 一、人生的支点

物质存在于世上，需要支点。高楼需要基础做支点，大树需要根做支点，人活着也需要有支点。人生的支点有三：生命本能、物质需要、精神追求。

动物活着的原因比较简单，就是出于生命本能。为了延续生命，动物竭力寻求食物，为了延续种族，尽力繁育后代。人类脱胎于动物，也承续了动物的生命本能。

人和动物一样，要尽力完成上天赋予的生命过程。生命不满百，人的生命过程是短暂的，因而是宝贵的。古人云："身体发肤受之父母，不敢毁伤，孝之始也。"这句话明确告诉人们，生命神圣，必须珍惜。西方哲人费尔巴哈说："生命是一切宝物中最高的东西。"热爱生命，珍惜生命，就是尊重上天宝贵的赐予，就是尊重自然规律。而荒废生命，损毁生命，是愚蠢，是愚昧，是对神圣的亵渎。

生命本能是人生支点之一，但人不能只依靠本能而活着，这就涉及第二个支点：物质需求。

鲜活的血肉之躯需要三种基本物质维持：食物、水、空气。就常人而言，离开空气几分钟就会死去；没有水活不过七天，没有食物活不过半个月。人要维持正常的生命过程还需要其他物质，如衣物、房屋、燃料、光、盐……所以常言道："民以食为天。"如基督教徒在祈祷时要感谢上帝赐予食物和衣物。

物质不但维持人的生命，还能激发人生命的活力和潜质。人要活得好，需要更多、更好的物质，于是就开发、就创造。整个人类历史就是开发、创造的过程。恩格斯用一句话概括了这个过程："劳动创造了人。"这句话还可引申出一个命题：是人创造了生存必需的物质，还是必需的物质创造了人？这个类似鸡生蛋还是蛋生鸡的命题可以引起很多探讨，但有一点是肯定的，人生存离不开物质，而人作用于物质并开发创造更多更好物质的劳动也是人生的必需。动物生存也离不开物质，为了生存也忙碌终生，但它们不能创造更高质量的物质产品，也就不能进化为人。

动物生存出于本能，依靠物质，这些都与人一样，那么人与动物的区别在哪里呢？人的生存还有一个支点，这就是对精神的追求，这一点动物没有，这就是人与动物的区别。

动物是为活着而活着，维持生命过程即可，比如斑马吃草即可，熊猫吃竹子即可，它们不再追求新的东西，所以不创造，没有理想。而人不但要活着，还要活得更好。人有得寸进尺、喜新厌旧的天性，有了一件衣服，还希望有更多更新更美的衣服，口味也渴望不断变化。于是人进行创造，于是人产生理想。

每个人对生活都有新的希冀，就是最朴素的人也有，这就是理想。理想的着眼点不是现实存在，而是对未来的希望，属于思想和精神的范畴。理想进入到某种虚幻并固定的模式，就产生宗教，如基督教的天国，佛教的空门和来世都是理想的王国。理想进入到某种未来现实社会设想模式，就产生主义，儒学、现代各种政党都提出过主义。理想由美的形式来显现，就产生艺术。人类自诞生之日起就有了理想，也就有艺术伴随，丰富、愉悦着人生。

在追求理想的过程中，人又试图用思想概括来解释人生和世界，探讨人生的终极理想和目标，这就产生哲学。而用技术手段对人生、世界进行探究则产生科学。

以上所说各方面都是人的精神追求。精神追求就如灯塔照耀人生，没有灯塔的照耀人生就会陷入黑暗，陷入迷茫，人生也会了无生趣。没有希望的人生还会有什么希望呢？

精神追求超越生命本能、物质需要，最大程度丰富、愉悦人生。

人生的三个支点呈阶梯式排列，生命本能是第一层次，物质需要高一级，精神追求则为最高层次。前两个层次都没有脱离动物的层次，而精神追求脱离动物层次使人成其为人。可以这样说，人的一切开发、创造都是为了最终满足精神追求。精神追求的高低也决定人和人生质量的高低。精神追求越高，人离兽性越远，生活质量也越高。

## 二、体味生命的意蕴

20世纪以来，西方国家科学技术和工业文明的发展取得了巨大成就，同时也带来一系列问题。例如，自然资源被浪费，生态平衡遭到破坏，环境污染严重，追求物质享受，精神生活空虚。在高度自动化的环境中，人的工作越来越单调、机械，成为工具的一部分，人性被分裂，人的本质受到摧残。"在当今世界存在的众多问题中，有三个问题十分突出，第一个是人的物质生活和精神生活的失衡，第二个是人的内心生活的失衡，第三个是人与自然的关系的失衡。"人以理性为工具来改造世界、控制自然，以求得自身的生存发展。人的生活活动变成单纯的工具操作，人成为"理性的动物"，世界被程序化、符号化。世界成为某种功利意义的符号后，它就失去了审美意义。在理性的重压下，感性几乎荡然无存。人感到寂寞和孤单，出现了病态的冷漠或"不感症"。"这种感官的异常迟钝，这种心理的'不感症'，不仅使人失去自己曾经有的敏感与激情，使人的生活变得异常的贫乏、单调和枯燥，而且更使人与人之间、人与世界之间、人与物之间日益疏远、日益隔膜起来，他人成为一堵墙，人变得越来越孤独，越来越绝望"。

人的精神生活和物质生活失衡，感性和理性、情和思相分裂。在物质世界日益发展的同时，精神世界被分割得七零八落，成为所谓"文明的碎片"。人置身于不断丰富的世界中，只会感到"活得累"。人为物役，成为机器的奴隶。面对这样的人生困境，更多的人陷入了思考，发出了对人生终极追求，终极关怀的追问，所谓终极关怀，就是对存在的意义、对生和死的问题的关怀。德国社会学家韦伯提出"是否有超越单纯的实践和技术层面的意义呢？"来自列夫·托尔斯泰对生命意蕴的叩问："对于我们来说唯一重要的问题是，我们要做什么？我们怎样生活？"，19世纪法国画家高更的一幅画《我们从哪里来？我们是谁？我们到哪里去？》见彩图46。画面自左向右描绘了人生的三部曲：过去（诞生），现在（生活）和未来（死亡）。高更说这幅画表现了他在种种可怕的环境中所体验过的悲伤之情。这正是对生命意蕴的思考。

所谓生命意蕴，宗白华先生云："使现实的人生启示着深一层的意义和美，因而显得更有情趣。"在《艺术与中国社会》一文中，宗白华先生虽然没有使用"生命意蕴"的术语，但是他实际上把生命意蕴分成三个层次。

第一个层次是宇宙中的生命意蕴。"中国人在天地的动静，四时的节律，昼夜的来复，生长老死的绵延，感到宇宙是生生而具条理的。"这"生生而具条理"是天地运行的大道。这也是宇宙的人情化，人赋予宇宙温暖的、巨大的情感。中国古代认为人身是小天地，天地是大人身。《淮南子·本经训》说："天地宇宙，一人之身也；六合之内，一人之制也。"天有九重，人有九窍；天有四时，人有四肢；天有四时以制十二月，人有四肢以使十二节（关节）。人的头圆像天，足方像地，人与天地同构。"子在川上曰：'逝者如斯夫，不舍昼夜！'"（《论语·子罕》）这句话是何等的感慨！它最能表现中国人对生命意蕴理解的风度和境界。生命就像流水一样逝去而又生生不息。

第二层次是社会生活中的生命意蕴。儒家学说对生命的最高度的把握和最深度的体验，被贯彻到社会生活中就形成了礼乐文化。"礼"和"乐"是儒家学说和中国传统文化的两大基石，"礼"指社会生活里的秩序条理，"乐"指个体内心的和谐。中国人的个人人格和社会组织是宇宙秩序和宇宙生命的表征，所以，"礼"和"乐"荷载着形而上的光辉。中国人感到宇宙全体是大生命的流行，其本身是节奏与和谐。人类社会生活里的"礼"和"乐"，是反射着天地的节奏与和谐。

第三个层次是实用的、物质的工具器皿中的生命意蕴。中国人制造和使用工具器皿，不只是用来控制自然，而是希望在它们中表现对自然的敬爱，用它们来体现大自然的和谐和秩序。例如，中国传统的房屋就体现了这种宇宙意识。正如一位外国汉学家所指出的那样："传统的中国房屋也同样是用一种宇宙符号表现出来的。其房顶部的开口，称为'天窗'，保证了人与天之间的联系。……换言之，在日常住宅的特定结构中都可以看到宇宙的象征符号，房屋就是世界的成像。"所以，"在中国文化里，从最低的物质器皿，穿过礼乐生活，直达天地境界，是一片混然无间，灵肉不二的大和谐，大节奏。"《易经》把天人合一视为最高的人生理想，这也是最高的审美理想。它要求理想的君子"与天地合其德，与日月合其明，与四时合其序"，这是对生命意蕴的本质理解。

善于体味生命意蕴的人，必定有更为丰富的情感世界，他的生活也更有情趣。轰轰烈烈的伟业、成仁取义的壮举、超群绝伦的行为和深邃的思想，固然能体现生命意蕴。然而在更多的情况下，生命意蕴就体现在平凡的、普通的、日常的生活中。体味生命意蕴，意味着感受、体验、领悟、发掘"亲子情、男女爱、夫妇恩、师生谊、朋友义、故园思、家园恋、山水花鸟的欣托、普救众生之襟怀以及认识发现的愉快、创造发明的欢欣、战胜艰险的悦乐、天人交会的归依感和神秘经验"，以及自己的"经历、遭遇、希望、忧伤、焦虑、失望、欢愉、恐怖……"在俗世尘缘中把握和流连生命的一片真情，就是我们的精神家园所在。

### 三、人诗意地栖居

"人诗意地栖居"是18～19世纪德国诗人荷尔德林晚年写的一首诗中的一个短语。自从20世纪德国著名哲学家海德格尔在《荷尔德林与诗的本质》《……人诗意地栖居……》等文中对这个短语做出阐释后，这个短语就广为传诵。

人的存在是海德格尔所关心的问题，他认为，有无诗意是能否存在的标志，诗意地栖居是真正的存在，没有诗意地栖居就不是存在，诗意使栖居成为栖居。所谓"诗意地栖居"，就是通过人生艺术化、诗意化，来抵制科学技术所带来的个性泯灭、生活刻板化和碎片化的危险。

冯友兰先生曾把人生分为相互交错、纠织的四种境界：自然境界、功利境界、道德境界和天地境界。在自然境界中，人浑浑噩噩地生活，满足于动物性的生存状态。在功利境界中，人为名利或事业而熙熙攘攘。在道德境界中，人立己助人，道德高尚，高风亮节，志存高远。天地境界是一种审美境界、情感本体的境界。"它可以表现为对日常生活、人际经验的肯定性的感受、体验、领悟、珍惜、回味和省视，也可以表现为一己身心与自然、宇宙相沟通、交流、融解、认同，合一的神秘经验。"所谓一己身心与自然、宇宙相交融，就是把自然、宇宙人情化、生命化，在平凡、有限、转瞬即逝的真实情感中，找到人生的归宿、精神家园和终极关怀。这种境界所带来的快乐是庄子所说的"天乐"，即不是一种由具体对象所产生的感性快乐，而是一种持续的宁静淡远的心境。

天人合一是最高的审美理想。李泽厚先生把天人合一解释为外在的自然山水与人内在的自然情感都渗透、交融和积淀了社会的人际的内容，社会和社会成员与自然的发展处在和谐统一中。对于人生的目的、存在的意义，人们思索、感受得太少了。"人沉沦在日常生活中，奔走忙碌于衣食住行、名位利禄，早已把这一切丢掉遗忘，已经失去那敏锐的感受能力，很难得去发现和领略这无目的性的永恒本体了。也许，只有在吟诗、读画、听音乐的片刻中；也许，只在观赏大自然的俄顷中，能获得'蓦然回首，那人却在灯火阑珊处'的妙悟境界？"情感本体要求停留、执著、眷恋在情感中，品味和珍惜自己的情感存在。对情感的体味就是对人生意义、宇宙奥秘的体味。在这种体味中，使人从功利的人生进到艺术的人生。

## 第二节　创造的人生

美为人而存在，美的创造是人对世界的审美再造，目的在于为人类创造一个更美好的生存空间，使人类的社会生活更加和谐。具体而言，这种为社会而创造的美可以分为以下三个方面。

## 一、美的创造性表现在对对象世界的精神再造

美的创造性包括创造性的视角、创造性的情感和创造性的审美理想等。在现实生活中，虽然客观存在的世界只有一个，但自从人睁开双眼去观察世界的那一刻起，它已经是人化的世界、人眼中的世界了，而不再具有真正意义上的客观性。同时，由于每个人的个性、爱好、职业不同，这也就意味着客观世界对不同的人总会呈现出不同的面孔。比如，在一个愤世者眼里，世上的一切可能都是邪恶的象征；在一个商人眼里，世界可能是金钱财富的化身，连树叶在微风中的摇动，也像哗啦啦的金币在响；在一个基督徒眼里的世界充满着上帝的无边的光辉；一个酒鬼则信奉"壶中乾坤大，醉里日月长"，酒壶就是世界，长醉就是人生。因此，不同的人从不同的角度发现和创造了不同的世界。

对一个审美者而言，人的自由心灵也创造了一个美丽的世界。在这个世界里，落花有意，流水含情，一朵小花暗示了整个世界的奥秘，一个长吻隐喻着整个世界的和谐。闲云野鹤，空谷幽兰，暗示着孤独者恬然自得的幸福生活，夜莺歌唱着美好的爱情，天鹅之歌又象征着死亡。在一个中国古代山水画家的眼里，荒山、枯木、丑石都是美的特异的存在，就连一段破败的土墙上也能看到山河纵横的影像。另外，在常人眼里，日月星辰都是客观世界的组成，但在神话的世界中，太阳是赤鸟，月亮是玉兔，星辰是大熊、牵牛、天马等。很明显，这为人的心灵创造的美的世界和客观世界大相径庭。

既然审美的世界来自人的心灵的自由创造，是按照人的自由理想完成的一种造型，那么，这种诗意氤氲的世界，其魅力必然远远大于客观世界本身。在中国古代，脱胎于佛教和道家哲学的禅宗，被后人称为美的宗教或艺术化的宗教，其原因就在于禅师们用他们创造性的直觉发现了一个纯粹化的审美世界。禅宗中曾有一个公案这样讲道：在一个月光皎洁的夜晚，一个小偷到深山中的一座寺院行窃，老禅师将囊中所有，连自己的衣物都给了这个小偷。当小偷转身要走的时候，这老禅师感叹道："我可以脱下身上的袈裟送给你，但怎么送给你窗外这片大好的月光呢？"很明显，老禅师在这里将世界分成了截然对立的两部分，即袈裟象征的实用的世界和月光之下的审美的世界。一般人认为实用的世界是珍贵的、真实的，但在老禅师看来审美的世界则更加真实、更加珍贵。中国宋代的文人苏东坡也曾讲过："宁可食无肉，不可居无竹。"也即如果拿肉代表的物欲的世界和竹子代表的高洁的审美世界相比，后者才是美的，才体现出美的创造性。

## 二、美的创造性表现在对人生的创造

对于现实中的人来讲，人的生命长不过百年，创造性地走完自己的一生，才算是美的人生。

在中国历史上，拥有创造性美的人生的不乏其人。比如，东晋时代的陶渊明，不为五斗米折腰，过着"采菊东篱下，悠然见南山"的田园生活；嵇康则"目送归鸿，手挥五弦；俯仰自得，游心太玄"，其怡然自得之情溢于言表，昭然若画。这两位诗人的人生都是有创造性的、美的。同时，对于一个真正的审美者来讲，他不会因为对自由人生的追求而放纵自己的欲望，也不会在人生面临危机的关头，毫无尊严地宣泄自己的怯懦和苦难，而是对捍卫道德的完整和人性的尊严提出了更高的要求。比如晋代的阮籍，"阮公邻家妇有美色，当垆酤酒。阮与王安丰常从妇饮酒，阮醉便眠其妇侧。夫始殊疑之，伺察终无他意"；同一时期的嵇康被司马氏处以斩刑，但他"临刑东市，神气不变，索琴弹之，奏广陵散"。曲终曰："袁

孝尼尝请学此散，吾靳固不与，广陵散于今绝矣。"在这里，阮籍和嵇康这两位中国历史上的奇人，面对着美色和死亡的考验，一个"终无他意"，一个不念死亡的恐惧，而为广陵散的不传深深遗憾。作为一个人，能如此神情超迈，举止旷达，气度恢宏，胸襟潇洒，可以说只有具有美的生存信念的人，才能有如此创造性的美的人生。相反，在中国历史上，我们也看到过许多道德化的禁欲主义者和为正义献出生命的人，但他们和阮籍、嵇康的境界有很大的区别。前者更多情况下是为了防止留下反道德、反正义的恶名而克制自己的欲望和怯懦，而后者则是将外在的一切制约内化成了人的生命的有机组成。在这里，不敢为与不为，压抑自己对死亡的恐惧和真正的无所畏惧，正是道德家和审美者的区别所在。

当然，在日常生活中，我们不可能总是像阮籍、嵇康那样还有面对人生的极端情境，或者总是不得不对决定着人生命运的各种大师作出非此即彼的决断。但是，生活的平庸并不意味着审美的自由信念对我们无足轻重，相反，正是日常生活过于平庸，我们才更应以创造性的态度面对自己的人生。对于中国人来讲，我们总是习惯于被形形色色的社会角色所塑造，有时是过于矜持，有时是出于畏惧，总爱摆出一种固定化的职业面孔。很明显，这种将人放在一个固定的模子里进行塑造的生存方式，是反自由、反审美的。虽然它能使社会更加稳定，更加秩序化，但它对人性的全面张扬和自由发展却构成了威胁。在这种背景下，一种审美化的人生方式意味着，必须打破职业和社会角色对人的钳制和压抑，让人能够有机会、有勇气自由设计自己的生活。只有这样，人生才能多姿多彩，社会才会更加显现出活力。同时，这种审美化的人生追求也要求我们以宽容的态度面对周围的一切，只有这样我们才能体味到人的内心世界的巨大丰富性。

### 三、美的创造性表现在社会实践和艺术创造活动中

马克思主义认为，人是一切社会关系的总和。看一个人的实践活动是否具有审美性质，主要是看它是促进了社会的进步，还是阻碍了社会的向前发展。只有那些新的、真正生机勃勃的新生事物，才是创造性的、美的。以这种标准来看人的社会实践，可以认为，在旧社会，革命志士抛头颅、洒热血，为创造一个美好的人类未来而战斗，他们的事业是促进社会向前发展的前无古人的事业，因而是创造性的、美的。今天，一个科技工作者有了世界第一流的发明，一个运动员打破了世界纪录，都意味着人类的智力和体能冲破了原先的界限，为社会和人自身的发展作出了贡献，具有鲜明的审美属性。

在人类历史上，我们每天都在进行着各种实践活动，但只有创造性的实践成果才会真正发射出永久的美的光辉。比如那些世界上独一无二的伟大建筑，像埃及的金字塔、古巴比伦的空中花园、中国的万里长城，都因其独一性而体现出一个民族卓越的创造能力，并因此被人们永久地供奉于美的殿堂。

在人的社会实践活动中，没有什么能比艺术美的创造更具有纯粹化的审美属性，因为它比人类其他创造性的劳动产品更少涉及功利和实用目的，也更少有重复和复制的可能。就艺术作品而言，它也许是文明史最有创造性的劳动成果。今天，任何一件工业作品，现代化的工业生产线都可以复制出价值相等的无数件，但艺术作品的复制品、仿制品，它的价值却不被承认，无法同原作相提并论。比如，对一幅著名的绘画，无论模仿者将它复制得多么逼真，前者仍是价值连城的艺术珍品，后者则仍是价值低廉的赝品。

新的时代呼唤创新精神，用美学精神培育创新精神和创新能力。我国传统文化中有许多优秀的成分，比如自强不息，厚德载物，天人合一等，这些都是我们中华民族赖以生存的伟

大的民族精神。但是我们的民族精神缺乏个性张扬和独立的气质。在审美的世界里，个性和独创性则被作为最宝贵的东西而加以呵护。没有个性的作品，是最没有生命力的。美学的主要的精神就是张扬、独立、具有个性化。齐白石是近代中国在世界上最负盛名的大师，同时也是中国最有独创精神的闯将，他反对摹古不化，他说：学我者生，似我者死。从艺术家追求个人独到发展，到强调艺术独特的个性风格，再到如何以独具眼光的视角来引导欣赏者进入艺术的殿堂，审美的世界就是个性张扬的世界。用美学精神可以培育创新精神和创新能力。哈佛大学校长说：一个人是否有创造力，是一流人才和三流人才的分水岭。创新是一个民族的灵魂，科学创新、理论创新、工作创新，都离不开人的独创精神和创造能力。由此看来美学中所蕴含的创新精神是何等的重要。

21世纪，人类文明从"物质时代"进入"精神时代"，"人文精神"、"人文关怀"已成为时代的主题之一。人类对自身的生存质量又有了新的、更高的要求，现代社会需要建立与现代生产力和社会进步相适应的文明、健康、科学、美好的生活方式。建立文明、健康、科学、美好的生活方式，提高人的生存质量，关键要提高人的素质，特别是审美素质，人的审美素质和美学精神正在与现代社会发生着密切的关系。对美学的深入了解，也许我们就可以寻找到，我们心中那完美的世界，最真实的美！美，是生活中不可缺少的。每时每刻，我们都在用自己的眼睛，用自己的内心分辨真、善、美。每个人都有自己的美学，就像每个人都有自己的人生一样。每个人心中自有对于美的定义，对美的观点及看法，因此对人生的追求也不尽相同，人生，能达到内心美的标准，那就是完美的人生。

### 思考题

1. 生命意蕴的三层含义是什么？
2. 如何理解"人诗意地栖居"？
3. 创造的美体现在哪些层面？

### 知识链接

#### 1. 王国维的人生三境界说解析

1905年，王国维讨论学问事业的三种境界，在其《文学小言十七则》之五中写道：古今之成大事业、大学问者，不可不历三种之阶级："昨夜西风凋碧树。独上高楼，望尽天涯路。"（晏殊《蝶恋花》）此第一阶级也。"衣带渐宽终不悔，为伊消得人憔悴。"（柳永《蝶恋花》）此第二阶级也。"众里寻他千百度，蓦然回首，那人却在灯火阑珊处。"（辛弃疾《青玉案》）此第三阶级也。未有不阅第一阶段、第二阶级而能遽跻第三阶级也。文学亦然，此有文学之天才者所以又需莫大之修养也。

王国维的治学第一境界是说"昨夜西风凋碧树。独上高楼，望尽天涯路"，在王国维此句中解成，做学问成大事业者，首先要有执著的追求，登高望远，瞰察路径，明确目标与方向，了解事物的概貌。这自然是借题发挥，以小见大。王国维的治学第二境界是说："衣带渐宽终不悔，为伊消得人憔悴。"他别有用心，以此两句来比喻成大事业、大学问者，不是轻而易举，随便可得的，必须坚定不移，经过一番辛勤劳动，废寝忘食，孜孜以求，直至人瘦带宽也不后悔。王国维的治学第三境界是说："众里寻他千百度，蓦然回首，那人却在灯火阑珊处。"他以此词最后的四句为"境界"之第三，即最终最高境界。做学问、成大事业者，要达到第三境界，必须有专注的精神，反复追寻、研究，下足工夫，自然会豁然贯通，有所发现，有所发明，就能够从必然王国进入自由王国。

第一境界是"昨夜西风凋碧树，独上高楼，望尽天涯路。""西风凋碧树"，是一种烦躁的心情，诗人要观物，首先要摆脱现实的种种纷扰，破除一切，包括苦乐、毁誉、利害、得失，挣脱一切个人的私念，达到胸中洞然无物，才能达到观物之微。"独上高楼，望尽天涯路。"这时，便入定，能去体会物之内在本质的美了。第二境界"衣带渐宽终不悔，为伊消得人憔悴"。这是对审美客体的审美把握，审美主体（作者）有一种择一的、固执的、终身无悔的精神，在探索着事物的美。这种美必须将事物个别的、外在的、偶然的东西跨越过去，得出普遍性的、内在的、必然的一种理念，用审美的把握塑造出美的意象，诗人在此境界的心情是平静、纯净、自然的，寻求一种自然的乐趣。一方面，这种寻求是艰辛的，使人憔悴和消瘦，同时，另一方面，这种寻求又是使作者的感情得到升华，达到完美的意境，虽然"衣带渐宽"，又是值得的，殉身无悔的。第三种境界："众里寻他千百度，蓦然回首，那人却在灯火阑珊处。"这里说的是顿悟。经过第一阶段、第二阶段的苦苦寻求，作者能用最明快的语言，将事物玲珑剔透的表达出来，浑如天成。这时作者的心情达到了无欲、无念、无喜、无忧的境界，获得了智慧。"众里寻他千百度"，表达了"慧"的寻求的艰辛，"蓦然回首，那人却在灯火阑珊处"，表达了智慧的顿悟。诗人在艰苦的寻求中，豁然开朗，灵感顿生，妙语连珠，境显现得光辉耀人，情表达得沁人心脾，这是极不容易获得的一种境界。在第三种境界，诗人也从自己创作的诗作中得到了精神上的慰藉，达到了精神上的愉悦。

### 2. 冯友兰《人生的境界》

人生境界是人们在人与人、人与自然、人与社会与宇宙的活动过程中所感悟到的人生的意义。冯友兰依照人的境界程度及其意义不同，把人的境界划分为四种类型：自然境界、功利境界、道德境界、天地境界。人生四境，表明了一种发展，而天地境界更是人生价值和意义的最完美展现，是人生追求的理想境界。境界说的重心就在于通过人们对人生最丰富的意义和价值的追求，全面了解、倡导人们追求更高的精神境界。

冯友兰认为，人生的意义就在觉解之中。有觉解是人之理，求觉解是人之性，能觉解者人之心。人生在世，必追求人之理，以成就一个理想的人格；欲成就一个理想的人格，便需尽心尽性。这实际上是一件事的两个方面，成就理想人格是人之理的要求，是做人的必需；而尽心尽性便能达到这个理想人格，是做人的方法，只有尽心尽性，力求觉解人之所以为人的道理，人生才有意义。但是人们觉解的程度是不同的，觉解了，就处于觉悟状态；不觉解，就处于"无明状态"。人生的意义各不相同，人生的境界也就各不相同。

最低的是自然境界。这种人并无觉解，或不甚觉解，他所做的事，对于他就没有意义，或很少意义。

往上是功利境界。这种人觉解到功利的意义，也就是利己的意义。这种人心目中只有他自己，他做事，完全出于利己的动机。

再往上是道德境界。这种人心目中有社会整体，觉解到道德的意义，自觉地为社会的利益做事，是真正有道德的人，是贤人。

最高的是天地境界，也叫哲学境界。这种人心目中有宇宙这个更大的整体，觉解到宇宙的利益，自觉地为宇宙的利益做事，这样，他就与宇宙同一，具有超道德价值，谓之圣人，达到了人作为人的最高成就。

前两种境界是自然的产物，后两种境界是精神的创造。哲学的任务就在于使人觉解，提高人的精神境界，帮助人达到道德境界、天地境界，成为贤人、圣人。

冯友兰先生认为，中国的哲学是既入世而又出世的，世界未来的哲学要满足人类对于超越人世的渴望，中国哲学可能有所贡献。

### 3. 海德格尔"……人诗意地栖居……"

"人诗意地栖居"是18～19世纪德国诗人荷尔德林晚年写的一首诗中的一个短语。自从海德格尔在《……人诗意地栖居……》（1951年）等文中对这个短语做出阐释后，这个短语就广为传诵。

荷尔德林的原作《人，诗意的栖居》

如果人生纯属辛劳，人就会仰天而问：难道我所求太多以至无法生存？

是的。只要良善和纯真尚与人心相伴，他就会欣喜地拿神性来度测自己。

神莫测而不可知？

神湛若青天？

我宁愿相信后者。这是人的尺规。

人充满劳绩，但还诗意的栖居在这片大地上。

我真想证明，

就连璀璨的星空也不比人纯洁，

人被称作神明的形象。

大地之上可有尺规？

绝无。

关于《人，诗意的栖居》海德格尔的阐释：

"如果我们把这多重之间称作世界，那么世界就是人居住的家……。作为人居于世界之家这一尺度而言，人应该响应这种感召：为神建造一个家，为了自己建造一个栖居之所。"，"如果人作为筑居者仅耕耘建屋，由此而羁旅在天穹下大地上，那么人并非栖居着。仅当人是在诗化地承纳尺规之意义上筑居之时，他方可使筑居为筑居。而仅当诗人出现，为人之栖居的构建、为栖居之结构而承纳尺规之时，这种本原意义的筑居才能产生。"

——《……人诗意地栖居……》

海德格尔认为，有无诗意是能否存在的标志，诗意地栖居是真正的存在，没有诗意地栖居就不是存在，诗意使栖居成为栖居。"诗意地栖居"是相对于"技术地栖居"而言的。海德格尔主张诗意地栖居而反对技术地栖居。在技术占统治地位以前，人类是诗意地栖居的。海德格尔援引了奥地利19～20世纪诗人里尔克去世前夕写的一封信："对于我们祖父母而言，一所'房子'，一口'井'，一座熟悉的塔，甚至他们的衣服和他们的大衣，都还具有无穷的意味，无限的亲切——几乎每一事物，都是他们其中发现人性的东西与加进人性的东西的容器。""房子"、"井"、"塔"本身没有意味，但是人们把自己的感情投射到它们身上，它们就成为温馨的往昔的象征，从而具有无穷的意味，使人感到无限亲切。从它们上面，人们体验到人与自然的和谐。而在工业社会中，技术统治越来越无所顾忌，越来越遍及大地，取代了昔日所见的物的世界的内容。它不仅把一切物设定为在生产过程中可制造的东西，而且通过市场把生产的产品送发出去。人的人性和物的物性，都分化为一个在市场上可计算出来的市场价值。技术把所有的存在物都带入一种计算的交易中。人利用科学技术满足自己的物质欲望，忘记了"存在"和人的意义。

# 参 考 文 献

[1] 柏拉图.文艺对话集.朱光潜译.北京:人民文学出版社,1980.
[2] 康德.判断力批判.邓晓芒译.北京:人民出版社,2002.
[3] 尼采.悲剧的诞生.周国平译.北京:华龄出版社,1996.
[4] 黑格尔.美学.朱光潜译.北京:商务印书馆,1981.
[5] 今道友信.关于爱与美的哲学思考.王永丽,周浙平译.北京:三联书店,1997.
[6] 李泽厚.美学四讲.天津:天津社会科学院出版社,2002.
[7] 李泽厚.华夏美学.南宁:广西师范大学出版社,2002.
[8] 蒋勋.天地有大美.南宁:广西师范大学出版社,2006.
[9] 鲍桑葵.美学史.张今译.南宁:广西师范大学出版社,2001.
[10] 朱光潜.西方美学史.北京:人民文学出版社,2002.
[11] 朱光潜.文艺心理学.合肥:安徽教育出版社,2006.
[12] 宗白华.美学散步.上海:上海人民出版社,1981.
[13] 彭吉象.艺术系概论.北京:北京大学出版社,1994.
[14] 黑格尔.美学(1~3卷).朱光潜译.北京:商务印书馆,1979~1981.
[15] 席勒.美育书简.徐恒醇译.北京:中国文联出版公司,1984.
[16] 丹纳.艺术哲学.傅雷译.北京:人民文学出版社,1983.
[17] 托马斯·门罗.走向科学的美学.石天曙,滕守尧译.北京:中国文联出版公司,1984.
[18] 北京大学哲学系美学教研室编.西方美学家论美和美感.北京:商务印书馆,1980.
[19] 北京大学哲学系美学教研室编.中国美学史资料选编(上、下册).北京:中华书局,1980.
[20] 李泽厚,刘纲纪主编.中国美学史(第1~2卷).北京:中国社会科学出版社,1984.
[21] 王朝闻.美学概论.北京:人民出版社,1981.
[22] 蒋孔阳.德国古典美学.北京:商务印书馆,1980.
[23] 乔修业主编.旅游美学.天津:南开大学出版社,1990.
[24] 于培杰,许临星主编.走向实用的美学.济南:山东教育出版社,1992.
[25] 司有仑主编.新编美学教程.北京:中国人民大学出版社,1993.
[26] 王旭晓.美学原理.上海:上海人民出版社,2000.
[27] 叶朗.现代美学体系.北京:北京大学出版社,1999.
[28] 朱狄.当代西方美学.北京:人民出版社,1984.
[29] 薛富兴.中国美学研究的深化途径.光明日报,2003年12月31日.
[30] 曾繁仁.转型期的中国美学:曾繁仁美学集.北京:商务印书馆,2007.

图1 毕达哥拉斯

图2 苏格拉底

图3 柏拉图

图4 亚里士多德

图5 孔子

图6 沈园

图7 《庄子·秋水篇》之《游鱼之乐》

图8 巴台农神庙

图9 王国维

图10 朱光潜

图11 薄雾中的村庄

图12 云烟中的群山

图13 舞蹈动作1

图14 舞蹈动作2

图15 《米洛的维纳斯》

图16 达·芬奇《蒙娜丽莎》

图17 拉斐尔《椅中圣母》

图18 康德

图19 钱塘江大潮

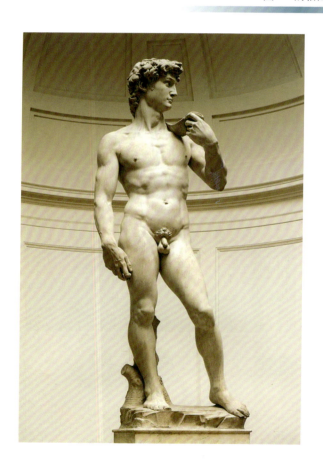

图20 米开朗基罗《大卫》

图21 米开朗基罗《摩西》

图22 《辛德勒的名单》剧照

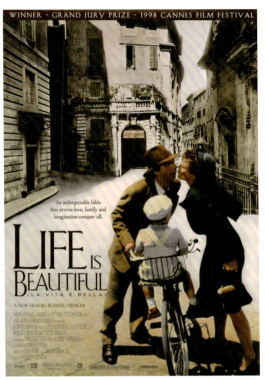

图23 《美丽人生》剧照

图24 酒神颂

图26 《安提戈涅》

图25 《俄狄浦斯王》

图27 黑格尔

图28 恩格斯

图29 《被缚的普罗米修斯》

图30 狩猎时代原始人的洞穴壁画

图31 《马·牛·鹿》

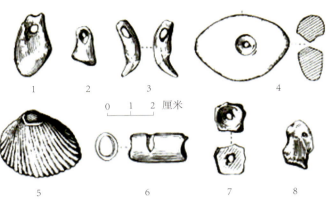

注：1~3为穿洞兽牙；4为穿孔小砾石；5为穿孔海蚶壳；6为骨管；7为小石珠；8为钻孔鲩鱼眼上骨

图32 山顶洞人的装饰品

图33 俞伯牙与钟子期

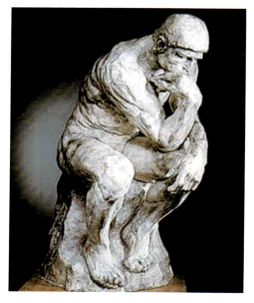

图34 罗丹《思想者》

图35 罗丹《达纳厄》

图36 罗丹《永恒的偶像》

图37 曹操

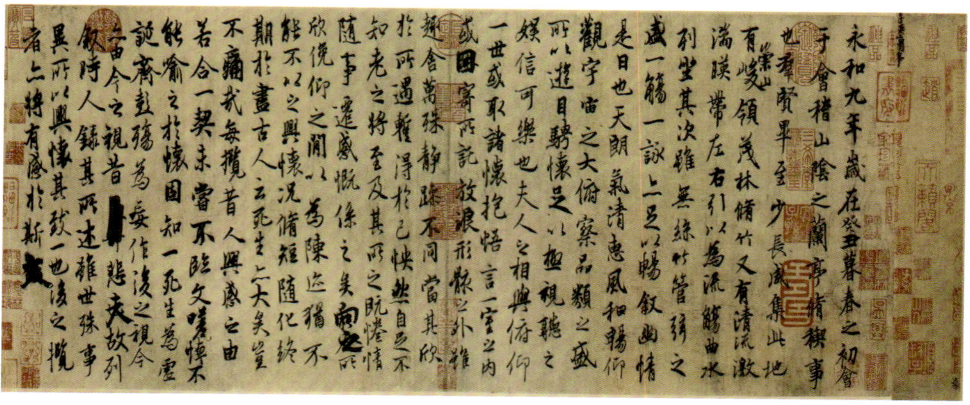

图38 《兰亭集序》

图39 《清明上河图》

图40 徐悲鸿《逆风》

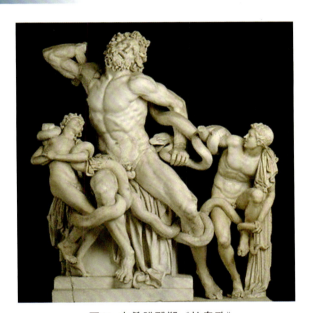

图41 古希腊雕塑《拉奥孔》

图42 达·芬奇《最后的晚餐》

图43 《掷铁饼者》

图44 蔡元培

图45 席勒

图46 高更《我们从哪里来？我们是谁？我们到哪里去？》